콜라주 진로상담

이근매 · 양종국 공저

Collage Career Counseling

학지사

머리말

　최근 선진국의 교육은 청소년에게 새로운 미래사회 환경에의 적응과 함께 자신의 독특한 소질 및 적성에 맞는 진로를 탐색하고 준비할 수 있도록 계기를 제공하는 추세다. 아일랜드의 전환학년제, 덴마크의 에프터스쿨, 스웨덴의 진로체험학습 등을 그 예로 들 수 있으며, 우리나라에서도 2016년부터 자유학기제를 실시한다. 자유학기제의 기본 방향은 모든 학생이 자신만의 독특한 소질과 끼를 가지고 있으므로 자신의 특성에 알맞은 적성을 찾아갈 수 있도록 진로교육을 강화해야 한다는 것이다. 즉, 진로교육은 학생이 자신의 특성을 고려한 삶을 디자인하고 의미를 찾는 활동을 함으로써 '나는 누구인가'에 대한 정체성과 자아존중감을 갖게 하는 행복교육의 산실이라고 할 수 있다.

　현재 우리나라에서는 자유학기제를 실시하기 위해 진로교육시범학교를 운영하고 다양한 진로교육기법을 제시하고 있으나, 그보다는 전통적인 특성요인이론, 진로발달이론에 입각한 자기이해, 합리적 의사결정, 직업세계를 탐색하고 경험할 수 있도록 하는 체험학습을 중심으로 교육과정이 이루어지고 있으며, 특히 직업세계에 대한 직접적인 경험을 할 수 있는 직접적 방법의 체험학습이 기업체와 지역사회와의 연계 미흡으로 어려움을 겪고 있다.

　더불어 현재 학교 현장에서 이루어지고 있는 학생의 특성을 무시한 언어중심의 읽기, 쓰기, 탐색하기, 동영상 시청하기와 같은 수동적 학습 방법은 학습자의 능동성과 효율성, 효과성에 의문을 갖게 하고 있어, 현장에서는 수요자의 특성을 고려한 활동중심교육, 촉각교육, 작업중심교육이 요구되고 있다. 따라서 최근에는 그 대안으로 다양한 매체를 활용하는 간접적 체험활동인 콜라주 기법이 학생들의 진로상담에 효과적으로 활용되고 있는데, 콜라주 기법은 잡지의 사진 조각을 찢어 붙이는 과정과 작품에 대한 이해를 통해 학생이 자신의 욕구와 진로를 탐색하기 용이하다는 이점이 있다.

　이 책은 학생들의 진로상담에 유용하게 활용할 수 있는 현장중심 임상전문서로서, 자유학기제의 실시에 발맞추어 진로교육전문가, 진로상담사 및 임상전문가가 응용할 수 있도록 이론적인 내용뿐만 아니라 진로상담과 교육의 실제 사례까지도 구체적으로 제시하고자 하였다. 또한 학교 현장에서 학생들을 위한 진로교육과 집단상담 및 개인상담을 진행할 때 이 책을 통해 콜라주 기법을 구체적으로 활용할 수 있도록 구성하였다. 이 책은 총 3부로 구성되어 있으며, 전반부는 진로상담의 이론과 실제, 중반부는 콜라주 기법, 후반부는 콜라주 진로상담 프로그램과 사례 연구를 다루었다.

　1부의 구성은 다음과 같다. 1장 진로상담 개관에서는 진로상담의 필요성, 목표, 기본 원리, 상담의 과정을 개관하였고, 2장은 진로상담의 이론 중 상담과정에 유용한 이론을 중심으로 인간중심 진로상담, Adler의 개인심리 진로상담, 인지행동 진로상담, 현실요법 진로상담을 살펴보았다. 3장에서는 진로선택이론의 특성요인이론, 욕구이론, 인성이론을 개관하였고, 4장 진로발달이론에서는 Ginzberg의 진로발달이론, Super의 진로발달이론, 직업포부발달이론, 사회인지진로이론을 살펴보았다. 마지막으로 5장에서는 장애인진로상담의 중요성과 단계 및 주안점 등을 구체적으로 제시하였다.

　2부의 구성은 다음과 같다. 6장에서는 내담자가 행복한 삶을 사는 것에 목적을 둔 콜라주 진로상담 모형을 제시하였고, 콜라주 진로상담의 치료적 요인과 콜라주 진로상담 과정의 6단계 및 내담자의 특성, 콜라주 기법의 이해 등을 체계적으로 제시하여 콜라주 진로상담 기법에 대한 이해를 돕고자 하였다. 7장에서는 콜라주 작업 시 필요한 준비물과 다양한 제작 방법을 구체적으로 제시하여 상담사가 쉽게 활용할 수 있도록 도움을 주고자 하였다. 8장에서는 콜라주 작품을 이해하고 분석하는 방법을 소개하여 진로상담사의 콜라주 작품 분석에 대한 이해를 돕고자 하였다.

3부의 구성은 다음과 같다. 9장과 10장에서는 콜라주 진로상담 개별 프로그램과 집단 프로그램을 구조적으로 제시함으로써 상담사가 상담 현장에서 쉽게 활용할 수 있도록 도움을 주고자 하였다. 11장에서는 대인관계 능력 향상을 위한 구조적 콜라주 진로상담 프로그램을 제시하였고, 12장에서는 콜라주 미술치료의 다양한 사례를 소개하여 상담 현장에서 유용하게 활용할 수 있도록 실제적인 도움을 주고자 하였다.

다소 시행착오를 거친 사례도 적지 않으며 미진한 부분이 많은 것도 사실이나, 이 책의 출판을 시작으로 앞으로 더 많은 임상연구를 통해 계속해서 수정·보완해 나갈 것이며, 아무쪼록 이 책이 진로상담 현장에서 실질적인 도움이 되기를 기대한다.

마지막으로 이 책이 출판되기까지 많은 분의 도움이 있었다. 특히 임상현장에서 사례 연구에 동참해 주고 다양한 정보를 제공해 준 콜라주 전문가들, 그리고 원고 교정에 도움을 준 김미진, 박정희 선생의 노고와 열의는 평생 기억에 깊이 남을 것이며 이 지면을 빌려 깊은 감사의 뜻을 전하고 싶다. 더불어 이 책의 출판을 위해 노력해 주신 학지사의 김진환 사장님, 편집을 담당해 주신 이지예 님을 비롯한 여러 임직원께도 감사드린다.

2015년 5월
저자

제1부 진로상담의 이론과 실제

제1장

진로상담 개관

"자신을 믿어라. 자신의 능력을 신뢰하라.
겸손하지만 합리적인 자신감 없이는 성공할 수도
행복할 수도 없다."

– 노먼 빈센트 필 –

이 장에서는 상담 현장에서 진로상담을 진행하는 데 있어 가장 필요하면서도 기초적인 개념에 해당하는 진로상담의 개념, 내담자의 행복한 삶을 위한 진로상담의 필요성, 생애주기별 진로상담의 목표, 구체적인 진로상담의 원리, 효율적인 진로상담 진행을 위한 상담 과정 등을 제시한다.

■1 진로상담의 개념

'진로(career)'는 직업, 생애, 경력 등의 의미를 지니지만, 삶의 전 발달 과정에서 나타나는 직업과 관련된 내용을 가리키는 포괄적인 의미의 용어로도 사용되고 있다. '상담(counseling)'은 전문적인 훈련을 받은 상담사가 심리 문제 때문에 자신의 능력을 발휘하지 못하는 내담자와의 상호작용을 통해서 내담자가 자신의 능력을 발휘하고 행복한 삶을 살아가도록 돕는 전문적인 과정이다. 따라서 '진로상담(career counseling)'이란 내담자가 미래의 불확실한 진로에 대한 구체적인 방법과 계획을 세움으로써 생애 문제에 어떻게 대처해 나갈 것인지와 관련하여 여러 가지 방법을 현명하게 선택하고 그것에 적응하도록 돕는 과정이다.

학교에서의 진로상담은 학생들의 바람직한 진로발달을 위해 교과활동, 특기·적성활동, 재량활동, 특별활동 등을 통한 진로교육과 함께 중요한 생애 목표를 달성하기 위한 활동을 제공하는 것이다. 그것을 그들이 당면하는 진학과 직업선택에 관련시켜 다양한 진로정보를 제공하고, 자기 및 직업의 세계를 이해하며 탐색하게 하는 과정, 진로계획 그리고 진로의사결정을 돕는 데 진로상담은 역점을 둔다(장석민, 1997). 김봉환, 김병석과 정철영(2000)은 진로상담을 "개인의 진로발달을 촉진하거나 진로계획, 진로·직업의 선택 및 결정, 실천, 직업적응, 진로변경 등의 과정을 돕기 위한 활동"으로 정의하였다.

Super(1951)는 진로상담이란 일의 세계에서 적절히 융화된 자신의 역할상과 자아상을 발전시키고 수용한 후 자신의 현실에 대비하여 검토해 보고, 검토한 자체를 자신이 만족하고 사회에 이익이 되는 현실로 전환하도록 개인을 도와주는 과정이라고 정의하였다(Crites, 1981). 다시 말하면, 진로상담이란 "내담자가 장래 또는 미래의 불확실한 진로를 개척할 수 있도록 치밀한 방법과 계획을 세우게 함으로써 스스로 생애 문제에 어떻게 대처해 나갈 것인가에 관한 여러 가지 문제를 현명하게 선택하도록 하는 것"이다. 따라서 진로상담은 학생에게 교육·직업·가정·신체·사회·이성·성격·도덕·종교 문제를 현명하게 선택하도록 하고, 적응 방법 및 진로발달 과정을 통해 자기를 이해하며 자신의 잠재력을 발견할 수 있게 한다. 정리하자면, 진로상담은 "전문가인 상담사와의 원만한 인간관계 속에서 합리적인 진로탐색과 진로결정을 할 수 있는 계기를 마련해 주는 적극적인 상담의 종합적인 과정"이다(김충기, 1995).

이와 같이 진로상담이란 내담자가 자신과 관련된 특성과 환경을 구체적이고 객관적으로 이해할 수 있게 하고, 일의 세계를 포함한 직업세계의 변화를 이해하여 합리적으로 진로를 탐색, 계획, 결정하게 함으로써 자신의 잠재능력을 최대한 발휘하며, 이로써 행복한 삶을 살아갈 수 있게 도와주는 종합적인 과정이라고 할 수 있다.

2 진로상담의 필요성

지식정보화 사회에서는 내담자가 행복한 삶을 살아갈 수 있도록 전 생애 과정에서 자신이 좋아하고 잘할 수 있는 진로를 계획하여 잠재능력을 최대한 발휘할 수 있게 해야 한다. 이러한 행복한 삶을 위한 진로상담의 필요성과 관련하여 이재창(1994)은 청소년이 불합리하게 진로를 결정하는 원인으로 입시 위주의 진로지도, 부모 위주의 진로 결정, 청소년의 자신에 대한 이해 부족,

왜곡된 직업의식, 일의 세계에 대한 이해 부족 등을 제시하고 있다. 장석민 (1997)은 개인발달적 측면과 관련된 진로지도의 필요성과 목적으로서 적성과 능력을 포함한 자아특성의 발견 및 개발, 다양한 일과 직업세계에 대한 이해, 일과 직업에 대한 적극적 가치관 및 태도 육성, 진로선택의 유연성과 다양성 제고, 능동적 진로개척 능력과 태도의 육성 등을 언급하고 있다.

나아가서 김봉환 등(2000)은 노동시장 환경의 급속한 변화, 대학입시제도의 변화 등과 관련한 진로상담의 필요성을 청소년기의 발달적 · 특징적 측면에 초점을 두어 설명하였다. 즉, '청소년기에 올바른 진로지도를 통해 분명한 진로목표를 설정하고, 그것을 달성하도록 촉진하는 일은 자아정체감의 형성은 물론이고 부적응적 행동의 예방이라는 차원에서도 매우 중요하다'는 것이다.

이와 같은 내용을 종합해서 진로상담의 필요성을 구체적으로 살펴보면 다음과 같다.

① 각 개인은 행복한 삶을 위해 철저한 준비와 계획을 해야 한다. 과학의 비약적 발전에 따른 지식정보화 시대에는 직업이 다양화되고 급격하게 변화하기 때문에 행복한 삶을 추구하기 위해서는 사전에 구체적이고 계획적인 진로 준비 작업이 이루어지기 위한 진로상담이 필요하다.

② 각 개인은 다양하고 독특한 특성을 가지고 있으며, 개인 내 차와 개인 간 차가 있다. 즉, 개인이 가지고 있는 흥미, 적성, 성격, 신체 조건, 가치관, 가정환경 등에 있어서 개인 간 차와 개인 내 차가 존재하기 때문에 자신을 이해하기 위한 진로상담이 필요하다.

③ 과학 발전에 따라 직업의 영역은 변화하고 있으며, 다양한 직업세계에서 잠재능력을 최대한 발휘하기 위해서는 자신의 특성에 알맞은 합리적인 진로선택을 할 수 있도록 도와주기 위한 진로상담이 필요하다.

④ 학교교육의 정상화를 위해서는 학생 개개인이 직업 기초능력을 증진하고 잠정적 진로계획을 구체적으로 수립 · 실천함으로써 자신의 특성에 알맞

은 대학 및 직업을 선택할 수 있도록 돕기 위한 진로상담이 필요하다.

⑤ 국가 및 산업현장의 발전을 위해서는 다양한 인재를 적재적소에 배치하여 그들이 자신의 능력을 최대한 발휘할 수 있도록 도와주기 위한 진로상담이 필요하다.

⑥ '나는 누구이며, 나의 강점은 무엇인가?'에 대한 정확한 인식 과정을 통해 자아정체감, 긍정적인 자아개념, 직업가치관을 갖도록 진로상담이 필요하다.

⑦ 인간의 생애주기별 발달과 같이 직업세계도 지속적인 발달이 이루어지고 있으므로 각 발달단계에 알맞은 진로상담이 필요하다.

❸ 진로상담의 목표

진로상담은 개인이 자신을 정확히 이해하고 직업세계 및 가정환경을 충분히 고려하여 자신에게 적합한 진로를 계획·선택할 수 있게 돕는 것이다. 진로상담의 궁극적인 목적은 그것을 통해 개인적으로는 자아를 실현하고, 국가적으로는 인력의 효율적인 활용을 통해 국가 발전을 기하며, 각 개인이 행복한 삶을 살아갈 수 있도록 도와주는 것이다. 진로상담은 개인의 객관적인 자기이해 과정과 각종 진로정보 활동 과정을 걸쳐 이루어진 토대 위에서 전문적이고 뚜렷한 목적을 가진 상담을 하는 것이다. 이를 통해 자기의 역량을 확인하고 미래 상황에 대응함으로써 합리적인 진로선택과 의사결정이 이루어지게 하여 개인이 직업생활에 잘 적응하고 보람을 찾아 만족하며 행복한 삶을 누릴 수 있도록 종합적인 사리판단 능력을 길러 주는 데 진로상담의 중요한 목적이 있다(김충기, 1995). 그러므로 진로상담의 목적은 자신의 진로를 객관적이고 합리적으로 이해하는 과정을 통해서 자신의 문제를 스스로 해결하고, 잠재적 진로를 계획하고 결정할 수 있도록 도와주는 데 있다. 이 내용을 구체적으로 살펴보면 다음과 같다.

① 자기 자신에 대한 정확한 이해의 증진: 한 개인이 자신의 능력·인간 특성·적성·흥미 등을 정확히 이해하는 것이 진로상담에 필요하다. 따라서 개인은 진로상담을 통해 정확하고 현실적인 자기 이미지를 형성할 수 있다.

② 직업세계에 대한 이해의 증진: 일의 종류, 직업세계의 구조와 특성, 직업세계의 변화, 고용 기회 및 경향 등을 이해하도록 돕는다.

③ 진로정보 탐색 및 활용 능력의 함양: 진로에 대한 다양한 정보를 스스로 탐색하는 능력을 기르는 것이다. 자신의 진로선택 및 결정을 위하여 다양한 진로정보를 수집하고 활용하는 능력을 길러 줌으로써 합리적인 진로 의사결정이 이루어질 수 있게 한다.

④ 합리적인 의사결정 능력의 증진: 자신의 진로를 현명하게 계획하고 이를 추진하기 위해서는 상황을 정확히 판단하고 최선의 것을 선택할 수 있는 수준 높은 의사결정 능력이 필요하다. 내담자가 진로상담을 통해 자신의 진로 계획을 스스로 세우고 추진할 수 있게 의사결정 능력을 길러 준다.

⑤ 진로계획에 대한 책임감 고양: 인간은 자신의 진로를 스스로 계획하고 추구하여 나갈 권리와 의무가 있음을 인식시켜 준다. 이러한 인식을 굳히기 위해서는 주기적으로 진로상담을 실시해야 한다. 자신의 앞날을 스스로 계획함으로써 선택의 자유가 보장되고 아울러 선택의 폭이 확장된다는 점을 인식시켜야 한다.

⑥ 일에 대한 올바른 가치관 및 태도의 형성: 일에 대한 긍정적인 태도를 형성하도록 도와준다. 일은 자아실현 수단이므로 적극적이고 긍정적인 태도가 필요하다.

⑦ 올바른 대인관계 형성: 자신이 선택한 직업세계에서 자신의 능력을 발휘하고 행복한 삶을 추구하기 위해서는 직장 구성원 서로가 개개인의 독특한 특성을 인정해 주고, 지지하며, 다양한 상호작용을 바탕으로 관계를 형성해야 한다. 이러한 상호작용을 원활하게 수행하기 위해서는 사회성, 인간관계 등의 기본적인 태도를 증진시켜야 한다.

⑧ 행복한 삶의 생애주기별 의미 탐색: 자신의 진로를 스스로 계획하고 의사
결정할 때 자신의 발달 과업에 주어진 행복한 삶의 의미를 구체적으로
탐색하고 실행해야 한다.

4 진로상담의 기본 원리

진로상담은 자기 자신에 대한 정확한 이해와 일의 세계를 포함하는 환경에
대한 체계적 · 합리적 이해를 통하여 내담자가 진로를 계획하고 선택할 수 있
도록 조력하는 활동이다. 내담자가 진로를 설계하고 선택할 수 있게 효율적
인 조력활동을 수행하기 위해서는 다음과 같은 기본 원리를 진로상담 장면에
서 강조해야 한다.

① 효율적인 진로상담이 이루어지기 위해 상담사는 일반상담 능력을 갖추고
있어야 한다.

진로상담 초기에는 상담사가 내담자에게 신뢰감을 줄 수 있는 분위기를
만들고, 문제해결을 촉진할 수 있도록 내담자와 촉진적인 관계를 형성해야
한다. 왜냐하면 진로상담 초기에는 면접상담을 실시하여 내담자의 성장 배
경, 부모의 사회적 · 경제적 지위, 과거의 진로 관련 활동 내용, 진로 관련 심
리적 특성 등에 관한 정보를 수집하는 활동이 이루어져야 하기 때문이다. 상
담사는 진로상담 초기에 무조건적 수용, 공감적 이해, 진실성 등을 통해 내담
자와 촉진적 관계(rapport)를 형성함으로써 허용적인 상담 분위기를 조성해
야 한다.

또한 미국직업지도협회(National Vocational Guidance Association: NVGA,
1985)에서도 진로상담사에게 요구되는 기술 영역으로 일반상담 능력, 정보분
석과 적응 능력, 개인검사 및 집단검사의 실시 능력, 관리 능력, 실행 능력,
조언 능력의 여섯 가지를 제시하고 있다. 진로상담을 효과적으로 하기 위해

서는 일반상담에 대한 지식과 기술이 필수적으로 필요하다고 본 것이다. 그러므로 진로상담사는 일반상담의 원리와 기법을 잘 알고 상담에 임해야 효율적인 진로상담을 실시할 수 있을 것이다.

② 진로상담은 각종 심리검사의 결과를 기초로 합리적인 결과를 이끌어 낼 수 있어야 한다.

진로상담에서는 내담자의 진로 미결정의 원인이 무엇인지에 따라 내담자에 관한 정보수집의 내용과 방법이 달라져야 한다. 진로 미결정의 원인이 자아와 직업세계에 대한 정보의 부족일 경우에는 진로선택과 관련된 내담자의 심리적 특성 정보를 수집하는 것이 내담자의 바람직한 진로선택을 돕기 위한 필수 조건이다. 진로선택과 관련된 내담자의 심리적 특성을 파악하기 위해 직업적성, 성격, 직업흥미, 직업가치관, 진로성숙도, 진로 결정수준 등의 검사도구가 내담자의 특성을 고려하여 사용되어야 한다. 그리고 내담자의 심리적 부적응의 문제가 진로 미결정의 중요한 원인이라면 내담자의 불안 수준, 자아개념, 자아존중감, 가치관 명료도 등의 검사도구를 사용할 수 있을 것이다.

이와 같은 검사를 통해 내담자의 진로 결정을 미루게 하거나 하지 못하게 하는 심리적 부적응의 원인을 밝혀서 진로 미결정의 근본적인 문제를 해결할 수 있을 것이다. 또한 표준화된 검사도구 이외에도 비표준화 검사방법을 사용함으로써 내담자의 정보를 수집할 수 있다. 즉, 표준화 검사도구를 실시하는 것만으로 내담자의 진로 관련 정보를 충분히 수집하기에는 부족함을 느낄 수 있는데, 이때 표준화 검사도구와 함께 관찰법, 사례연구, 자서전법, 면접상담 등의 비표준화 검사를 활용하여 표준화 검사도구에서 측정할 수 없는 내담자의 진로 관련 정보를 수집할 수 있다.

③ 진로상담은 내담자의 진로발달 및 성숙 정도를 고려하여 직업선택에 초점을 맞추어 전개되어야 한다.

내담자의 진로발달단계를 고려하여 발달수준에 따라 진로계획을 수립하고 진로선택활동을 할 수 있게 조력하여야 한다. 상담사와 내담자의 접촉에서 일어나는 관계는 진로발달의 연속선상에서 내담자가 도달한 위치에 따라 좌우된다.

진로성숙도가 낮은 내담자는 직업준비에 진로성숙도가 높은 내담자는 정보수집과 내면화에 중점을 두게 조력해야 한다. 진로성숙도가 낮은 내담자에게는 직업선택을 위한 상담보다는 선택을 위한 준비 과정을 발달시키는 상담이 필요하다. 즉, 직업행동에서 내담자가 그 동년배나 동료에 비해 비교적 미숙하다면, 해당 내담자에게는 안내와 탐색에 중점을 둔 상담을 해야 한다.

또한 진로성숙도가 높은 내담자에게는 자신의 상황에 관계되는 정보를 수집·분석하고 자기화하게 하는 것을 포함해야 하며, 장래의 결정을 위해 이 선택이 의미하는 바에 따라 결론을 직접 이끌어 낼 수 있게 돕는 것도 포함해야 한다.

④ 진로상담은 자아에 대한 이해와 직업세계에 대한 이해의 진로정보 활동을 중심으로 개인과 직업을 매칭하는 합리적인 진로선택 및 결정을 돕는 과정이다.

진로상담은 본질적으로 합리적인 과정을 통해 진로선택과 진로 결정을 할 수 있도록 내담자를 도와주는 것이다. 진로선택과 결정이 이루어지기 위해서는 자아에 대한 이해와 직업세계에 대한 이해가 선행되어야 합리적인 진로 의사결정을 할 수 있다. 자아에 대한 이해를 위해서는 자신의 심리적 특성, 신체적 특성, 사회적 환경 등을 정확하게 인식하고 있어야 한다. 그리고 직업세계에 대한 이해를 위해서는 직업의 종류, 하는 일, 요구되는 조건, 학력 정도, 신체적 제한 등을 알아야 하고 미래의 직업세계 변화에 민감해야 한다.

이와 같은 진로정보를 수집하는 활동이 필요하다는 것을 내담자가 스스로 느끼도록 도와주는 것이 중요하며, 상담사는 가능한 한 적절한 정보를 안내하는 것이 바람직하다. 상담사는 내담자가 수집된 정보를 바탕으로 진로 의사결정 과정을 통해 적절한 직업을 선택하거나 진로계획을 세울 수 있도록 도와주어야 한다.

내담자가 진로와 관련된 합리적인 선택을 할 수 있도록 하기 위하여 진로 상담사가 갖추어야 할 지식은 다음과 같다(NVGA, 1985). 첫째, 직업세계를 다루는 직업과제, 기능, 보수, 요구 조건, 장래 전망 등의 정보를 제공하는 교육이나 훈련, 고용 현황 관련 지식, 둘째, 진로발달, 진로유형 등을 포함한 진로상담의 기본 개념에 대한 지식, 셋째, 진로발달과 의사결정의 이론에 대한 지식, 넷째, 여성과 남성의 변화하는 역할 및 일, 가족, 여가의 관련성에 대한 지식, 다섯째, 특수집단을 돕기 위해 사용하도록 고안된 상담 기술과 기법에 대한 지식, 여섯째, 진로정보를 수집하고 보충하여 전달하는 전략에 대한 지식 등을 갖추어야 한다.

⑤ 진로상담은 상담사 윤리강령에 따라 전개해야 한다.

진로상담사는 상담사로서 갖추어야 할 전문적 능력과 인성적 능력을 갖춘 자로서 상담사 윤리강령을 준수하고 직업윤리를 지키는 범위 내에서 상담을 전개해 나가야 한다. 상담사는 상담에 대한 책임 있는 자세와 전문적인 지식을 갖추고 있어야 하며, 상담사로서 가장 기본적인 제3자에게 피해가 가지 않는 한도에서의 비밀보장을 우선으로 해야 한다.

5 진로상담의 과정

진로상담의 과정에서 효율적인 진로상담이 이루어지기 위해서는 내담자의 진로 결정 여부와 진로 의사결정에 따른 내담자의 심리적 특성, 내담자가 자신의 진로 문제를 해결하기 위해 어떤 노력을 했는지 등을 우선적으로 고려해야 할 것이다. 여기서는 5단계의 구체적인 진로상담 과정과 그에 따른 내담자의 특성 및 목표 설정, 내담자의 문제해결을 위한 구체적인 노력 탐색, 문제해결을 위한 개입 방법 그리고 상담의 종결 및 추수지도 방법을 제시한다(양종국, 지용근, 김옥희, 2005).

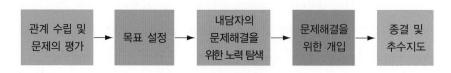

[그림 1-1] 진로상담의 과정

1) 관계 수립 및 문제의 평가 단계

내담자와의 관계 수립 단계에서는 상담사와 내담자 간의 신뢰할 수 있는 인간적 관계 및 촉진적 관계의 형성이 필수적이다. 이를 위해서는 내담자에 대한 일관된 진실성을 가지고 무조건적 수용, 공감적 반영을 통하여 허용적이고 온화한 분위기에서 상담이 이루어질 수 있도록 분위기를 조성해야 한다.

상담사는 내담자가 가지고 있는 특성을 진로와 관련해서 구체적으로 평가해야 한다. 진로선택 · 진로 결정의 문제 평가는 내담자의 진로선택 의사결정 여부와 진로 미결정의 원인에 따라 분류할 수 있다. 일반적으로 내담자는 진로 결정자, 진로 미결정자로 나뉜다. 진로 미결정자는 단순한 진로 미결정자와 우유부단형 진로 미결정자 그리고 회피형 진로 미결정자로 다시 나누어 생각할 수 있다. 내담자 변별 진단 방법을 제시하면 다음과 같다.

진로 결정자(the decided)는 진로선택 · 진로 결정과 관련된 심리적 부적응의 문제도 없으면서, 자아와 직업세계에 대한 정보도 상당한 정도로 가지고

〈표 1-1〉 내담자 변별 진단 방법

구분		내용	정보	심리적 적응	상담방법
진로 결정자			○	○	진로상담
진로 미결정	진로 미결정자		×	○	진로상담
	우유부단	우유부단형	○	×	심리치료＋진로상담
		회피형	×	×	심리치료＋진로상담

있다. 또한 자신의 흥미, 적성, 성격 등을 고려하여 적합한 진로 및 직업을 선택하고 결정하는 데 어려움을 겪지 않는 내담자다. 그러나 진로 결정자는 진로선택·진로 결정에 대한 확신이 부족하여 자신의 선택에 막연한 불안을 가지고 있으므로 진로상담을 통해 그들 자신의 진로선택에 확신을 가질 수 있게 해 주어야 한다.

진로 미결정자(the undecided)는 진로선택에 따르는 심리적 부적응의 문제는 없으나, 자아와 직업세계에 대한 정보가 부족하여 진로선택이나 결정의 어려움으로 미결정 상태로 남아 있는 내담자다. 진로 관련 정보는 충분하지만 적성이 높은 직업이 많고, 흥미가 다양하여 한 가지 직업을 선택하는 데 갈등을 겪는 내담자도 진로를 결정하지 못하고 미루어 진로 미결정 상태로 남아 있게 된다. 이때 정보의 부족으로 인해 진로를 결정하지 못한 경우에는 진로 미결정자로 분류하며, 심리적 부적응으로 인해 진로를 결정하지 못한 경우에는 우유부단형 진로 미결정자로 분류한다.

우유부단형(the indecisive) 진로 미결정자에게는 심리적 부적응이 진로를

〈표 1-2〉 내담자의 유형

유형		내담자의 상태
진로 결정자		① 자신의 선택이 잘된 것인지 명료화하기를 원하는 내담자, ② 자신의 선택을 이행하기 위해 도움이 필요한 내담자, ③ 진로 의사가 결정된 것처럼 보이나 실제로는 결정을 하지 못한 내담자
진로 미결정자	진로 미결정자	① 자신의 모습, 직업, 의사결정을 위한 지식이 부족한 내담자, ② 다양한 능력으로 지나치게 많은 기회를 갖게 되어 진로 결정을 하기 어려운 내담자, ③ 진로 결정을 하지 못하지만 성격적인 문제를 갖고 있지 않은 내담자
	우유부단형 진로 미결정자	① 생활에 전반적인 장애를 주는 불안을 동반하는 내담자, ② 일반적으로 문제해결 과정에서 부적응적인 성격을 지니고 있는 내담자
	회피형 진로 미결정자	① 비적응적인 대처 양식 및 태도를 보이며 진로계획 행위가 부족한 내담자, ② 자신의 문제해결 능력을 매우 부정적으로 평가하며, 특히 진로와 관련된 문제해결에 큰 어려움을 보이는 내담자, ③ 진로 정보가 부족하여 문제해결에 어려움을 보이는 내담자, ④ 의사결정을 위한 도구가 부족한 내담자

선택·결정하지 못하는 가장 중요한 원인으로 작용한다. 이들은 지나치게 타인을 의식하거나 경쟁적인 경우에 자발적인 의사결정을 하지 못한다. 또한 자신을 신뢰하지 못하고, 우울하고 실천력이 부족하며, 감정의 변화가 심하여 일상생활에서도 부적응을 보이는 경우가 많다.

한편, 회피형(the avoidable) 진로 미결정자는 진로 관련 정보가 없고 심리적 부적응 상태인 내담자로 진로계획 자체가 없다.

2) 목표 설정 단계

진로 결정자는 진로상담을 할 때 무엇보다도 내담자가 진로선택에 대한 확신을 갖게 하는 것이 중요하다. 진로선택에 대한 확신을 갖게 하기 위해서는 진로선택의 과정을 분석하게 하거나, 보다 많은 정보를 주어 자신의 선택에 확신감과 자신감을 갖게 하는 것이 필요하다.

〈표 1-3〉 내담자의 유형별 상담 목표

유형		상담 목표
진로 결정자		① 진로를 결정하게 된 과정을 탐색하는 일, ② 충분한 진로정보를 확인하는 일, ③ 합리적인 과정으로 명백하게 내린 결정인지 확인하는 일, ④ 결정된 진로를 준비시키는 일, ⑤ 내담자의 잠재 가능성을 확인하는 일
진로 미결정자	진로 미결정자	① 진로에 대한 탐색, ② 구체적인 직업정보의 활용, ③ 현재 자신의 능력에 대한 구체적인 파악, ④ 직업정보의 제공, ⑤ 의사결정의 연습
	우유부단형 진로 미결정자	① 불안이나 우울의 감소, ② 불확실감의 감소, ③ 동기의 개발, ④ 기본적 생활습관의 변화, ⑤ 긍정적 자아개념의 확립, ⑥ 자아정체감의 형성, ⑦ 타인의 평가에 대한 지나친 민감성의 극복, ⑧ 자존감의 회복, ⑨ 열등감 수준의 저하, ⑩ 가족의 기대와 내담자의 능력 간 차이 인정, ⑪ 가족 갈등의 해소, ⑫ 부모나 사회에 대한 수동-공격성의 극복
	회피형 진로 미결정자	① 생활태도 및 긍정적 태도 증진, ② 자신의 문제해결 능력에 대한 자신감 증진, ③ 다양한 진로정보 탐색 기회 제공, ④ 자기이해 및 자기수용, ⑤ 자신의 의사결정 유형 탐색, ⑥ 일과 진로에 대한 탐색

진로 미결정자에게는 그들 자신에 대한 정보와 직업에 대한 정보를 제공함으로써 진로를 선택하고 결정하도록 돕는 것이 필요하다. 또한 우유부단형 진로 미결정자는 심리적 부적응에서 오는 진로 미결정자이므로 심리치료를 우선하고, 심리 문제를 해결하게 한 후에 자아 및 직업에 대한 정보를 제공함으로써 진로 결정을 하도록 하는 것이 중요한 목표가 된다.

3) 내담자의 문제해결을 위한 노력 탐색 단계

모든 내담자는 자신이 가지고 있는 진로 문제에 대해서 어느 누구보다도 가장 많이 고민하고, 이를 해결하기 위해 노력하기 때문에 진로상담 과정에서 지금까지 문제해결을 위해 어떤 노력을 했는지 탐색하는 과정을 가져야 한다.

진로 결정자의 경우 자신의 진로를 잠정적으로 계획하고 결정했더라도 완벽한 것이 아니기 때문에 늘 불안을 경험하고 있으며, 자신의 결정에 대한 확신이 부족할 수 있으므로 그들이 어떤 노력을 하고 있는지에 대한 구체적인 탐색이 이루어져야 한다. 또한 진로 미결정자의 경우에 심리적인 문제는 없으나 다양한 정보를 탐색하고 적절하게 이용하기 위해 어떤 노력을 했는지와 관련하여 구체적인 탐색을 함으로써 자신의 문제가 무엇인지 내담자가 스스로 통찰할 수 있도록 해야 한다. 즉, 지금까지 정보를 활용하기 위해 한 구체적인 노력이 무엇인지, 자신의 다양한 욕구를 충족하기 위해 어떤 노력을 했는지에 대해서 탐색하도록 한다.

진로상담 과정에서 우유부단형과 회피형은 심리 문제에 따른 진로 미결정자이므로 심리 문제 해결의 구체적인 노력 정도를 파악하기 위해 일상적인 생활에서 문제가 있을 시 어떻게 처리하고 대처했는지를 탐색하고 이를 해결하기 위한 노력의 정도를 구체적으로 탐색하는 것이 중요하다. 우유부단형과 회피형의 내담자가 자신의 문제해결 방법과 의사결정 방법을 해결하기 위해서 노력한 것에 그 해결점이 있기 때문에 효과가 있었던 것은 무엇이고, 실패한 것은 무엇인지 탐색하는 것이 중요하다. 회피형은 자신의 심리 문제뿐만 아니라 일상적 적응의 방법으로 회피라는 방법을 사용하고 있으며, 다양한 정보를 탐색하고 이용하는 데 있어서도 어려움을 겪고 있으므로 이 부분에 대한 노력이나 경험을 탐색해야 한다.

4) 문제해결을 위한 개입 단계

상담사가 효과적인 진로상담을 하기 위해서는 내담자의 유형에 따라 그들의 진로 문제에 개입하는 방법을 달리해야 한다.

진로 결정자는 진로에 대한 정보를 가지고 있고, 잠정적인 진로선택을 하고 있으나 확신이 부족한 내담자다. 또한 순수한 진로 미결정자는 진로에 대한 정보가 부족하여 진로를 선택하지 못하고 미결정 상태에 있는 내담자이며, 우유부단형 진로 미결정자는 진로정보는 가지고 있으나 심리적 부적응으로 진로선택을 하지 못하는 내담자다. 즉, 진로에 관심을 가지고 나름대로 수집을 하고 있으나 진로선택에 따르는 불안이나 자신감 부족 등으로 진로 미결정 상태로 있는 내담자다. 진로 미결정자의 특징을 제시하면 다음과 같다. ① 진로계획 행위에 대해서 충분한 정보를 가지고 있으나 자신을 부정적으로 지각하기 때문에 진로 의사결정을 하지 못한다. ② 동기 수준이 높고 정보를 많이 가지고 있기 때문에 좌절을 경험하기도 한다.

마지막으로 회피형 진로 미결정자는 진로 관련 정보가 없고 심리적 부적응 상태인 내담자로, 진로계획 자체가 없는 내담자다. 회피형 내담자의 특징을 제시하면 다음과 같다. ① 비적응적 대처 양식 및 태도를 보이며 진로계획 행위가 부족하다. ② 자신의 문제해결 능력을 매우 부정적으로 평가하며, 특히 진로와 관련된 문제해결에 큰 어려움을 보인다. ③ 진로정보가 부족하여 문제해결에 더욱 어려움을 지니게 된다. ④ 의사결정을 하기 위한 도구가 부족하다.

〈표 1-4〉에서 제시한 진로문제 유형에 따른 구체적인 개입 방법 외에도 내담자 스스로 자신의 진로문제를 해결하기 위해서 노력한 구체적인 경험 중

〈표 1-4〉 내담자의 문제 유형과 개입 방법

문제 유형		개입 방법
진로 결정자		① 자신의 진로 결정을 구체적으로 준비할 수 있도록 현장 견학이나 실습의 기회를 갖게 한다. ② 결정한 목표를 향해 더 치밀하게 정보를 수집하고 구체적인 실천 방안을 모색하게 한다. ③ 진로 결정을 재확인하고 구체적인 직업탐색을 할 수 있도록 한다. ④ 진로 결정 과정에 따르는 불안을 줄이고 자신감을 향상시키는 개입이 이루어지도록 한다. ⑤ 결정된 진로를 실천하는 과정에서 부딪히는 문제들을 해결하도록 조력한다. ⑥ 잠재된 능력을 개발해 효과적으로 진로에 적응할 수 있도록 조력한다. ⑦ 목표로 하는 직업에 도달할 수 있는 가능한 방법을 알아 오게 하거나 알려 주고, 그것들을 실천할 수 있도록 내담자와 함께 계획을 세운다.
진로 미결정자	진로 미결정자	① 진로를 결정하지 못하는 것이 단순한 정보의 부족 때문인지 심층적인 심리 문제 때문인지 확인한다. ② 경우에 따라 체계적인 개인 상담이 수행되어야 하며, 실제 결정 과정을 도와줘야 한다. ③ 자기 이해, 즉 흥미와 적성 그리고 다른 필요한 정보를 수집하여 결정의 범위를 점점 좁히고 스스로 진로 결정을 할 수 있도록 조력한다. ④ 진로 결정의 필요성을 인식시키고 자신의 능력과 바람을 일깨워 줌으로써 진로 의사결정을 할 수 있도록 준비시킨다. ⑤ 지나치게 많은 관심 분야를 가지고 있을 때는 의사결정 기술을 익히게 한다.
	우유부단형 진로 미결정자	① 추가적인 정보를 제공해도 도움을 받지 못하기 때문에 내담자 자신에 대한 부정적인 지각을 중심적으로 다룬다. ② 내담자 자신의 의사결정 과정이나 방법에 초점을 맞춘다.
	회피형 진로 미결정자	① 비구조화된 개입보다는 구조화된 개입으로 도움을 제공한다. ② 문제와 관련된 심리적 장애, 즉 우울증이나 낮은 자아개념 등을 다루기 위한 심리상담을 한다. ③ 진로계획의 수립을 조력한다.

효과가 있었던 것이 무엇인지 탐색한다. 또한 내담자가 경험한 것 중 가장 효과적인 방법은 무엇인지 선택하고, 지금 이 순간 그것을 실행하는 데 있어서 어떤 장애나 어려움이 있는지, 일상생활에서 예상되는 어려움은 무엇인지 탐색한다. 이후 상담 과정에서의 반복연습, 이미지 기법, 역할연기 기법, 빈의자 기법 등을 통하여 그것을 일상생활에서 행동으로 실천할 수 있도록 하고, 이를 습관화시키는 것이 중요하다.

5) 종결과 추수지도 단계

(1) 종결

진로상담을 종결할 때는 내담자와 상담사가 합의하여 종결하는 것이 중요하다. 내담자와 합의한 목표를 달성하였는지 확인한 후, 내담자가 지금까지 노력한 것과 앞으로 자신에게 나타날 수 있는 문제를 예측하고 그것에 대비하도록 하는 것이다. 이때는 진로상담 과정에서 분명한 목표를 수립하고 구체적이며 가시적인 장단기 목표를 제시해야 종결 과정에서 그 목표의 도달 여부에 따라 종결을 진행할 수 있으므로 상담 목표의 중요성을 다시 한 번 강조해야 한다. 상담을 종결할 때는 ① 내담자의 변화에 대해 평가해야 하며, ② 진로상담 과정에서 일어난 변화를 내담자 스스로 요약하게 하고 상담사의 의견을 첨가해야 한다. 또한 ③ 목표 달성의 정도를 평가하고, ④ 내담자 자신에게 남아 있는 문제에 대한 예측 및 논의를 해야 하며, ⑤ 종결에 대한 내담자의 태도 평가 등을 구체적으로 다루면서 자연스럽게 종결하도록 해야 한다.

특히 진로상담을 종결할 때 내담자의 불안이나 두려움에 대한 부분을 탐색해야 하고, 자신이 의사결정한 진로계획에 대한 적극적인 지지와 격려를 다루어야 한다.

(2) 추수지도

내담자가 한두 번의 문제를 해결했다고 해서 그 문제를 완벽하게 해결했다고는 할 수 없다. 내담자의 행동이 일상생활에서 일관되고 습관화된 형태로 나타나게 하기 위해서는 추수지도가 필요하다. 즉, 상담 종결 후에 내담자가 진로선택과 의사결정에 대해 만족감을 유지하고 있는지 확인하고, 필요한 경우 그것이 지속되도록 지도하기 위해서는 ① 결정한 학과를 선택했는가, ② 결정한 진로 준비를 하고 있는가, ③ 진로상담이 실제의 진학이나 취업에 도움을 주었는가, ④ 의사결정을 실제 생활에서 실천하고 있는가, ⑤ 일상생활에서 일관된 심리적 적응을 실천하고 있는가 등을 다루도록 한다.

제2장

진로상담이론

"어려운 직업에서 성공하려면 자신을 굳게 믿어야 한다.
이것이 탁월한 재능을 지닌 사람보다 재능은 평범하지만
강한 투지를 가진 사람이 훨씬 더 성공하는 이유다."

– 소피아 로렌 –

이 장에서는 진로상담이나 일반상담 과정에서 가장 많이 사용하는 이론인 인간중심 진로상담과 Adler 개인심리 진로상담, 인지행동 진로상담, 현실요법 진로상담을 중심으로 살펴보고자 한다.

▌1▐ 인간중심 진로상담

인간중심 진로상담은 모든 개인을 자신의 독특성을 실현하는 자아실현의 경향성을 지닌 존재로 인식하고, 각 개인의 구체적이고 주관적인 현상적 경험 세계를 매우 중요시한다. 내담자에게 조언하거나 충고하는 등 그들을 이끌기보다는 그들 스스로 탐색하고 의사결정할 수 있도록 돕는다. Rogers(1951)는 진로상담에서 심리적 진단은 오히려 내담자에게 특정한 편견을 갖게 하고 다양한 선택의 폭을 줄이는 등의 피해를 줄 수 있다고 경고하였다.

1) 상담 과정

인간중심 진로상담 과정 7단계를 살펴보면 다음과 같다(김충기, 1996).

- 1단계: 내담자는 자기 자신을 개방하는 데 어려움을 겪으면서 자신의 문제보다는 외부의 사건이나 타인에 대해 이야기한다.
- 2단계: 내담자는 계속 자신의 문제가 아닌 외부 사건을 언급하며 과거 경험에 대해서만 이야기한다.
- 3단계: 내담자는 대화의 내용에 신경을 덜 쓰게 됨으로써 감정적으로 이완되지만 상담사와 진실한 접촉은 하지 않는다.
- 4단계: 내담자는 자신의 감정을 보다 진실하고 밀도 있게 표현하기 시작한다. 상담사의 조력 없이는 아직 자신의 감정을 제대로 표현하지 못

한다.

- 5단계: 내담자는 지금-여기의 감정을 표현하기 시작한다. 자신의 경험을 노출시키며 자신의 문제에 대해 책임감을 갖고 해결하려고 한다.
- 6단계: 내담자의 경험은 생생해지고 감정은 자유로워지며, 객관적 대상으로 자기를 보던 시각이 없어진다. 경험과 자각 간의 모순이 사라지고 감정이 민감해진다. 이에 내담자는 더 이상 자신의 문제를 회피하거나 남의 일 보듯이 하지 않고 직면해서 해결하려고 한다.
- 7단계: 내담자는 자신의 경험을 주관적·반성적으로 인식한다. 잘 조화된 감정과 더불어 내면적 의사소통을 할 수 있게 되며, 효율적이고 새로운 존재 방식을 자발적으로 선택한다.

이러한 과정을 통해서 내담자의 성장과 자아실현이 이루어질 수 있도록 하려면 상담을 할 때 자아와 일의 세계에 초점을 맞추면서 자아개념을 직업 정체감으로 전환하도록 조력해야 한다.

2) 상담 기법 및 방법

인간중심 진로상담에서 상담사는 내담자의 성장 과정을 촉진하여 적절한 신뢰 관계를 형성하고 온화한 분위기를 조성하는 등의 조건을 만들어 낸다. 내담자가 상담사와의 관계를 통해서 자신의 진로를 계획하고 자아실현을 하기 위해서는 무조건적인 긍정적 존중, 일관된 진솔성, 일치된 공감적 이해를 하는 것이 중요하다. 이를 중심으로 해당 기법을 살펴보면 다음과 같다.

(1) 일관된 진솔성

상담사는 자신의 감정과 느낌을 일관되고 진실하게 개방하는 존재여야 한다. 상담사는 내담자의 인간적 측면과 문제를 동시에 보면서 내담자뿐 아니라 자신의 감정을 인식하고 수용해야 한다. 진로상담 과정에서 상담사는 내담자가 자기 자신의 사고나 감정, 느낌을 진술하고 일관되게 표현함으로써 스스로를 이해하고 다양한 정보를 탐색하여 합리적인 의사결정을 하게 만들 수 있고, 이를 통해 내담자가 자신을 통찰할 수 있는 계기를 마련해 준다.

(2) 공감적 이해

상담사는 내담자의 주관적 · 현상학적 세계를 내담자의 입장에서 그대로 인식하여 내담자의 내면세계를 자신의 것처럼 인식하고 표현한다. 내담자는 진로상담 과정에서 상담사의 적극적인 경청을 통한 공감적 이해를 받음으로써 자신의 진정한 모습을 알아차리게 되고, 자신의 모습에 따른 문제해결 방안을 탐색하게 된다.

(3) 무조건적 수용

상담사는 내담자를 무조건적으로 수용한다. 내담자의 갈등과 부조화를 비평가적이고 온정적으로 수용하며, 내담자를 하나의 인간으로 있는 그대로 받아들인다. 내담자는 진로상담 과정에서 상담사의 무조건적인 수용을 받으며 자신의 독특성을 이해하고, 그에 따른 다양한 직업세계를 탐색할 수 있는 내적 힘을 갖게 된다.

(4) 반영

진로상담 과정에서 상담사는 적극적 경청과 공감적 이해를 하고, 내담자의 말을 재진술해 주거나 명료화해 주며, 적절한 해석 등의 방법을 사용한다. 이러한 과정을 통해서 내담자는 현재 자신에게 일어나고 있는 사고, 감정, 행동, 관계성을 이해하게 된다.

(5) 지지와 격려

상담사는 내담자가 가지고 있는 부정적인 정서와 감정뿐만 아니라 다양한 형태의 긍정적 정서와 감정, 사고, 행동을 지지하고 격려해 준다. 이를

통해 내담자는 자신을 이해할 수 있게 되고 긍정적 자아존중감과 직업적 자
아개념을 갖게 된다.

(6) 직업정보 제공

인간중심 진로상담 과정에서 내담자에게 진로 관련 정보를 제공할 때는
다음과 같은 점에 유의해야 한다(Patterson, 1964).

① 내담자의 입장에서 필요할 때 직업정보를 제공해야 한다.
② 내담자에게 부정적인 영향을 주거나 조작하기 위해 직업정보를 사용해
　서는 안 된다.
③ 직업정보를 얻는 데 가장 효과적인 방법은 내담자 스스로 출판물이나
　인터넷, 현장체험활동 등을 통해서 찾아보게 하거나 내담자가 선호하
　는 직종에 종사하는 사람들에게 정보를 얻도록 격려하는 것이다.
④ 직업과 일에 대한 내담자의 감정 및 태도는 자유롭게 표현되어야 한다.

이와 같은 인간중심 진로상담 과정에서는 내담자와 관련된 일에 대한 태
도 및 관점이 매우 주관적이고 현상학적이므로 내담자 스스로 자기에게 필
요한 직업정보를 탐색하고 명료화하도록 도와주어야 한다.

② Adler 개인심리 진로상담

Adler 개인심리 진로상담은 내담자가 자신과 세계에 대한 신념, 그리고 그
세계 안에서 어떻게 행동할 것인가에 대한 생각과 신념을 주시하고 이해하
며, 변화할 수 있도록 격려하는 인지적 접근방법이다. Adler 개인심리 진로
상담사는 내담자가 가지고 있는 기존의 생각과 신념에 도전하고, 그들이 그
들 자신의 고정된 행동 패턴을 변화시킬 수 있도록 과제를 설정해 준다.

Adler 개인심리 진로상담 접근은 내담자를 긍정적이고 낙관적이며, 자신만의 독특한 생활양식에 따라 삶의 목표를 설정함으로써 전체성과 통일체를 형성하는 존재로 보았다.

　Adler 개인심리 진로상담에서는 진로상담이 궁극적으로 추구해야 할 목표를 '인간은 매우 긍정적 존재이며, 전체적이고 합목적적인 존재, 주관적 존재, 목표지향적 존재이므로 인간이 지닌 가능성, 독특성과 장점을 적극적으로 개발하여 인간이 긍정적인 변화와 행복한 삶을 성취할 수 있게 한다.'라고 설명한다.

　Adler 개인심리 진로상담에서는 각 개인이 자신이 가지고 있는 열등콤플렉스와 그릇된 생활양식의 발달 과정을 이해함으로써 잘못된 생활 목표를 변화시켜 새로운 생활양식을 구성하게 하고 사회적 관심을 갖게 한다.

1) 상담 과정

　Adler 개인심리 진로상담 과정에서는 내담자와 상담사가 신뢰할 수 있는 관계 형성 단계를 거쳐 내담자의 동기나 목표 및 내담자의 신념, 정서를 이해할 수 있도록 하는 생활양식 탐색 단계를 갖게 함으로써 내담자가 자신의 삶의 잘못된 목표와 자기패배적인 행동을 통찰하도록 하여 문제행동이나 문제 상황에 대해서 대안을 고려해 새로운 행동을 실행하도록 한다.

① 1단계: 관계 형성 단계

　이 단계에서 상담사는 내담자와 평등하고 동등한 상호 협력적 관계를 갖는다. 상담사와 내담자는 파트너로서 평등한 존중, 평등한 권리, 평등한 책임을 갖는 사회적으로 평등한 관계를 세운다. 내담자는 상담을 받는 소극적인 존재가 아니라 협력적이고 적극적인 존재로서 자신이 자신의 행동을 책임지는 존재로 인식된다. 여기서 상담사는 적극적으로 경청하고, 수용하고, 공감하면서 내담자가 자신의 목표를 확인하고 구체화하도록 하며, 내담자의 강점과 능력을 알려 주고, 원한다면 변화할 수 있다는 것을 믿도록 격려한다. 이 단계의 진로상담에서 상담사는 내담자를 수용하고, 적극적으로 경청하면서 내담자의 강점을 찾으며, 그들이 자신의 변화의 힘을 믿도록 격려하면서 내담자 스스로 책임질 수 있게 다양한 질문을 제시한다. 예를 들면, "만약 당신에게 현재의 문제가 없었다면 당신은 어떻게 달라졌겠습니까?" "당신은 지금 무엇을 하고 있습니까?" "만약 현재의 문제가 없다면 지금 할 수 없었던 것 중 무엇을 할 수 있겠습니까?" 등의 질문을 통해서 자신이 가진 문제 때문에 어떤 기본적인 생활과제를 회피하고 있는지 구체적으로 파악하려는 의도로 질문을 실시한다.

② 2단계: 내담자의 생활양식 탐색 단계(내담자의 다양한 정보 수집하기)

Adler 개인심리 진로상담에서는 내담자의 생활양식을 이해하고 이 생활양식이 삶의 과업에서 개인의 기능에 영향을 미치는 방식을 이해하는 것이 중요하다. 또한 내담자의 생활양식을 자신과 타인의 가치관, 신념, 지각 그리고 감정 등을 확인하기 위한 것으로서 주의 깊게 경청해야 한다. 이 단계는 내담자의 생활양식 조사 및 사정 단계로, 진로상담의 맥락적 접근에 중요한 역할을 한다. 즉, 내담자 자신의 환경, 타인과의 관계, 현실에 대한 주관적 인식이나 신념, 세계관, 가치관 등이 여기에 해당하므로 자신의 진로를 계획하고, 탐색하고, 진로와 관련한 자아개념을 확립하는 단계라고 할 수 있다.

생활양식을 조사하기 위해서는 가족구도 사정, 초기 회상, 꿈분석, 기초적인 실수에 관한 분석 등 다양한 구조화된 면접을 사용한다. 예를 들면, "현재 가장 관심이 있는 직업에는 무엇이 있습니까? 그리고 그 직업을 갖지 못했다면 이유는 무엇입니까?" "당신의 주변에는 어떤 사람들이 있습니까? 그들은 참을성이 없거나 성미가 까다롭거나 자애롭습니까?" "당신은 삶에서 어떤 가치를 가지고 계십니까?" 등의 면접 시 구조화된 질문을 한다.

③ 3단계: 삶의 목표 통찰 단계

이 단계는 내담자가 통찰력을 갖는 단계다. 상담사는 내담자의 가족 내에서의 위치, 자신이 가지고 있는 물적 · 인적 환경, 초기 현상, 삶의 우선순위 등 다양하게 수집된 정보를 명료화하여 내담자의 자신에 대한 관점, 세상에 대한 관점, 생애 동안 어떻게 행동할지에 관한 무의식적 결정과 관련된 몇 가지 가설을 함께 확인한다. 그리고 상담사는 내담자의 정보를 해석하고, 내담자가 자신의 생활양식, 현재의 심리적 문제, 잘못된 신념 등 기본적인 오류를 깨닫도록 하며, 그것이 내담자에게 어떻게 문제가 되는지를 해석한다. 이때 내담자가 생활양식에 영향을 주는 자신의 기본 신념과 인식을 자각함으로써 상담사와 같은 이해에 도달하도록 돕는다. 내담자가 자신의 생활양식을 이해하고 그것이 어떻게 해서 자신에게 영향을 미치고 있는지를 분명하게 인식하도록 하는 것이 상담의 치료적 효과다. 이 과정을 통해 내담자는 자신의 잘못된 삶의 목적을 버리고 효율적인 행동양식을 추구하게 된다.

④ 4단계: 실제 행동 전환 단계

이 단계에서는 삶의 목표 통찰 단계에서 획득한 내담자의 통찰이나 이해가 실제 행동으로 전환되게 한다. 이 단계는 행동을 유발하기 위한 다양한 능동적 기술을 사용하는 단계로 내담자가 실천하고 행동하는 것을 어려워하는 단계다. 내담자는 무의식적 습관처럼 자신의 행동을 유지하고자 할 때 그것을 지적하고, 자신이 달성할 수 있는 과제를 상담사와 함께 탐색하고 정한다. 따라서 상담사는 내담자가 과거의 잘못된 신념, 행동, 태도를 버리고 새로운 생활양식과 사회적 관심을 갖도록 도와야 한다. 이 단계에서 상담사는 내담자가 열망과 정열, 열의를 갖고 새로운 행동, 태도, 신념을 지닐 수 있게 격려와 모델링을 보여 주어야 하며, 내담자가 자신의 약점보다는 강점에 더 집중할 수 있도록 해야 한다.

2) 상담 기법 및 방법

Adler 개인심리 진로상담에서는 내담자가 책임성, 능동성, 스스로 변화할 수 있는 능력을 지닌다고 믿기 때문에 내담자의 변화를 이끌어 낼 수 있는 기법을 사용하는데, 이를 구체적으로 살펴보면 다음과 같다.

① 생활양식 분석의 기법

내담자의 생활양식을 이해하기 위해서는 가족구도, 가족분위기, 가족가치, 성역할 지침, 초기 발달 경험 등과 같은 다양한 정보를 수집한다. 생활양식 분석의 주된 목적은 내담자가 자신을 어떤 존재로 인식하고 있으며, 어떻게 지금의 자신이 되었는지를 이해함으로써 자신의 무의식적 목표를 의식 수준으로 끌어올리도록 하는 것이다. 생활양식은 개인이 지니고 있는 신념과 가치관, 일상생활 행동 규범의 집합체 및 종합체이므로 이를 좀 더 분명하게 인식하게 함으로써 자신의 부적응적 요소 및 비생산적 요소를 변화시키는 동력으로 사용할 수 있다.

② 질문기법

상담에서 질문은 진단적이며 치료적인 목적으로 사용한다. 진단적 질문은 내담자의 생활양식, 현재 내담자 자신이 인식하고 있는 주관적 신념, 가치관, 감정, 행동에 대한 정보를 도출해 내는 방법이며, 치료적 질문은 상담 과정에서 상담사가 내담자의 변화와 통찰에 초점을 두고 하는 질문이다. Adler 개인심리 진로상담에서는 질문 유형으로 순환질문(circular questions), 반사질문(reflexive questions), 전략질문(strategic questions)을 사용한다. 순환질문은 "당신 이외에 당신의 자녀에 대해서 걱정을 많이 하는 사람은 누구인가요?"와 같은 질문이며, 반사질문은 내담자의 새로운 관점이나 맥락을 발견하도록 하는 질문으로 "만약 현재의 문제가 없다면 당신에게 어떤 일이 일어날 것 같습니까?"와 같은 질문이다. 또한 전략질문은 치료적 목적으로 개인의 행동, 감정, 사고를 변화시키기 위해 사용하는 질문으로서, "무엇 때문에 당신은 당신 자신의 행동을 바꾸기 위해서 노력하지 않지요?"와 같은 질문을 말한다.

③ 마치 ~인 것처럼 행동하기

내담자가 바라는 행동을 실제 장면이 아닌 가상이나 상상을 통해 마치 ~인 것처럼 행동해 보게 하는 것으로, 일명 역할연기라고 할 수 있다. 즉, 진로상담 과정에서 자신이 상상한 직업이나 바람직한 자신의 모습을 상상함으로써 실제로 그렇게 되도록 하는 것이다. 마치 ~인 것처럼 행동해 보게 하는 기법은 진로상담 과정에서 미래 목표를 앞당기는 기법으로서 인지적·행동적·감정적 표현을 통해 자신을 통찰하고 인식 속에서 새로운 행동과 신념을 가질 수 있도록 하여 자신감과 자존감을 부여하는 것이다.

④ 격려기법

Adler 개인심리 진로상담의 기법 중 Adler 학파에서 사용하는 상담 중재의 토대적이고 기초적이며 중요한 요소가 격려기법이다. 이 기법은 내담자가 자신의 열등감을 극복하도록 하고 자신의 진정한 가치와 존재를 깨닫게 하는 데 초점을 둔다. 격려와 칭찬은 다르다. 상담 과정에서 격려는 하나의 과정에 중점을 두고 '최선을 다 했구나.' '열심히 했구나.' '노력했구나.'와 같이 말하는 것인 반면, 칭찬은 과정보다는 결과에 중점을 둔다.

격려란 다른 사람에게 영감을 주거나 돕기 위한 것이다. 특히 확신을 가지고 해결책을 찾으려는 작업을 할 수 있도록 하고, 어떤 곤경에 처해도 대처할 수 있도록 돕는 것이다. 일관되게 격려를 해 주면 내담자는 그들이 해결해야 하는 문제를 받아들여 최선을 다해 해결하고자 노력하게 되며, 때때로 시도한 것이 실패할지라도 크게 좌절하지 않고 또다시 시도할 수 있는 용기를 갖는다(김춘경, 이수연, 이윤주, 정종진, 최웅용, 2010). 그러므로 진로상담 과정에서는 내담자에게 다양한 격려기법을 사용해야 한다. 콜라주 진로상담 과정에서는 자신의 욕구에 알맞은 그림을 찾고, 그것을 가지고 자신을 표현하며, 그것을 구조화하는 과정 자체를 격려하는 것이 중요하다.

⑤ 자기포착하기

자신이 원하지 않고 바라지 않는 행동이 무의식적 습관에 의해 자동적으로 이루어지는 순간을 포착하는 것이다. 즉, 자기인식이나 알아차림과 같이 자신이 인식하는 문제행동이 작동하기 시작하는 순간을 좀 더 빨리 알아차려서 더 이상 진행되지 않게 하는 방법이다. 자기포착하기를 반복연습하다 보면 부적응행동, 문제행동의 좋지 않은 결과가 상상되면서 행동의 변화가 일어나기 시작한다.

이와 같은 Adler 개인심리 진로상담 과정에서 상담사는 내담자가 자신의 진로를 합리적으로 의사결정하게 하기 위해 적절한 격려기법을 사용하거나 마치 ~인 것처럼 행동하게 하고, 자신이 가지고 있는 맥락적 환경을 이해할 수 있도록 하기 위한 생활양식 분석 및 내담자의 자기탐색과 직업탐색에 필요한 적절한 질문기법, 통찰과 변화를 촉구하는 질문기법을 사용한다.

3 인지행동 진로상담

인지행동 치료기법은 Albert Ellis의 인지 · 정서 · 행동치료(rational emotive behavior therapy: REBT)와 Aaron Beck의 인지치료(cognitive therapy)가 중심을 이루고 있으며, 이들의 이론은 문제를 유발하고 행동하는 것을 사고로 보는 관점과 약간의 차이가 있을 뿐, 문제를 해결해 나가는 과정은 거의 유사하다. 결과적으로 Ellis의 풍부한 임상적 경험과 Beck의 과학적 연구 관점이 서로 보완되어 '인간의 정서와 행동은 사고의 결과다.'라는 가정을 확인시켜 준다.

인지행동 치료기법은 특정한 사실(activating event, 선행사건: A)에 접하여 경험하게 되는 정서와 행동(consequence, 결과: C)이 사실 자체에 의해서라기보다는 그 사실에 대해 특정 신념(belief, 사고 또는 신념: B)을 갖는지에 따라다르게 나타난다는 전제에서 출발한다. 즉, 이 이론에서는 인간의 부적응 행동 또는 이상심리는 환경이나 무의식 따위에서 유발되는 것이 아니고, 그 사람이 지니고 있는 왜곡되고 부정확한 신념체계(belief system), 즉 비합리적신념(irrational belief) 때문에 발생한다고 본다. 다시 말해, 인지행동 치료기법은 자신의 진로를 잠정적으로 계획하고 실천해 가는 데 있어서 내담자가지니고 있는 자기이해나 직업세계에 대한 정보, 의사결정에서 정서적 혼란과 관계되는 비합리적 신념체계를 논박함으로써 이를 최소화하거나 합리적인 신념체계로 바꾸도록 하여 보다 현실적이고 효과적이며 융통성 있는 인생관 또는 의사결정 능력을 가질 수 있게 하는 데 중점을 둔다. 인지행동 치료의 진로상담 과정과 기법을 구체적으로 살펴보면 다음과 같다.

1) 상담 과정

인지행동 진로상담은 Eills의 ABCDE 모형을 실천하는 과정이라고 할 수있다. 즉, 내담자가 현재 겪고 있는 진로 관련 정서행동 결과를 탐색하고, 이와 관련된 내담자의 선행사건과 사고를 찾아 논박함으로써 합리적인 진로행동과 정서를 갖도록 하는 과정으로서 이를 구체적으로 살펴보면 다음과 같다.

첫 번째 단계는 비합리적 신념 및 사고 탐색 단계다. 이 단계는 내담자가진로와 관련된 '하지 않으면 안 된다.' '당연히 해야 한다.' '해야 한다.' 와같은 비합리적 신념이나 사고를 탐색하도록 한다.

두 번째 단계는 비합리적 신념의 선행사건과 관계 인식 단계다. 내담자의진로 관련 부적절한 정서적 · 행동적 결과와 관련하여 가장 관계가 깊은 선행사건을 탐색한다. 상담사는 내담자의 현실을 반영하는 객관적인 진로 실제와 주관적인 진로 실제를 구분하여 선행사건을 파악해야 한다.

세 번째 단계는 선행사건과 정서 및 행동의 관계 인식 단계로, 내담자의 선행사건 및 사고와 정서적 · 행동적 결과의 관계를 인식할 수 있도록 하는 단계다. 많은 내담자는 선행사건이 원인으로 작용하여 정서적 · 행동적 결과를 초래한 것으로 보고, 선행사건을 변화시키는 데 주된 관심을 갖는데, 여기에서는 선행사건에 대해 내담자가 어떻게 해석하고 사고하며, 정서적 · 행동적 결과를 불러오고 있는지 인식하도록 한다.

네 번째 단계는 자신의 비합리적 사고 및 신념 인식 단계다. 내담자의 부적절한 정서적 · 행동적 결과를 일으키게 하는 비합리적 사고와 이를 근거로 내담자가 자기 자신에게 어떤 자기언어로 대화하는지를 찾아내게 한다. 이 단계에서는 내담자에게 그 자신의 비합리적 신념의 목록이 무엇인지를 확인시킨다.

다섯 번째 단계는 비합리적 수정 단계다. 이 단계에서는 논박을 통해 비합리적 사고를 합리적 사고로 전환시키거나, 내담자가 가지고 있는 비합리적 사고를 수정하고 생각을 포기하게 돕는다. 내담자의 비합리적 사고를 의문문으로 진술하게 하여 내담자 스스로 근거를 찾게 하고, 근거를 찾지 못하면 그 사고가 진로와 관련한 비합리적 사고임을 내담자 스스로 깨닫게 하며, 합리적 사고에 기초하여 짧은 문장을 재진술하게 한다.

여섯 번째 단계는 합리적 정서와 행동 체험 단계다. 이 단계에서는 변화된 합리적 사고를 스스로 인식하고 체험함으로써 변화된 사고가 자신에게 도움이 되는 바람직한 사고임을 스스로 알도록 한다.

일곱 번째 단계는 내담자가 주어진 과제 등을 통해 스스로 합리적인 삶을 살아갈 수 있도록 하고, 나아가 계속되는 생활 속에서도 합리적 사고를 갖도록 도와주는 유지와 종결 단계다.

2) 상담 기법 및 방법

인지행동 진로상담에서 상담사는 내담자의 비합리적 사고를 합리적 사고

로 전환시키고, 당위적이고 요구적인 신념체계를 깨우쳐 주며, 보다 선호적
이고 합리적인 사고방식을 갖도록 하기 위해서 논박, 과제 및 재진술 기법,
자동적 사고에 대한 언어적 현실 기법 등을 사용한다. 또한 내담자의 비합리
적 신념에 의해 억압 혹은 억제되었던 감정과 정서를 드러낼 수 있도록 하
고, 적절하고 합리적인 정서 상태로 이끌어 가기 위한 기법도 사용하는데,
이를 구체적으로 살펴보면 다음과 같다.

① 비합리적 신념을 논박하기

진로상담사는 내담자가 가지고 있는 비합리적 신념을 적극적으로 논박한
다. 상담사는 내담자가 특정한 사건이나 상황 때문이 아닌 이 사건 자체에
대해 어떻게 지각 · 인식하고 있는지를 보여 주며, 자기진술의 성질 때문에
장애를 겪고 있음을 보여 준다. 즉, 내담자의 당위성, 과장성, 자신에 대한
가치평가, 자신에게 올 수 있는 좌절에 대한 낮은 인내심 등이 그들 자신의
비합리적 사고를 설정한다는 것이다(박경애, 2013).

② 인지적 과제 주기

인지행동 진로상담에서는 내담자에게 인지학습이 이루어지도록 인지적
과제를 활용한다. 즉, 인지행동 진로상담은 인지학습 과정이다. 이를 통해
상담사는 내담자가 인지적 과제를 수행하고, 일상의 문제에 적용하여 새로
운 신념이나 합리적 사고를 갖도록 한다.

③ 내담자의 언어를 변화시키기

인지행동 진로상담에서는 내담자의 부정확한 언어가 왜곡된 사고 과정의
원인 중 하나라고 주장한다. 즉, 내담자의 언어 패턴이 왜곡된 사고를 일으
키는 하나의 원인이라고 보고, 상담사는 내담자에게 새로운 자기진술 방식
을 학습하게 한다. 상담사는 내담자의 언어와 사고 간의 관계를 살펴봐야 한
다. 사고가 언어를 조정하고 다시 언어가 사고를 조정하기 때문에 내담자의

언어 패턴에 관심 있게 주의를 기울여야 한다. 이때 내담자의 당위적 사고에 해당하는 언어로서 '~해야만 한다.' '당연히 ~해야 한다.' '~하지 않으면 안 된다.'와 같은 말을 '그렇게 되면 더 낫다.' 등으로 바꾸어 말하는 방법을 배운다.

Beck(1987)은 내담자가 자신의 자동적 사고의 타당성을 스스로 평가해 볼 수 있게 하기 위해 상담사가 "그렇게 생각하는 근거는 무엇인가요?" "달리 설명할 수는 없나요?" "실제 그 일이 일어나면 과연 얼마나 끔찍할 것 같나요?" "다른 사람은 어떻게 볼까요?" 등의 질문을 사용하도록 한다.

④ 합리적 · 정서적 심상법

합리적 · 정서적 심상법은 내담자가 새로운 정서 체험을 통해 비합리적 사고를 합리적 사고로 전환하도록 하는 강력한 방법이다. 상담사는 내담자에게 스스로 최악이라고 생각하는 진로를 계획해서 결정할 경우 그때의 부적절한 감정을 느껴 보도록 한 다음, 내담자 스스로 부적절한 느낌과 감정을 적절한 느낌으로 바꾸어 즐겁고 행복한 상상을 하게 함으로써 부적절한 사고와 행동을 적절한 사고와 행동으로 대체하게 한다. Ellis(1994)는 만약 우리가 수 주간 1주일에 몇 번씩 합리적 · 정서적 상상을 실행한다면, "우리는 더 이상 그런 상상으로 인해 혼란을 느끼지 않는 지점에 이르게 될 것"이라고 하였다.

⑤ 역할연기 기법

역할연기는 정서적 요소와 행동적 요소를 모두 포함하고 있어서, 내담자는 자신이 겪고 있는 문제 장면에서의 느낌을 알기 위해 스스로 그 장면에서 행동을 시도해 볼 수 있다. 이 기법은 내담자가 문제 장면과 관련된 자신의 비합리적 사고를 통찰하도록 하거나 내담자가 획득한 합리적 사고와 행동을 연습해 보게 하는 데 목적이 있다.

⑥ 수치심 및 부끄러움 공격하기 기법

Ellis(1994)는 사람들이 특정한 행동에 대한 비합리적 수치감을 제거할 수 있도록 돕기 위한 기법을 개발했다. 이 기법은 자신의 행동에 대해 주위 사람이 어떻게 생각할지와 관련된 두려움 때문에 자신이 하고 싶은 행동을 하지 못하는 사람에 대해 실제로 그 행동을 해 보도록 하는 방법이다. 이 기법을 통해 내담자는 자신이 생각한 것보다 주위 사람들이 자신에게 관심을 가지고 있지 않음을 알게 된다. 이때 내담자는 자신이 하고 싶은 일을 가로막고 있던 주위 사람들의 반응이나 '인정해 주지 않으면 어떻게 하나?' 하는 생각을 더 이상 지속할 근거가 없다는 것을 배울 수 있다. 수치심 및 부끄러움 공격하기 기법으로는 큰 길에서 큰 소리로 외쳐 보기, 버스정류장이나 전철역에서 크게 소리치기, 지나가는 사람에게 이상하고 엉뚱한 질문하기 등이 있다. 이러한 과정을 통해서 내담자가 자신의 행동과 관련하여 스스로 수치심을 만들어 느끼고 있음을 각성하도록 할 수 있다.

⑦ 유머 사용하기 기법

Ellis(1994)는 내담자의 과장된 사고를 극복하게 하는 수단으로 다양한 유머를 사용하게 한다. 그는 사람들이 너무 진지하게 생각하거나 생활사에 대한 이해 및 유머 감각을 잃게 되면서 정서적 혼란이 생긴다고 본다. 상담사는 내담자가 스스로 자신이 가지고 있는 과도하고 심각한 것을 반격하고 논박하도록 하는 데 유머를 사용한다. 예를 들면, 내담자가 "제가 원하는 직장이나 회사에 입사하지 못했습니다. 저는 쓸모없는 인간이고, 살 가치가 없으며, 정말로 죽고 싶습니다."라고 한다면 상담사는 "그렇다면 난 벌써 몇 번은 죽었겠네. 난 내가 원하는 직장이나 회사에 몇 번이나 낙방했거든."이라고 한다. 이때 유머 사용하기 기법은 내담자가 가지고 있는 비합리적 사고를 공격하는 것이 목적이지, 내담자를 공격하는 것은 아님을 인식하여야 한다.

이와 같이 인지행동 진로상담 과정에서는 내담자가 자신의 진로를 계획할 때 비합리적 사고를 가지고 의사결정하고 있는지 통찰하고, 합리적 사고를 가질 수 있도록 하며, 자신의 비합리적 사고에 따른 감정, 정서 등을 합리적 사고로 바꾸게 할 수 있다.

4 현실요법 진로상담

현실요법 진로상담은 개인상담과 집단상담을 다양하게 사용한다. 선택이론은 인간은 누구나 자신의 삶의 주인이 될 수 있으며, 그처럼 자신의 삶을 통제할 수 있을 때 행복감을 느낀다고 본다. 이 이론은 인간의 모든 행동은 외부 작용이 아닌 내부 작용에 따라 수행된다는 기본 가정에 근거하고 있으며, 우리가 어떻게 느끼고 생각하고 행동하는가 하는 것은 타인이나 외부 상황에 좌우되는 것이 아닌 우리 스스로가 선택한다는 것이 기본 개요다. 인간이 선택하는 데 있어서는 기본적인 욕구에 해당하는 소속 욕구, 힘 욕구, 자유 욕구, 즐거움의 욕구, 생존 욕구가 작용한다. 이러한 인간의 욕구(need)는 기본적이고 본질적인 것이지만, 욕구를 충족해 주는 구체적인 대상인 바람(want)은 각 개인에 따라 독특하고 고유하다. 이 바람은 비현실적일 수도 있고, 변할 수도 있고, 서로 갈등을 일으키기도 하며, 현실에서 얻고 있는 것이 바람을 충족하지 못할 때 욕구 좌절을 경험하기도 한다. 그리고 이때의 불균형과 고통이 행동의 동기가 된다고 본다. 이러한 현실요법 진로상담 과정을 구체적으로 살펴보면 다음과 같다.

1) 상담 과정

현실요법의 진로상담 과정에는 Glasser(1998)의 8단계 상담 과정과 Wubbolding(1991)의 4단계 상담 과정이 있는데, 먼저 Glasser의 8단계 상담 과정에서 진로상담 과정을 살펴보면 다음과 같다.

① 1단계: 관계 형성하기

상담사가 내담자와 인간적인 관계를 형성하는 것이다. 상담사는 내담자에게 효율적으로 조력하기 위해 신뢰할 수 있는 관계 형성을 원만하게 이루어야 한다. 이때 상담 환경의 조성을 위한 기법을 적극적으로 활용하는 것이 관계 형성에 도움이 된다. 관계 형성이 적절하게 이루어져야 진로상담 과정에서 나타나는 내담자의 심리 문제도 다양하게 다룰 수 있다.

② 2단계: 내담자의 바람과 현재 행동 파악하기

내담자의 바람 혹은 욕구를 확인하고 그 바람을 달성하기 위해 내담자가 현재 어떤 행동을 하고 있는지 알아보는 단계다. 내담자의 행동, 생각, 느낌, 신체반응 등의 네 가지 전 행동 요소 중 활동하기와 같은 행동에 초점을 맞추는 이유는 행동이 통제력을 갖고 있으며 변화시키기 용이하기 때문이다. 이때 상담사는 내담자에게 "당신은 지금 당신의 진로를 위해서 무엇을 하고 있나요?" 등의 질문을 함으로써 내담자를 탐색한다.

③ 3단계: 현재 행동 평가하기

내담자가 하고 있는 행동이 내담자 자신의 바람을 충족하는 데 도움이 되는지 스스로 평가할 수 있도록 상담사가 도와주는 단계다. 즉, 진로상담 과정에서 상담사는 내담자가 그 자신의 진로를 위해 현재 하고 있는 행동이 내담자의 바람을 충족시키기 위해서 어떤 도움이 되고 있는지를 구체적으로 탐색하여 평가한다.

④ 4단계: 새로운 행동 계획 수립하기

이 단계에서는 내담자가 스스로 자신의 욕구를 충족하는 데 별로 도움이 되지 않는 것으로 평가한 행동 대신, 다른 새로운 행동 계획을 수립하도록 상담사가 도와준다. 자신의 진로욕구를 충족하기 위해서 내담자 스스로 책임성과 주인의식을 가지고 구체적인 행동 계획을 수립할 수 있게 도와주는 것이 효율적이다. 즉, "당신은 자신의 진로계획이나 당신이 하고 싶은 것을 충족하기 위해 어떻게 하는 것이 좋을 것 같습니까?"와 같은 질문을 한다.

⑤ 5단계: 행동 계획 실행에 대한 약속하기

이 단계에서는 내담자에게 내담자 스스로 수립한 그 자신의 새로운 행동 계획에 대한 실천 약속을 받아 낸다. 내담자에게 진로와 관련된 새로운 행동 계획을 구체적으로 어떻게 실천할 것인지에 대해 충분히 다루게 하고, 상담 과정에서는 내담자가 새로운 행동 계획을 실천할 때 나타날 수 있는 예상되는 문제점이나 어려움까지도 구체적으로 다루고 연습해 봐야 한다.

⑥ 6단계: 변명을 받아들이지 않기

현실요법에서는 내담자의 변명을 자신의 행동에 대한 책임을 지지 않으려는 것으로 간주하여 받아들이지 않는다. 내담자가 실천하기로 약속한 행동을 실천하지 않은 데 대해 변명을 늘어놓으면 상담사는 변명을 받아들이는 대신에 "당신에게 무슨 일이 일어났습니까?" "실천하기로 약속한 새로운 행동 계획이 당신의 바람을 충족하는 데 도움이 되지 않았습니까?" 등의 질문을 통해서 3단계나 4단계로 돌아가 다시 탐색을 한다.

⑦ 7단계: 처벌을 사용하지 않기

현실요법 진로상담 과정에서는 상담사가 내담자를 처벌하거나 비판하지 않아야 한다고 강조한다. 처벌이나 비판을 하게 되면 내담자의 책임성이 낮아지고 관계가 악화되어 내담자의 행동 변화에 도움이 되지 않는다. 특히 진로상담 과정에서 내담자에게 처벌이나 비난을 하는 것은 도움이 되지 않는다.

⑧ 8단계: 포기하지 않기

현실요법 진로상담 과정에서 상담사는 내담자를 포기하지 않고 계속해서 도와주는 태도를 보여야 한다. 상담사가 내담자를 포기하지 않는 일관된 태도를 보임으로써 내담자와의 관계는 더욱 친밀해지고 내담자의 계획 실행 의지는 더욱 강화되며, 상담을 촉진할 수도 있다.

이와 같이 Glasser의 8단계 진로상담 과정에서는 내담자를 비판하지 않으면서도 내담자 스스로 책임감을 가지고 자신의 진로 욕구를 실현할 수 있도록 새로운 행동을 계획하여 실천하게 한다. 이러한 Glasser의 8단계 상담 과정을 보다 명료화한 Wubbolding(1991)의 4단계 상담 과정을 제시하면 다음과 같다.

① 1단계: 바람(want)의 탐색

상담사는 내담자에게 여러 가지 질문을 통해서 내담자가 원하는 진로와 관련한 좋은 세계를 탐색하고자 한다. 내담자가 원하는 것을 알아보고, 내담자의 진로 욕구 중 충족된 것과 충족되지 않은 것을 확인하며, 내담자가 주위 사람이나 세상을 어떻게 보는지 탐색한다. 즉, "무엇을 원하는가?" "진정으로 원하는 것은 무엇인가?" "사람들이 당신에게 원하는 것이 무엇이라고 생각하는가?" "당신은 어떤 시각으로 사물과 환경을 바라보는가?" "당신은 상담사에게 진로와 관련해서 무엇을 바라는가?" 등을 질문함으로써 구체적으로 탐색한다.

② 2단계: 현재 행동(doing)의 파악

상담사는 내담자의 현재 행동을 구체적으로 파악한다. 즉, 내담자가 현재 어떻게 행동하고 있는지 스스로 탐색할 수 있게 상담사가 도와주는 절차다. 현실요법 진로상담에서는 내담자가 통제할 수 있는 행동을 스스로 탐색할 것을 강조하는데, 이는 행동이 내담자 스스로 통제할 수 있는 것이며 변화시키기에도 용이한 것이기 때문이다. 또한 전 행동 중 행동 요소를 변화시킴으로써 자신의 우울, 분노, 외로움 등의 느낌 요소와 생리작용 요소까지 변화시킬 수 있기 때문이다. 그러므로 상담사는 내담자에게 "당신은 지금 무엇을 하고 있습니까?" 등의 질문을 한다.

④ 3단계: 내담자 스스로 자신의 행동을 평가하기(evaluation)

상담사는 내담자가 스스로 자기 행동의 효과와 효율성을 판단하고 그 결과에 직면할 수 있게 도와줘야 하며, 내담자가 스스로 자기평가를 제대로 하지 않으면 변화할 수 없으므로 그들이 스스로 평가하게 하면서도 책임을 추궁받는다는 느낌이 들지 않도록 하는 것이 중요하다. 상담사는 내담자에게 "당신의 지금 행동이 당신에게 도움이 됩니까?" "당신이 지금 하고 있는 것은 당신이 진정으로 원하는 것을 얻는 데 도움이 됩니까?" "당신이 행동하는 것이 규칙에 어긋납니까?" "당신이 원하는 것은 현실적이거나 실현 가능한 것입니까?" "그런 식으로 보는 것이 당신에게 도움이 됩니까?" "상담의 진행과 당신 인생의 변화에 대해 어떻게 약속하시겠습니까?" "도움이 되는 계획입니까?"와 같은 질문을 통해서 평가하도록 한다.

⑤ 4단계: 계획하기

상담사는 내담자와의 욕구 탐색, 노력의 정도 파악 및 평가를 통해서 새로운 진로 관련 행동을 계획하고 실천할 수 있는데, 이를 통해 내담자가 자신의 생활을 통제할 수 있게 하는 것이 이 단계의 과업이다. 이 단계에서 상담사는 내담자의 욕구 충족과 관련한 행동 중 비효과적인 행동 대신 효과적이고 긍정적인 행동을 찾아 구체적으로 실천 계획을 세우고 실행하도록 도와줄 수 있다. 이때 계획하기에서는 단순한 계획, 실현 가능한 계획, 측정 가능한 계획, 즉각적인 계획, 통제 가능한 계획, 일관성 있는 계획, 현실화할 수 있는 계획 등을 수립하여 실천할 수 있도록 한다.

2) 상담 기법 및 방법

현실요법 진로상담 기법은 상담의 과정과 기법이 엄격하게 구분되는 것이 아니라 상담의 과정 속에 상담의 기법이 포함되어 있다. 여기에는 내담자와의 친밀한 관계 유지를 위한 상담 기법 등이 있는데 이를 구체적으로 살펴보면 다음과 같다(김인자, 1997).

① 상담 환경 가꾸기

상담사는 내담자에게 지지적인 환경, 온화한 환경 등을 만들어야 하며, 그 안에서 내담자가 삶을 변화시키도록 해야 한다. 이러한 환경을 만들기 위해서는 상담사의 일관성이 중요하다. 즉, 첫째, 친근감을 갖고 내담자의 이야기를 경청해야 한다. 상담사는 내담자가 그들 자신의 욕구를 충족해 줄 수 있는 바람직한 방법을 찾는 데 도움을 주는 사람이라고 상담자를 믿게 해야 한다. 둘째, 내담자의 과거사는 그것이 현재 상황을 설명하는 데 도움이 되지 않는 한 이야기하는 것을 허용하지 말아야 한다. 셋째, 내담자의 느낌이나 신체 현상을 전 행동과 분리하여 이야기하게 해서는 안 된다. 넷째, 무책임한 행동에 대한 변명을 허용하지 말아야 한다. 다섯째, 벌하거나 비판하지 않으면서 내담자의 행동 선택에 대한 필연적인 결과를 깨닫게 해야 한다.

② 관심을 기울이는 행동하기

다른 상담과 마찬가지로 표정, 수용적 자세, 언어적 행동, 비언어적 행동, 바꾸어 말하기 등의 기술은 상담사와 내담자의 관계를 증진시킨다.

③ ABS 법칙 실시하기

ABS 법칙은 상담사는 항상 침착하고 예의 바를 것(always be calm & courteous), 항상 신념을 가질 것(always be determined), 항상 열성적일 것(always be enthusiastic), 항상 확고할 것(always be firm), 항상 진실할 것(always be genuine) 등을 의미한다.

④ 판단 유보하기(suspend judgement)

상담사는 내담자의 특정 행동을 내담자 자신의 욕구를 충족하려는 최선의 선택으로 일단 보아야 한다는 것을 의미한다. 즉, 상담사는 판단하거나 비난

하지 말고 1차 수준의 지각을 통해 이해해야 한다.

⑤ **예상하지 못한 행동을 하기(do the unexpected)**

상담사는 내담자에게 역설적 기법을 사용하거나 직접적으로 내담자의 문제를 다루기보다는 잠시 그 문제를 옆으로 밀어 두는 것이 도움이 될 수도 있다. 특히 내담자의 다른 내적 바람을 보게 하여 잠시나마 고통을 제쳐 두도록 도와준다. 내담자는 좌절과 갈등을 겪고 있기 때문에 상담을 받으러 온다. 고통을 겪는 내담자의 심리적인 사진첩 혹은 질적인 세계는 부정적인 사진으로 가득 차 있을 수 있다. 고통스러운 상황에서는 잠시나마 그 상황을 제쳐 두는 것도 도움이 되는 것이다.

⑥ **건전한 유머 사용하기(use humor)**

상담 과정에서 적절한 유머의 사용은 도움이 된다. 유머는 적대적이기보다는 선의를 가지고 사용해야 하며, 내담자에게 우월적으로 보이도록 사용하는 것이 아니라 내담자와 평등한 상태에서 사용해야 한다. 현실요법에서는 웃음이 인간의 고통을 치유하는 최상의 묘약임을 믿기 때문에 유머를 적극 권장한다.

⑦ **자기답게 상담하기(be yourself)**

상담사가 진취적이면 진취적으로, 부드럽고 조용하면 조용하게, 가장 자기답게 상담하는 것이 좋다. 상담사는 경직되게 진행하기보다는 편안하게 진행하는 것이 좋다.

⑧ **자기 자신을 개방하기(share yourself)**

상담사의 진지하고도 개방적인 태도는 내담자가 자기의 질적 세계로 상담사를 들어오게 할 수 있을 뿐 아니라 상담사에 대한 내담자의 신뢰를 증진시킬 수도 있다.

⑨ 은유적 표현에 귀 기울이기(listen for metaphors)

상담사는 내담자의 표면적인 표현 이면에 어떤 진심이 담겨 있는지를 탐색할 수 있어야 한다. 즉, 이는 내담자의 은유적 표현을 탐색함으로써 내담자가 자신이 이미 알고 있는 것을 더 많이 이해하도록 하고, 분명하게 알려지지 않았던 것에 대한 통찰력을 지니게 하며, 심미적이고 정서적인 강도를 표현할 수 있게 하기 위한 것이다.

⑩ 주제에 귀 기울이기(listen to themes)

상담사는 내담자가 하는 이야기의 주제를 파악하고 반영해 준다. 상담사는 내담자의 바람과 지각을 함께 묶음으로써 그들이 상담 주제에서 이탈되지 않게 하여 효과적으로 방향을 설정해 나갈 수 있다.

⑪ 요약하기와 초점 맞추기(use summarize and focus)

유능한 상담사는 내담자가 하는 이야기를 요약하여 진실로 원하는 것에 초점을 맞출 수 있도록 도와준다. 이런 초점 맞추기는 한 가지 또는 그 이상의 요점, 주제, 평가적 사고 등을 강조하는 것을 의미한다.

이와 같이 현실요법 진로상담에서는 내담자에게 관심을 기울이고, 개방적인 태도를 가지고 내담자를 판단하지 않으며, 상담사의 독특한 특성을 고려하여 편안하게 상담을 진행해야 한다.

제3장

진로선택이론

"사람들이 일에서 행복하기 위해서는 세 가지가 필요하다.
적성에 맞아야 하고, 너무 많이 해서는 안 되며, 성취감을
얻을 수 있어야 한다."

– 존 러스킨 –

이 장에서는 진로선택과 관련한 고전적인 이론이자 자신의 특성과 직업을 매칭하는 이론인 특성요인이론과 가족과의 관계나 양육 태도가 내담자의 진로선택에 영향을 준다고 보는 욕구이론, 사람의 인성 유형에 따른 직업 환경 유형을 선택하면 직업 만족도가 높아진다고 보는 인성이론 등을 살펴보고자 한다.

1 특성요인이론

특성요인이론(trait-factor theory)은 개인이 가지고 있는 흥미, 가치관 등 태도나 능력, 일에 필요한 특성과 관련된 개인의 특성에 초점을 둔 것으로서 모든 개인은 각각의 독특한 특성에 따라서 차이가 있다고 보는 개인차 심리학과 응용심리학에 뿌리를 둔 이론이다. 진로상담의 초기 이론가인 Parsons (1909)는 먼저 각 개인의 특성을 연구하고, 다음으로 다양한 직업세계를 탐색하며, 개인과 직업을 관련지어 보거나 개인의 특성에 알맞은 직업을 찾아줌으로써 직업지도가 이루어진다고 보았다. 다시 말하면, 개인분석, 직업분석, 과학적 조언을 통한 매칭(matching)을 주장하였는데, 이는 자신의 강점과 약점을 포함한 개인적 성향을 충분히 이해해야 하고, 주어진 직업세계의 직무분석이나 성공 조건 및 보상과 승진에 관한 정보를 알아야 하며, 입수한 정보를 바탕으로 선택 과정에서 진실한 추론을 해 나가야 한다는 것이다.

특성요인이론가들은 직업과 관련된 개인의 특성을 다양한 방법으로 측정하여 미래 직업세계에서의 성공 가능성을 예언하려고 시도함으로써 직무 내용 설명과 직무 요구사항의 연구에 많은 영향을 주었다. 이 이론은 개인이 가지고 있는 개인차 연구에서 시작하였으며, 개인의 특성을 진단하고 측정하기 위한 검사와 심리측정이 함께 발달하였다.

Parsons(1909)는 『직업의 선택(*Choosing a Vocation*)』에서 현명한 직업선

택에 관련되는 세 가지 요인을 제시하고 있는데, 이를 구체적으로 살펴보면 특성요인의 특징을 알 수 있다. 첫째, 자신에 대한 명확한 이해, 즉 자신의 적성, 능력, 흥미, 포부, 환경 등의 이해, 둘째, 여러 직업에 따른 자격 요건, 장단점, 보수, 취업기회, 장래 전망 등에 관한 지식, 셋째, 두 요인 간의 합리적 연결, 즉 내담자 자신의 개인적 요인에 관한 자료와 직업에 관한 자료를 중심으로 진로상담을 통해 내담자가 현명한 선택을 하도록 도와주는 조력활동이라고 하였다. 즉, 현명한 직업선택은 자기 자신에 대한 분명한 이해, 제반 직업조건과 욕구의 인식, 그리고 이 두 가지 요소가 가지고 있는 정보에 대한 정확한 추리에 근거를 두고 출발한다(Herr & Cramer, 1984).

특성요인이론은 개인과 직업을 연결시키는 것으로 과학적인 측정 방법을 통해 개인의 인성 특성을 식별하여 직업 특성과 연결짓는 것을 핵심으로 한다. 개인차 심리학의 성장은 과학적 측정을 통한 특성의 확인을 가능케 함으로써 Parsons의 모델에 추진력을 더했다.

1) 기본 가정

특성요인이론을 계속해서 연구해 오면서 많은 사람이 이 이론의 가정과 명제에 대한 다양한 결론에 도달하였다. Miller(1964)는 특성요인이론은 다음과 같은 다섯 가지 가정에 기초를 두고 있다고 하였다.

첫째, 직업발달은 개인과 직업 특성 간의 관계를 합리적으로 추론하여 의사결정을 도출해 가는 인지 과정이다. 둘째, 직업선택에서는 발달보다 선택 자체를 강조한다. 셋째, 개인에게는 각기 자신에게 맞는 하나의 적절한 직업이 있다. 넷째, 각 직업에는 그 직업에 맞는 특정한 형태의 인물이 종사하고 있다. 다섯째, 누구나 자신의 특성에 알맞은 직업을 선택할 수 있다. 즉, 개인의 특성과 직업의 요구 간에 매칭이 잘 될수록 성공 가능성이 커진다고 본 것이다. 이와 같이 특성요인이론은 합리적인 의사결정 과정을 통해서 자신의 특성에 알맞은 진로를 선택하는 것으로 본다.

또한 Klein과 Wiener(1977)는 특성요인이론이 다음과 같은 네 가지 가정에 기초를 두고 있다고 본다.

첫째, 각 개인은 독특한 특성을 가지고 있다. 그 특성은 신뢰할 수 있고 타당하게 특정될 수 있다. 둘째, 직업은 직장인이 성공적으로 일을 수행하기 위해 특정한 특성을 소유하기를 요구한다. 셋째, 직업선택은 직선적인 과정이며 매칭이 가능하다. 넷째, 개인의 특성과 직업 요구사항의 매칭이 잘 이루어질수록 성공 가능성이 크다.

이와 같이 특성요인이론은 일반 능력, 적성, 흥미, 가치관, 성격 등의 개인이 갖고 있는 여러 가지 성향과 능력을 심리검사 등의 객관적인 방법으로 찾아내고, 각각의 직업이 요구하는 제반 요인을 분석하여 각 개인의 특성에 적합한 직업을 선택하게 하는 이론이다.

2) 매칭과 직업적응

Parsons(1909)부터 Lofquist와 Dawis(1969)에 이르기까지 특성지향적 이론은 개인의 특성과 직업의 요구사항(job requirements) 간의 보다 좋은 매칭에 대해 언급해 왔다. 다시 말하자면, 개인의 능력 수준과 욕구가 자신이 원하는 직업에서 요구하는 능력 및 강화체계와 일치(correspondence)할수록 직무만족도가 높고 성공적인 직업적응이 가능하다는 것이다. 그러나 직업의 요구사항에 대한 우리의 정보는 불완전하며, 직업의 요구사항은 시시때때로 변화한다. 또한 검사나 측정 도구는 개인의 특성을 측정할 수 있는 완전한 타당도를 가지고 있지 못하다. 우리의 정보와 측정의 오류가 지닌 원인 때문에 불만족스러운 선택이 이루어질 수 있으며, 잘못된 진로선택 및 결정은 직업불만족과 직업전환(job changes)을 가져온다. 직업전환을 가져오는 또 다른 요인은 각 개인에게 적합하지 않은 직업환경으로의 변화다.

[그림 3-1]에서 보면, 개인의 능력 수준과 직업에서 요구하는 능력 수준이 일치하면 일에 대한 만족감을 얻을 수 있다. 그리고 개인의 욕구와 직업에서

의 강화체계가 일치하면 직업생활에 대한 심리적 만족감을 느낄 수 있다.

　각 개인은 자신이 종사하는 직업에서 성취하기를 바라는 강한 욕구를 지닌
다. 또한 각 개인은 자신의 업무를 수행하기 위해 사용할 수 있는 능력을 가
지고 있다. 이러한 욕구와 능력에 따라 각 구성원은 각각의 직업 특성을 형성
해 나간다.

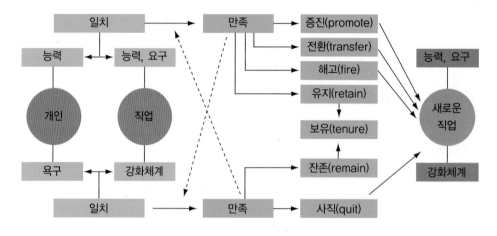

[그림 3-1] Lofquist와 Dawis(1969)의 직업적응과정의 개념화

　그러나 각 개인의 욕구가 변화하고 각 개인이 만족하지 못하여 불만족이
발생한다면, 또는 그들이 종사하는 직업의 요구사항이 변화하거나 그들이 더
이상 적절하게 업무를 수행할 능력을 소유하지 못한다면 그들은 이직을 원할
것이다. 이와 같이 다양한 상황에서 새로운 직업을 탐색하게 되고 이직이 이
루어지는데, 이때도 새로운 직업이 요구하는 능력과 강화체계를 고려하여 진
로선택이 이루어진다.

　이와 같은 직업적응과정을 통해서 개인은 새로운 직업을 선택하여 수행하
게 되고, 만족감을 어느 정도 얻게 되는지에 따라 잔존과 사직 과정을 거치게
된다.

3) 특성요인이론의 평가

특성요인이론이 표준화 심리검사를 통해 개인의 특성을 측정하여 진로선택에 도입했다는 점은 긍정적으로 볼 수 있다. 특성요인이론의 공헌점은, 첫째, 개인의 여러 가지 특성을 고려하도록 한 점이고, 둘째, 표준화 심리검사 결과와 직업세계의 비교 · 분석 과정을 통한 조력활동이 진로상담에 매우 유용하다는 것이다.

그러나 특성요인이론은 장래의 직업적 성공을 예언함에 있어 검사 결과에 지나치게 의존하여 발달적 측면을 무시한 일회적이고 비역동적인 개념이라고 비판을 받고 있다. 구체적으로 살펴보면, 첫째, 검사도구를 통해 밝혀낸 결과가 특정한 직업에서의 성공 여부를 정확하게 예언해 주지 못한다는 예언타당도의 문제가 제기된다(Ghiselli, 1977). 둘째, 직업선택을 일회적 행위로 간주하여 인간의 장기간의 직업적 발달을 도외시하고 있으며, 개인이 소지하고 있는 제 특성 간의 역동성 및 개인이 그 많은 요인 중에서 어느 것을 우선적으로 고려하는지에 따라 직업선택이 달라질 수 있다는 점을 고려하지 못하고 있다(Herr & Cramer, 1984). 다시 말하자면, 현실적으로 심리검사의 예언타당도 문제와 개인이 소지하고 있는 여러 가지 특성 요인 중에서 어느 것을 우선적으로 고려하는지에 따라 직업선택이 달라질 수 있다는 것이다.

이와 같은 문제점을 극소화해 나가기 위해서는 상담사의 노력이 필요할 것이다. 상담사는 검사도구의 낮은 예언타당도 문제를 해결하기 위하여 내담자의 특성 파악에 도움이 되는 심리검사를 실시함으로써 통합적이고 종합적인 심리평가가 이루어질 수 있도록 해야 한다.

따라서 진로상담 장면에서 내담자의 특성을 파악하기 위해 한 가지 검사도구에 의존하기보다는 몇 가지 검사 결과를 비교해 보고, 측정된 결과에서 공통적으로 발견한 특성에 주목하여 종합적인 해석을 시도해 보는 것이 낮은 예언타당도 문제를 어느 정도 해결할 수 있을 것이다. 아울러 검사를 통해 얻은 정보를 평소의 관찰과 상담 과정 시의 면접 내용 및 전문가적 지식을 바탕으로 종합적으로 평가해야 한다. 즉, 상담사가 가지고 있는 불완전한 특성을 고려하여 진로선택 및 결정의 심리검사가 절대적 근거라고 생각해서는 안 될 것이다. 내담자의 특성을 파악하기 위해서는 심리검사는 물론이고 면접, 일화기록법 등 다양한 방법을 실시하는 노력이 필요하다.

2 Roe의 욕구이론

Roe(1956)의 욕구이론(needs theory)은 초기 부모와의 관계와 그 관계가 차후의 진로 방향에 미치는 영향을 알아보고자 하는 데 그 의의가 있다. 이 이론은 성격이론과 직업 분류라는 완전히 이질적인 영역의 통합에 근거한다. 이 이론에서는 개인의 욕구가 아동기에 형성되는 것으로 보았으며, 형성된 욕구에 대한 반응으로 직업선택이 이루어진다고 보았다. Roe는 여러 가지 다른 직업에 종사하는 사람들은 각기 다른 욕구를 지니고 있고, 이러한 욕구의 차이는 어린 시절의 부모-자녀 관계에 기인한다고 보았다.

Roe(1956)는 자신이 선택한 직업에서 어린 시절의 경험이 만족을 추구하는 데 중요한 역할을 한다고 강조했다. 그는 부모의 양육 형태가 욕구체계에 미치는 영향과 욕구들의 관계가 성인기의 생활방식에 미치는 영향을 알아보고자 하였다. Roe는 Maslow의 욕구이론에 영향을 받아 개인의 욕구 구조는 초기 어린 시절의 욕구 불만과 만족감에 크게 영향을 받는다고 하였다. 예를 들어, 사람과 관련된 일을 원하는 개인은 애정과 소속의 강한 욕구 때문에 인간지향적인 직업을 선택한다고 보았고, 비인간지향적인 유형의 직업을 선택하는 사람은 낮은 수준의 안전감 욕구를 지닌다고 보았다. Roe는 사람들과 어울려 일하기를 좋아하는 사람은 따뜻하고 수용적인 부모의 양육을 받고 자랐으며, 사람들과의 접촉을 싫어하는 사람은 차갑고 거절적인 부모의 양육을 받고 자랐다고 보았다.

1) 직업 분류

Roe(1956)는 인간지향적(person-oriented)과 비인간지향적(nonperson-oriented)의 두 범주로 직업을 분류하였다. 인간지향적인 직업으로는 서비스직, 비즈니스직, 단체직, 일반문화직, 예능직이 있고, 비인간지향적인 직업은 기술직, 옥외활동직, 과학직으로 나누어 볼 수 있다.

각 직업체계 내에는 직무 수준의 차이가 존재한다. Roe(1956)는 직업 범주의 선택이 개인의 욕구 구조의 기능에 따라 이루어지지만, 직업 범주에서의 직무 수준은 개인의 능력 수준과 사회경제적 배경에 의해 결정된다고 보았으며, 아동기의 부모와의 관계에 따라서 욕구 및 흥미가 같아지고, 이것이 성인기의 직업선택에도 영향을 미친다고 하였다.

(1) 직업 영역

Roe(1956)는 흥미에 기초해서 직업을 8개의 군집으로 나누고, 각각의 군집에 알맞은 직업의 목록을 작성했다. 직업활동과 관련된 인간관계의 특성 및 강도에 기초한 연속선상에 직업들이 배열될 수 있으며, 연속선상에서 가까이 위치한 군집들이 떨어진 군집들보다 인간관계의 특성과 강도 면에서 보다 유사하다. Roe가 제안한 여덟 가지 직업군은 다음과 같다(Roe & Lunneborg, 1990).

① 서비스직(service): 이 직업군은 기본적으로 다른 사람의 욕구와 복지에 관심을 가지고 봉사하는 것과 관련되어 있다. 사회사업가, 전문상담가 등과 같이 다른 사람을 위해 봉사하는 환경의 직업이다.

② 비즈니스직(business contact): 이 직업군은 일대일 만남을 통해 판매하는 것과 관련되어 있다. 대인관계를 중요하게 보긴 하지만, 타인을 도와주기보다는 특정한 행동을 취하도록 상대방을 설득하는 데 초점을 둔다.

③ 단체직(organization): 주로 기업의 조직과 효율적인 기능에 관련된 직업

으로, 제조업 및 행정업에 종사하는 화이트칼라 집단이다. 이 직업에서 인간관계의 질은 대개 형식화되어 있다.

④ 기술직(technology): 상품과 재화의 생산, 유지, 운송과 관련된 직업을 포함하는 군집이다. 운송과 정보통신에 관련된 직업뿐만 아니라 공학, 기능, 기계, 무역에 관계된 직업도 이 영역에 속한다. 여기서 대인관계는 상대적으로 덜 중요하며 사물을 다루는 데 관심을 둔다.

⑤ 옥외활동직(outdoor): 농산물, 수산자원, 지하자원, 임산물, 기타 천연자원을 개발·보존·수확하는 것 및 축산업에 관련된 직업을 말한다. 기계화의 진보로 이 직업군에 속하던 많은 직업이 직업군 ④로 옮겨 갔다. 여기서 대인관계는 중요하게 다루지 않는다.

⑥ 과학직(science): 이 직업군은 기술직과는 달리 과학이론 및 이론을 특정한 환경에 적용하는 것에 관련된다. 심리학이나 인류학과 같은 분야에서뿐만 아니라 전혀 인간관계 지향이 아닌 물리학 등의 과학적 연구에서도 더 구체적인 인간관계에 호소하는 직업군 ⑦과 관련이 있다. 의학직이 대표적인 예다.

⑦ 일반문화직(general culture): 이 직업군은 문화유산의 보존과 전수에 관련된다. 개인보다는 인류의 활동에 흥미가 있다. 교육, 언론, 법률, 성직, 언어학과 인문학이라 불리는 과목에 관련된 직업이 이 직업군에 포함된다. 대부분의 초·중등학교 교사가 이 직업군에 속하나, 고등교육기관의 교사는 가르치는 교과에 따라 서로 다른 직업군에 포함된다. 예를 들어, 과학교사는 직업군 ⑥에, 예술교사는 직업군 ⑧에, 인류학 과목의 교사는 직업군 ⑦에 속한다.

⑧ 예능직(art and entertainment): 창조적인 예술과 연예에 관련된 특별한 기술을 사용하는 직업이 여기에 속한다. 대부분의 경우 개인과 대중 또는 조직화된 한 집단과 대중 사이의 관계에 초점을 둔다. 여기서 인간관계는 중요하나, 그것이 직업군 ①에서의 인간관계와 똑같은 특성을 지닌 것은 아니다.

(2) 직업 수준

각 직업군은 다시 책임, 능력, 기술의 정도를 기준으로 하여 각각 여섯 단계로 나뉜다. 직업의 책무성 정도가 단계의 구분에 가장 결정적인 영향을 미치는데, 이 책무성은 결정을 내리는 횟수와 곤란도뿐만 아니라 다양한 문제를 처리하는 방법도 포함한다. 각각의 단계는 본질적으로 책무성의 연속선상에 존재한다.

① 고급 전문관리(professional and managerial 1): 이 단계는 중요한 사안에 대해 독립적인 책임을 지는 전문가뿐만 아니라 개혁자, 창조자, 최고 경영관리자를 포함한다. 고급 전문관리자의 기준은 다음과 같다. 첫째, 중요하고 독립적이며 다양한 책임을 진다. 둘째, 정책 수립(policy making)을 한다. 셋째, 박사학위나 이에 준하는 수준의 교육을 받은 사람들이다.

② 중급 전문관리(professional and managerial 2): 중급 전문관리와 고급 전문관리는 근본적으로 차이가 있다. 이 수준은 자율성은 있으나 고급 전문관리보다 좁거나 덜 중요한 책임을 지닌다. 중급 전문관리자의 기준은 다음과 같다. 첫째, 중요성과 다양성의 양 측면에서 자신 혹은 다른 사람들에 대해 중간 수준의 책임을 진다. 둘째, 정책을 해석한다. 셋째, 학사학위 수준 이상의 교육을 받은 사람이지만 박사학위나 이에 준하는 수준의 교육보다는 낮은 교육을 받은 사람들이다.

③ 준 전문관리(semiprofessional and small business): 준 전문관리자는 다음과 같다. 첫째, 다른 사람들보다 낮은 수준의 책임을 지닌다. 둘째, 정책을 적용하거나 단지 자기 자신을 위한 결정을 한다. 셋째, 고등학교나 기술학교 또는 이에 준하는 수준의 교육을 받은 사람들이다.

④ 숙련직(skilled): 숙련직과 하위 수준의 숙련직 직업은 고전적인 분류다. 숙련된 직업은 견습이나 특수한 훈련 또는 경험을 요구한다.

⑤ 반숙련직(semiskilled): 이 직업들은 약간의 훈련과 경험을 요구하지만, 숙련직에 있는 직업들보다는 훨씬 낮은 훈련과 경험을 요구한다. 반숙

련직에서는 훨씬 적은 자율과 창의성이 허락된다.

⑥ 비숙련직(unskilled): 비숙련직은 특수한 훈련이나 교육이 필요하지 않으며, 간단한 지시를 따르거나 단순한 반복활동에 종사하기 위해서 필요한 능력보다 많은 능력을 요구하지 않는다. 이 수준에서 직업군의 차이는 근본적으로 직업환경의 차이다(Roe & Klos, 1972).

2) 직업 수준의 위계 구조

[그림 3-2]를 보면 여덟 가지 직업 영역은 원형의 구조를 이루고 있는데, 각 직업 영역 간의 거리는 심리적 유사성을 의미한다(Osipow & Fitzgerald, 1996). 즉, 서로 가까운 위치에 있는 영역일수록 이들 영역이 지니는 심리적 특성은 더욱더 유사하다. 따라서 직업을 바꾸려고 하는 사람은 자신이 속한 직업 영역과 심리적 특성이 유사한 직업 영역으로 이동하려고 한다.

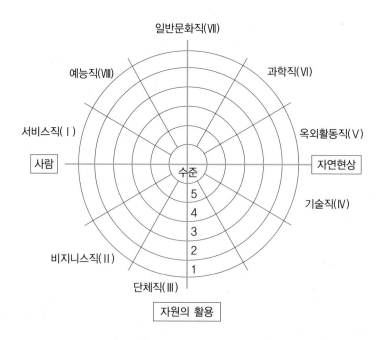

[그림 3-2] Roe(1956)의 직업 분류체계 도식

이와 같이 한 개인이 이직할 때는 직업 수준, 즉 자신이 지니고 있는 교육 수준이나 경험의 정도에 의해 제한을 받는다고 Roe는 설명하였다. 또한 그는 여섯 가지 직업 수준은 위계 구조로 이루어져 있는데, 직업 수준이 높을수록 직업 영역 간의 심리적 특성의 거리는 멀어지며, 직업 수준이 낮을수록 직업 영역 간의 심리적 특성의 거리는 가까워진다고 보았다.

3) Roe 이론에 대한 평가

Roe는 직업의 곤란도와 책무성을 고려하여 직업군을 여덟 가지로 분류하였으며, Maslow의 욕구이론의 영향을 받아 직업군 선택이 부모-자녀 관계에서 형성된 욕구구조에 따라 결정된다고 보았다. 이러한 Roe의 이론에는 몇 가지 문제점이 있다.

첫째, Roe의 이론은 구체적인 실증적 근거가 결여되어 있다는 것이다. 즉, 과학적인 연구에 의한 실증적인 검증과 직접적인 증거가 거의 없이 논리적 추리에 의한 것이라는 점이다.

둘째, Roe의 이론은 과학적이고 객관적인 검증이 매우 어렵다는 점이다. 특히 이 이론의 경험적 타당도를 위한 종단 연구는 전무한 상태다. 이는 부모-자녀 관계가 Roe의 이론처럼 획일적이거나 단순하지 않고, 아버지와 어머니의 자녀 지도 방식이 동일하지 않으며, 부모가 자녀와 상호작용할 때 일관성 있는 태도를 유지하기 어렵기 때문이다.

셋째, Roe의 이론은 직업분류체계와 부모-자녀 관계 유형의 욕구가 다르다고 하고 있으나 구체적인 진로상담의 방법이나 기법은 제시하지 못하고 있다. 즉, Roe의 이론은 실제적인 적용이나 진로상담과정에서 나타나는 문제를 해결하고 적용하는 데 관심을 두지 않고 있다는 것이다.

❸ Holland 인성이론

인성이론은 여러 직업에 종사하는 사람들에 대한 정보와 다양한 직업환경에 관한 정보를 알 수 있도록 구성된 것으로서 인성에 바탕을 둔 심리이론적 입장과 유형(type)에 따라 다른 진로 의사결정을 하게 된다는 유형론적 입장에 근거하고 있다. 또한 이와 같은 인성 유형이 서로 다른 학습자의 진로선택에 영향을 주는 요인이라고 본다.

Holland(1985)는 교육기관이나 군대에서 직업상담에 관계한 경험을 통해, 또 직업흥미검사 작성을 통해 인격을 유형화함으로써 각종 유형에 적합한 직업 분야를 찾아내는 일을 시험하였다. 그는 개인의 행동양식이나 인성 유형이 직업선택과 발달에 중요한 영향을 미친다고 보았다. 그러므로 그는 직업선택을 개인의 타고난 유전적 소질과 문화적 요소 간의 상호작용의 소산이라고 보고 있다. 여기서 문화적 요소란 동료, 부모, 중요한 타인 그리고 개인이 속한 사회의 문화와 물리적 환경을 의미한다.

그에 따르면 인간은 자신의 특정한 성격이나 환경을 구성하는 수많은 변인의 영향을 받아 진로를 선택하게 된다. 진로선택은 직업적 성격 유형에 따른 직업세계에서의 성격적 표현으로 볼 수 있다. 이러한 성격 유형은 직업선호도 및 자신의 특성과의 일치 정도에 따라 다양하게 표현될 수 있으며, 각 개인이 자신의 지배적이고 특징적인 경향을 발달시킬 수 있는 직업환경에서 일하게 됨으로써 만족하여 자신이 선호하는 성격 경향을 충족시키기 위한 진로를 선택하게 된다고 보는 것이 인성이론의 핵심이다.

1) 기본 가설

Holland(1992)는 개인 유형, 환경 유형, 개인과 환경의 상호작용에 대한 몇 가지 기본 가정을 제시하고, 이 가정에 근거하여 사람들은 성격이나 흥미, 진로, 의사결정 등을 발달시키게 된다고 하였다.

① 사람들의 성격은 실재적(realistic), 탐구적(investigative), 예술적(artistic), 사회적(social), 설득적(enterprising), 관습적(conventional) 등 여섯 가지 유형으로 분류될 수 있다. 인간은 생물학적 유전, 부모, 동료, 문화, 물리적 환경 등의 여러 문화적 · 개인적 영향력 간의 상호작용 결과로 독특한 성격을 형성하게 되고, 이러한 환경 속에서 각 개인은 다른 사람의 행동을 모델화하게 되며, 이를 경험으로 삼아 자신만의 흥미를 갖게 되어 자신도 이 분야에서 잘 할 수 있다는 유능성을 갖게 된다. 이와 같은 개인의 흥미와 유능성은 특별한 방법으로 사고하고 지각하며 행동하는 독특한 성격적 특성으로 자리 잡게 된다. 예를 들어, 사회적(S) 유형에 가까운 사람은 사회적 문제에 보다 많은 가치를 두며, 사회적인 직업을 찾는 경향이 다른 유형의 사람들보다 많다고 할 수 있다. 각 유형에 속하는 사람은 각각 다른 방법으로 환경적 문제와 과제를 해결하는 태도 및 기술을 가지고 자신이 처하는 환경이나 기술, 능력 등을 실현시키고 특정 목표를 달성하게 된다.

② 우리가 살아가는 생활환경에도 실재적(R), 탐색적(I), 예술적(A), 사회적(S), 기업적(E), 관습적(C) 등 여섯 가지 유형이 있다. 우리가 살아가는 환경은 각각 주어진 성격 유형에 따라 다르게 반응하고, 특정한 문제와 기회 등 특수성을 제시하고 있는 물리적 환경에 의해서 특징지을 수 있다. 예를 들어, 관습적 환경은 관습적 유형의 사람들에 의해서 지배된다. 관습적 환경에서 가장 높은 비율을 나타내는 모집단의 성격은 관습적인 성격 유형과 거의 유사하다고 할 수 있다. 사람들은 서로 자신의 흥미, 포부, 유능성, 성향 등이 유사한 사람과 사물을 자기 주변에 두려는 경향이 있다. 이러한 경향은 성격 유형을 반영하는 생활환경(실재적, 탐색적, 예술적, 사회적, 기업적, 관습적)을 만들게 된다.

③ 사람들은 자신의 능력과 기술을 발휘하고 태도와 가치를 표현하며 자신

에게 알맞은 역할을 수행할 수 있는 환경을 찾는다. 자신의 성격 유형에 적합한 환경을 찾거나 인간관계 혹은 지지, 연습을 통해서 환경을 찾게 된다. 사람들은 오랜 시간에 걸쳐 다양한 방법과 의식 수준에서 특정한 환경을 추구하는 것을 볼 수 있다. 예를 들면, 사회적 유형은 사회적 환경을 추구하고, 관습적 유형은 관습적 환경을 추구하게 된다. 그러므로 사람들은 자신의 성격 유형에 따른 일반적인 방법에 의해서 진로선택이나 진로 결정 그리고 진로변경을 하게 된다.

④ 개인의 행동은 성격과 환경적 특성의 상호작용에 의해서 결정된다. 진로선택, 진로발달, 진로성취, 직무만족 등의 행동 결과는 한 개인의 성격 유형과 환경 유형이 얼마나 일치하는가의 정도에 따라서 예견될 수 있다. 다시 말하자면, 개인의 성격 유형과 작업환경 유형이 일치할수록 진로선택이 잘 이루어진 것이고, 더 나아가 직업에서의 성취감을 맛볼 수 있고 만족감을 보인다는 것이다(구남희, 1997).

2) 직업적 성격 유형

Holland(1992)는 각 개인이 직업을 선택할 때 자신만의 독특한 적응방법을 보인다고 보았다. 이 적응방법의 종류로 여섯 가지 방향을 고려하는데, 그것은 앞서 언급한 여섯 가지 환경에 각각 상응한다고 본다. 즉, 여섯 가지 환경에 적응하는 방법이란 현실적·탐구적·사회적·관습적·설득적·예술적 방향으로 나타난다. 이러한 적응방법에 따라 개인은 일상생활에서 직면하는 여러 문제를 처리해 나갈 때 각자 즐겨 쓰는 독특한 방법으로 대처한다는 것이다. 따라서 사람들은 자신의 기술과 능력을 발휘하고 자신의 태도와 가치관에 따라 일할 수 있는 환경을 선호하며, 자신에게 맞는 역할을 담당할 수 있는 직업환경을 찾는다고 본다. 그러므로 개인의 행동은 자신의 성격 특성과 직업환경 특성의 상호작용에 따라 결정된다는 것이다.

Holland는 진로선택에 관한 자신의 이론에 기초하여 다음과 같이 여섯 가지 직업적 성격 유형으로 직업을 분류하였다.

① 실재형(realistic: R): 물건이나 도구, 기계, 동물 사육 등 확실한 순서가 세워져 있는 계통적인 활동을 즐긴다. 실제 사물을 대상으로 한 활동이 중심을 이루며, 근육을 이용하는 직업이다.

② 탐구형(investigative: I): 관찰을 통해 물리학적 · 생물학적 · 문화적 현상에 관한 추상적 · 조직적 · 창조적 연구활동을 즐긴다.

③ 예술형(artistic: A): 심미적이고 감각적인 활동이 많고, 인간적인 소재로 표현하며, 애매하고 자유롭고 체계가 없는 활동을 좋아한다. 이 영역의 종사자는 비교적 비사교적인 특성을 지닌다.

④ 사회형(social: S): 타인을 위해 봉사하는 요소가 강한 직업으로, 언어능력 및 대인관계 기술을 요구한다. 사람을 훈련하거나 성장 · 발전하게 하거나, 치료하거나 가르치는 활동을 좋아한다.

⑤ 설득형(enterprising: E): 상대를 설득하는 요소가 강한 직업이다. 조직의 목표를 달성하거나 경제적인 이익을 달성하기 위해서 사람을 움직이는 활동을 좋아한다. 남성적인 면이 강하고, 비교적 외향적이며, 지도력, 설득력 등의 능력을 요구한다.

⑥ 관습형(conventional: C): 기록하고 자료를 모으고 복사하는 등의 일을 즐긴다. 정해진 계획에 따라 기록된 자료를 바꿔 짜기도 한다. 순서가 세워져 있는 활동을 좋아하며, 반대로 애매하고 자유로운 탐구활동을 싫어한다.

Holland는 각 개인은 여섯 가지 기본 성격 유형 중의 하나와 유사하다고 주장한다. 또한 여섯 가지 성격 유형이 있듯이 여섯 가지 직업환경 유형에 있어서 성격과 같은 확실한 속성과 특성에 따라 그것을 설명할 수 있다고 본다. 직업환경의 특징은 직업환경에 속해 있는 사람들에 따라 결정될 수 있다.

〈표 3-1〉 Holland의 직업적 성격 유형

직업적 성격 유형	성격 특성	직업활동 선호	대표 직업
실제형 (R)	남성적이고, 솔직하고, 성실하며, 검소하고, 지구력이 있고, 신체적으로 건강하며, 소박하고, 말이 적으며, 고집이 있고, 직선적이며, 단순하다.	분명하고 질서정연하게, 그리고 체계적으로 대상이나 연장, 기계, 동물을 조작하는 활동 내지는 신체적 기술을 좋아하는 반면, 교육적 활동이나 치료적 활동은 좋아하지 않는다.	기술자, 자동차 및 항공기 조종사, 정비사, 엔지니어, 전기·기계 기사, 운동선수 등
탐구형 (I)	탐구심이 많고, 논리적·분석적·합리적이고, 정확하고 지적 호기심이 많으며, 비판적·내성적이고, 수줍음을 잘 타며, 신중하다.	관찰적·상징적·체계적으로 물리적·생물학적·문화적 현상을 탐구하는 활동에는 흥미를 보이지만, 사회적이고 반복적인 활동에는 관심이 부족하다.	과학자, 생물학자, 화학자, 물리학자, 인류학자, 지질학자, 의료기술자, 의사 등
예술형 (A)	상상력이 풍부하고 감수성이 강하며, 자유분방하며 개방적이다. 또한 감정이 풍부하고 독창적이며 개성이 강한 반면, 협동적이지는 않다.	예술적 창조와 표현, 변화와 다양성을 좋아하고, 틀에 박힌 것을 싫어한다. 모호하고 자유롭고 상징적인 활동을 좋아하지만, 명쾌하고 체계적이고 구조화된 활동에는 흥미가 없다.	예술가, 작곡가, 음악가, 무대감독, 작가, 배우, 소설가, 미술가, 무용가, 디자이너 등
사회형 (S)	사람들과 어울리기 좋아하고 친절하고 이해심이 많으며, 남을 잘 도와주고 봉사적이며 감정적이고 이상주의적이다.	타인의 문제를 듣고 이해하고 도와주며, 치료해 주고 봉사하는 활동에는 흥미를 보이지만, 기계·도구·물질 등 명쾌하고 질서정연하며 체계적인 활동에는 흥미가 없다.	사회복지사, 교육자, 간호사, 종교지도자, 상담사, 임상상담사, 언어상담사 등
설득형 (E)	지배적이고 통솔력·지도력이 있고, 말을 잘하고 설득적이며, 경쟁적이고, 야심적이고, 외향적이며, 낙관적이고 열성적이다.	조직의 목적과 경제적 이익을 얻기 위해 타인을 선도·계획·통제·관리하는 일과 그 결과로 얻어지는 위신·인정·권위를 얻는 활동을 좋아하지만 관찰적·상징적·체계적 활동에는 흥미가 없다.	기업경영인, 정치가, 판사, 영업사원, 상품구매인, 보험설계사, 판매인, 관리인, 연출가 등
관습형 (C)	정확하고 빈틈이 없고 조심성이 있으며, 세밀하고 계획성이 있고 변화를 좋아하지 않으며, 완고하고 책임감이 강하다.	정해진 원칙과 계획에 따라 자료를 기록·정리·조직하는 일을 좋아하고, 체계적인 작업환경에서 사무적·계산적 능력을 발휘하는 활동을 좋아한다. 그러나 창의적·자율적이고 모험적·비체계적 활동에는 매우 혼란을 느낀다.	공인회계사, 경제분석가, 은행원, 세무사, 경리사원, 컴퓨터프로그래머, 감사원, 안전관리사, 사서, 법무사 등

3) Holland 코드와 주요 개념

Holland(1992)는 사람들을 여섯 가지 성격 유형으로 나누고, 또한 직업적 성격도 여섯 가지 유형을 지닌다고 본다. 이에 따라 여섯 가지 성격 유형과 직업적 성격 유형의 관계를 [그림 3-3]과 같이 6각형 모형으로 설명하는데, 이 모형을 통해 Holland의 진로코드와 몇 가지 중요한 개념을 살펴보면 다음과 같다.

Holland 코드는 실재적 유형(R), 탐구적 유형(I), 예술적 유형(A), 사회적 유형(S), 설득적 유형(E), 관습적 유형(C) 등 6개 유형의 조합으로 나타낼 수 있다. Holland 코드는 한 자리 코드(예: R, I, S 등), 두 자리 코드(예: RA, SE, AC 등) 그리고 세 자리 코드(예: RAE, RIC, CEA 등)로 나타낼 수 있다. 예를 들어, 성격 유형 검사 결과 Holland의 코드가 RA라고 하면, 가장 두드러진 성격 유

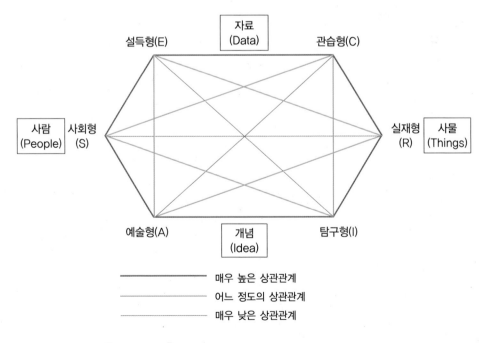

[그림 3-3] Holland의 6각형 모형(Holland, 1985)

형은 실재형(R)이고 그다음 성격 유형은 예술형(A)이다. 직업적 성격 유형 검사 결과 Holland 코드가 SE라고 하면, 가장 선호하는 직업적 성격 유형은 사회적 유형의 직업이고, 그다음으로 선호하는 직업적 성격 유형은 설득적 유형(E)이다.

① 일관성(consistency)

6각형 모형에서 개인의 성격 유형이나 선호하는 직업적 성격 유형의 일관성을 알 수 있다. 일관성이 높다는 것은 한 유형과 다른 유형의 쌍이 개인의 성격 유형이나 선호하는 직업적 성격 유형에서 공통점을 많이 가지고 있다는 것을 의미한다. 6각형 모형에서 인접해 있는 유형들인 E(설득적 유형)와 S(사회적 유형), R(실재적 유형)과 I(탐구적 유형)는 매우 높은 상관관계를 나타내는 것으로 '일관성이 높다'고 본다. 그러나 6각형 모형에서 서로 대각선상에 있는 I(탐구적 유형)와 E(설득적 유형), A(예술적 유형)와 C(관습적 유형)는 매우 낮은 상관관계를 나타내는 것으로 '일관성이 낮다'고 본다.

이 모형에서는 성격 유형의 일관성 및 선호하는 직업적 성격 유형의 일관성을 알아볼 수 있다. 성격 유형의 일관성이 높은 사람일수록 자신의 성격 특성이 분명하고 어떠한 상황이나 여건에서도 일관성 있는 자세를 보일 가능성이 크다. 또한 선호하는 직업적 성격 유형의 일관성이 높은 사람일수록 자신의 진로나 목표가 뚜렷하고 일관성을 유지하며, 진로발달 수준이 높은 경향을 나타낸다고 할 수 있다.

② 차별성

모든 유형에서 똑같은 유사성을 나타내는 사람은 특징이 없거나 잘 규정되지 않았다고 생각할 수 있다. 다시 말하자면, 여섯 가지 유형이 모두 비슷하게 나타나 성격 유형이나 선호하는 직업적 성격 유형이 분명하게 정의되지 않는 경우다. 이와 같은 불분명한 성격이나 직업적 성격 유형은 한 개인을 예견하는 데 확신을 가질 수 없게 만든다. 예를 들어, RIASEC 각 척도 점수 간의 차이가 크지 않다면, 그 사람의 진로코드를 분명하게 말할 수 없을 뿐만 아니라 앞으로의 진로 가능성을 예언하기도 어려울 것이다. 일반적으로 가장 높은 두 자리 진로코드 간의 차가 10 이상이 되어야 차별성이 높은 것으로 본다. 차별성이 높을수록 피검사자의 성격이나 직업적 성격, 진로 등에 대해서 특징적으로 해석하고 표현할 수 있다. 그러나 차별성이 낮은 사람은 자신의 성격은 물론이고 직업에 대한 선호 방향도 뚜렷하게 나타나지 않는 사람을 의미한다.

③ 정체성

자신의 목표와 흥미 그리고 재능에 대한 명확하고 안정된 생각을 가지고 있는 정도를 정체성이라고 한다. 다시 말하자면, 정체성은 개인 및 직업에 대한 안정감, 목표, 업무, 보상 등에서 어느 정도 통합되어 있는지에 따라 달라진다. 따라서 정체감이 잘 조성된 사람은 일관성과 차별성이 높은 특징을 보인다. 즉, 자신의 성격 특성이나 선호하는 직업에 대해 일관성이 높은 특징을 보이고, 아울러 뚜렷하게 나타나는 성격 유형과 직업적 환경 유형을 통해서 한 개인의 독특성을 드러내는 사람이다. 그러나 정체성이 낮은 사람은 일관성과 차별성이 낮으며, 자신에 대해서도 안정된 입장을 취하지 못하는 사람을 말한다.

④ 일치성

한 개인의 성격 유형이 직업적 성격 유형과 유사할수록 일치성이 높다고 한다. 예를 들면, 성격 유형에서 RC라는 유형코드가 나왔고 선호하는 직업적 성격 유형에서도 RC라는 유형코드가 나타났다면 일치성이 높다고 본다. 다시 말하자면, 사회적 성격 유형을 가진 사람이 사회적 문제에 대한 일에 관심을 가지고 있을 때 일치도가 높다고 볼 수 있는 것이다. 이와 같은 개인의 성격 유형과 직업적 성격 유형의 일치성은 직무수행능력, 직무만족과 높은 관련성을 지닌다(Spokane, 1985). 따라서 일치성이 높은 사람은 자신의 성격 특성과 어울리는 직업을 선택할 가능성이 크며, 앞으로의 직업생활에서 높은 직무수행능력을 보이고, 만족한 직업생활을 할 수 있을 것이다. 반대로 일치성이 낮은 경우에는 자신의 성격 특성과는 판이하거나 다른 성격 특성을 가진 직업을 선호하게 됨으로써 직업 성공 가능성이 떨어지고, 성공적인 직업 적응은 물론 직무만족을 기하는 데도 상당한 노력을 기울여야 하는 어려움을 겪을 가능성이 커진다고 할 수 있다.

⑤ 계측성

6각형 모형에서 유형들 간의 거리는 그것들 사이의 이론적 관계에 반비례한다. 즉, 각 영역 간의 거리가 가까울수록 이들의 심리적 특성도 매우 유사하다고 본다. 계측성은 상관관계의 정도에 따라 '매우 높은 상관관계' '어느 정도의 상관관계' '매우 낮은 상관관계'로 나타낼 수 있다. 이는 각 유형 간의 심리적 거리를 계측할 수 있다는 가정하에 6각형 모형이 성립된다고 할 수 있다.

4) Holland 검사의 활용

이 이론은 현실에 적용하는 데 구체적인 절차를 제공하지 못하며, 젊은 사람일수록 자신의 환경 및 자기 자신을 변화시킬 수 있는 능력을 소지하고 있음에도 이를 고려하지 못한다는 점과 인성발달에 대한 설명이 결여되어 있다는 점 등이 약점으로 지적될 수 있다.

그러나 이 검사는 교육기관이나 군대에서 직업상담에 관계한 직접 경험 및 직업흥미검사의 작성 결과를 통해 얻어진 것이므로 합리적이고 실증적인 근거를 지니고 있으며, 포괄적이고 다양하다는 장점을 지닌다. 또한 프로파일의 해석 과정에서 진로상담과 관련된 내담자의 정보 획득 및 상담전략 수립에도 도움을 받을 수 있다. 일반적으로 Holland의 6개 유형을 'RIASEC'이라고 한다. 만일 검사에서 피검사자가 거의 모든 문항에 부정적으로 '아니요'

로 응답하게 되면, RIASEC 각 유형의 프로파일은 낮은 분포 형태를 나타내게 되고 변별도 또한 낮아진다. 이런 경우는 흔히 자아개념이 너무 낮거나 자신의 흥미를 쉽게 나타내 보이지 않는 사람인 경우, 혹은 진로나 직업선택 시 다양한 직업선택의 가능성을 고려하지 않은 경우(Holland, 1992)로 예상할 수 있다.

이와는 달리 긍정반응율이 높게 나온다면, 이에 해당하는 사람은 여러 영역에서 다양한 흥미와 성격, 능력을 보이기 때문에 자신의 성격 혹은 흥미 등을 분명하게 규정짓기 어렵거나 진로 및 직업에 대한 비현실적인 생각을 지니고 있을 수 있다. 또한 긍정반응율이 높으면 유형에 대한 각 프로파일이 높게 나타나 변별도가 낮아진다. 그 외에 각 유형별 총 점수가 모두 낮거나 모두 높아 비교적 평평한 모양의 프로파일을 보일 경우 다양한 영역에서 흥미와 재능을 보이는 것이 보통이지만 평평한 분포를 가지면서 동시에 일관도와 일치도가 낮은 사람은 자신에 대한 경험이 부족하거나 혼란스러운 상황에 놓인 것일 수 있다.

가령, 한 피검사자의 가장 높은 코드와 두 번째로 높은 코드가 각각 E와 C라고 할 때, 이 사람의 진로코드는 EC가 되며 동시에 E와 C의 원점수 차가 10점 이상이 되고, C와 세 번째 코드의 점수 차가 10점 이상이 되면 변별도가 높으면서도 평평한 프로파일 분포를 띠지 않는다고 볼 수 있다(구남희, 1997).

또한 진로 의사결정에 필요한 자기지식 및 보다 정확한 진로정보를 제공한다는 점에서 Holland 이론은 진로상담 과정에 이용할 수 있다. 특히 Holland 이론에서 강조하는 상담 목표는 자신에 대한 지식, 상이한 직업환경에 관한 지식을 제공하는 전략을 개발시키는 것(Holland, 1987)으로 진로상담의 상담 전략이 다양해질 수 있음을 말해 준다.

이러한 상담 원리에 바탕을 두고 Rosenberg와 Smith(1985)는 Holland의 여섯 가지 유형에 따라 진로선택 경로 및 정보 제시 등에서 여러 가지 상담을 통해 접근할 것을 제안하였는데, 이는 〈표 3-2〉와 같다.

〈표 3-2〉 각 진로 유형에 따른 자기인식, 의사결정 방법 및 상담접근법

구분	자기인식	의사결정 방법	상담접근법
R	직접 경험할 수 있는 접근법을 선호하며 자신의 행동에 대해서 도의할 시간이 필요하다.	진로 의사결정을 하기 위해서 이들은 구체적인 단계로 분명히 알고자 하며 구체적이고 조직적인 체험을 세우고자 하게 된다.	진로계획, 학교 선택, 직업 결정 등에 직접 참여하고자 하며 실제로 경험해 보고 난 후 결정을 하도록 한다. 다양한 체험활동이 중요하다.
I	자기 자신과 주위 환경에 대하여 분석하기를 좋아하는 편이다. 자신의 흥미, 가치, 욕구 등을 신중하게 분석할 수 있는 기회를 주는 것이 필요하다.	자신의 진로를 결정하는 데 신중하며 여러 가지 대안과 자기 관련 정보 및 진로정보를 철저하게 검토하여 의사결정을 한다.	자신의 직업을 선택하거나 진로를 결정하기 위해서 방법론적·문제해결적 방법을 선호한다. 다양한 탐구적 문제 상황을 제시하여 탐구활동을 촉진한다.
A	자신이 원하는 직업이나 평상시에 꿈꾸어 온 직업 역할을 일상적인 작업을 통해서 경험할 수 있다.	의사결정을 확실하게 하지 않는 것이 보통이나 진로를 결정하는 데 있어서도 하나의 결정에 머물러 있는 것이 아니라 자신의 편한 상태에 따라 진로를 선택한다.	구체적이고 계획적이며 구조화된 접근법은 진로상담 및 지도의 효율성을 떨어뜨릴 수 있다. 내담자를 수용하고 공감·경험하여 스스로 결합할 수 있게 한다.
S	타인과 어울리는 친화적 성격을 지니고 있기 때문에 타인에 대해서가 무엇을 좋아하는지 붙여볼 경우 자신에 대한 인식과도 비교할 수 있다.	자신이 먼저 바람직한 하나의 진로를 결정하기 전에 타인과 함께 자신의 경험이나 충동이며, 특성 등을 서로 나누어 보고, 이런 교환을 하는 등의 과정이 필요하다. 그러므로 타인의 지지나 동의를 받아야 확신을 갖고 진로를 결정하게 되는 여점을 가질 수 있다.	사람들과 말하기를 선호하므로 다른 유형에 비해서 진로상담이나 집단상담에 잘 참여하는 편이다. 다양한 집단활동이나 집단상담 참여를 유도한다.
E	진로나 직업에서 중요한 것이 무엇인지 질문하면 쉽게 자기통찰을 할 수 있으며, 생각하고 있는 것을 앞로 표현하라고 구조화할 수 있는 것을 해 주는 것이 필요하다.	무의식적이고 충동적인 경우가 있기 때문에 진로를 계획하고 의사결정을 하는 데 있어서 실제적인 조언이 필요하다. 이들은 충동적으로 결정을 내리고 계획성이 없는 채로 을 계속 이끌어 나갈 수도 있다.	말을 할 수 있도록 직접적인 질문을 던짐으로써 내용를 이끌어 나갈 수 있다. Adler의 질문 기법과 자기주장을 할 수 있는 기회를 제공한다.
C	자기를 추구하는 경향이 적다. 이들에게 는 자기발견을 할 수 있게 해 주는 것이 도움이 된다.	구조화된 의사결정을 원하고 구체적인 단계나 질문을 원하고, 자신의 의사결정을 타인에게 강요하기도 한다.	구조화된 방법이나 상담자의 지시적인 방법이 도움이 될 수 있다. 상담자의 객관적이고 다양한 정보 제공과 가치중립적인 조언 및 충고가 중요하다.

5) Holland 이론

Holland는 사람이 여섯 가지 유형을 가지고 있으며, 이 유형 중에서 우세한 유형을 나타내는 것이 성격 패턴이라고 제안하였다. 또한 환경에도 여섯 가지 환경이 있으며, 각 환경과 자신의 성격 유형이 일치하는 곳에 사람들은 머물고 있다. 자신에게 알맞은 성격과 환경을 찾는 데 필요한 다양한 검사도구를 개발하였고, 직업사전을 Holland 직업코드 사전으로 번안하는 등 진로에 있어서 인성의 중요성을 강조하였으나 몇 가지 단점이 있다.

첫째, Holland의 이론에서는 진로를 결정하는 데 있어서 다양한 요인이 있는데, 그중에서 인성을 너무 강조하였다는 것이다. 즉, 개인의 환경적 · 개인적 특성의 요인을 도외시하였다는 점이다.

둘째, Holland의 모형을 측정하는 검사도구나 성격 유형의 직업들이 성적(gender) 편파성을 가지고 있다는 것이다. 어떤 유형에서는 여성의 직업적 성향이 배재되고, 사회적 유형과 관습적 유형에 있어서는 여성적인 직업이 다수 제시되고 있다는 점이다. 그러나 현대 과학의 발전은 직업세계에서 여성과 남성 중 어느 한쪽이 유리하다는 전통적인 관념들이 사라지고 있는 추세다.

셋째, Holland의 이론은 성격 요인을 중요시하였으나 어떻게 발달되는지에 대한 설명이 부족하고, 성격과 직업환경과 일치되지 않을 때 내담자들이 어떻게 해야 하는지에 대한 구체적인 상담 방법이 제시되지 못하고 있다.

넷째, 인간은 환경의 변화에 대해서 능동적응로 대처하면서 자기 자신을 변화시키고 있는데도 불구하고, 인간의 가소성에 대해서 고려하지 않고 있다는 점이다.

제4장

진로발달이론

"일의 기쁨에 대한 비밀은 한 단어에 들어 있다.
바로 탁월함이다.
무엇을 잘할 줄 안다는 것은 곧 이를 즐긴다는 것이다."

– 펄 벅 –

　이 장에서는 인간이 발달단계에 따라 발달한 것처럼 진로와 관련한 직업에 대한 태도, 지식, 가치관, 의사결정 과정 역시 단계에 따라 발달한다고 보는 진로발달이론을 살펴보고자 한다. 특히 진로발달이론 중에서도 중요한 이론에 해당하는 Ginzberg의 진로발달이론, Super의 진로발달이론, 직업포부발달이론 및 최근의 진로발달이론을 통합하고 체계화한 사회인지진로이론 등을 제시할 것이다.

1 Ginzberg의 진로발달이론

　발달적 관점에서 직업선택이론에 최초로 접근한 사람들로는 Ginzberg, Ginsburg, Axelrad 그리고 Herma(1951)가 있다. 이들은 각 개인이 독특한 신체적·인지적·정서적 발달을 이루는 것처럼 직업에 대한 태도, 지식, 가치관 등도 어려서부터 제각기 다르게 발달하는 단계를 거친다고 보았다. 경제학자, 심리치료사, 사회학자 그리고 심리학자로 구성된 이들은 직업선택이론을 발달시키는 데 공헌하였고, 직업세계와 관련한 포괄적인 연구를 하였다.

〈표 4-1〉 Ginzberg의 진로발달 시기와 단계

시기	연령	특성
환상기	아동기 (11세 이전)	• 초기: 순수한 놀이 지향 • 후기: 일 지향적 놀이
잠정기	청소년 초기 (11~17세)	• 작업 요구 수준, 즉 흥미, 능력, 직업보수, 가치관 그리고 시간전망 등과 같은 작업 요구 수준에 대한 점진적인 전환적 과정
현실기	청소년 중기 (17세~성인 초기)	• 능력과 관심의 통합, 가치관의 발달, 직업선택의 특수화, 직업 유형의 구체화

출처: Zunker, V. G. (2002). *Career Counseling: Applied concepts of life planning* (p. 35). Englewood Cliffs, NJ: Prentice-Hall.

　　Ginzberg와 동료들은 직업선택을 발달의 과정으로 보았다. 따라서 직업선택발달의 과정을 6세에서 10세까지의 기간, 11세에서 17세까지의 기간, 그리고 청소년기로 나누어 각각의 단계를 환상기(fantasy period), 잠정기(tentative period), 현실기(realistic period)라고 하였다.

　　Ginzberg(1972)는 직업선택이 전 생애에 걸친 의사결정 과정임을 설명하며 이 과정을 통해 개인이 자신의 변화된 진로목표와 실제적인 일의 세계 사이의 적합도를 어떻게 높일 수 있는지 반복적으로 재평가한다. 또한 진로 의사결정 과정에서 이루어지는 초기 결정의 중요성을 강조하면서 진로발달단계를 환상적 단계, 잠정적 단계 그리고 현실적 단계의 3단계로 구분하여 제시하였다.

① 환상기(6~11세): 이 시기의 놀이는 일 지향적이고, 활동이 초기의 선호하는 바를 반영한다. 다양한 직업 역할은 직업세계에 대한 초기의 가치판단 결과로서, 놀이를 통해 습득된다. 이 시기의 아동은 직업선택의 문제에서 지신의 능력이나 가능성, 현실 여건 등을 고려하지 않고 욕구를 중시한다. 아동은 무엇이든 하고 싶고, 하면 된다는 비현실적인 선택을 하는 경향을 가진다.

② 잠정기(11~17세): 개인은 자신의 흥미나 취미에 따라 직업선택을 하려는 경향을 가진다. 이 시기는 능력과 가치관 등의 요인을 고려하지만 구체적인 현실 상황을 고려하지 않고 직업을 선택하려고 한다. 이 단계는 다시 흥미 단계, 능력 단계, 가치 단계, 전환 단계의 네 가지 하위 단계로 나뉜다.

　• 흥미 단계(interest stage, 11~12세): 좋아하는 것 혹은 싫어하는 것과 관련된 것을 보다 분명하게 결정하는 시기다. 자신의 흥미나 취미에 따라 직업을 선택하려고 한다.

　• 능력 단계(capacity stage, 13~14세): 직업적 열정과 관련된 자신의 능력을 깨닫는 시기다. 자신의 능력을 고려한 직업선택을 하지만 피상적

이고 불완전하다.

- 가치 단계(value stage, 15~16세): 직업 유형에 대한 지각이 분명해지는 시기다. 개인은 직업선택을 할 때 여러 가지 다양한 요인을 고려해야 함을 인식할 수 있다. 따라서 자신이 좋아하는 직업과 관련된 모든 정보를 알아보려고 하며, 자신의 가치관 및 생애 목표에 부합하는 직업을 선택하려고 한다.

- 전환 단계(transition stage, 17세 전후): 이 시기에는 직업선택을 위한 결정이 필요함을 인식하게 되고, 진로선택과 관련된 반응을 자주 하며, 자신을 둘러싼 현실적인 외부 요인에 눈을 돌리게 된다. 개인은 자신의 진로결정이 장래의 생활에 영향을 미칠 것이라는 현실 인식을 한다.

③ 현실기(17세 이후~성인기): 이 시기는 17세 이후부터 성인기에 이르는 시기로서 직업에서 요구하는 조건과 자신의 개인적 욕구 및 능력, 현실적인 요건 등을 고려하여 현명한 선택을 하고자 한다. 실제적인 직업선택이 이루어지는 시기이기도 하다. 이 시기는 다시 탐색 단계, 구체화 단계, 특수화 단계의 세 가지 하위단계로 나뉜다.

- 탐색 단계(exploration stage): 각 개인은 두세 가지 가능성 있는 직업으로 선택을 좁힌다. 일반적으로 이 시기에는 양가적 가치를 지니며, 진로미결정의 단계다. 그러나 진로에 대한 관심 영역의 범위는 많이 좁혀져 있다. 개인은 취업기회를 탐색하고 취업하고자 노력한다.

- 구체화 단계(crystallization stage): 이 시기에는 특수한 직업 분야가 생긴다. 개인은 자신의 직업 목표를 구체화하고 직업선택의 문제에서 내 · 외적 요인을 고려한다. 이 단계에서는 타협이 중요한 요인이 된다.

- 특수화 단계(specification stage): 각 개인은 하나의 직업을 선택하고, 특별한 직업과 관련된 전문적인 훈련을 받는다. 자신의 결정을 구체화하고, 보다 세밀한 계획을 세우며, 고도로 세분화 · 전문화된 의사결정을 한다.

이와 같이 진로발달적 관점에서는 직업선택이 일회적인 행위, 즉 단일 결정이 아니라 장기간에 걸쳐서 이루어지는 일련의 결정이며, 직업선택 과정은 비가역적이라고 본다.

개인의 직업선택 과정은 흥미, 능력, 가치관 등의 주관적 요소와 현실세계의 타협으로 이루어진다(이정근, 1988). 즉, 주관적 요소와 현실세계의 상호작용으로 직업선택이 이루어지는 것이다. 따라서 직업선택 과정은 궁극적으로 개인의 주관적인 요소인 바람(want)과 현실세계에서 직업을 선택했을 때의 가능성(possibility) 간의 타협이라고 볼 수 있다.

따라서 진로발달은 시간이 경과하면서 이루어지며, 직업행동과 직업선택은 자신의 특성과 현실적인 요건을 고려해서 이루어진다. 이 이론에 따르면 초기에는 개인의 흥미, 능력, 가치관이 직업선택을 좌우하나 종국에 가서는 이러한 것들과 외적 조건의 타협이 직업선택을 만들어 낸다. 따라서 개인은 자신의 욕구, 능력, 가치관, 흥미 등의 내적 요인과 가정환경, 부모의 영향, 직업조건 등의 외적 요인 간의 타협을 통해 직업선택을 하는데, 이러한 능력은 나이가 들수록 발달한다고 볼 수 있다(Bailey & Stadt, 1973).

② Super의 진로발달이론

Super(1972)는 Ginzberg 등(1951)의 이론을 확장하여 진로발달이 아동기부터 성인 초기까지에 국한되어 이루어지는 과정이 아니라, 인간의 전 생애에 걸쳐서 이루어지고 변화하는 것이라고 보았다. 또한 직업선택을 타협의 과정으로 본 Ginzberg의 이론을 보완하여 그것을 타협과 선택, 즉 개인과 환경이 상호작용하는 일련의 적응 과정으로 보고, 그러한 상호작용에 따른 결과로서 발달을 보았다.

Super는 개인의 속성과 직업에서 요구하는 속성을 고려할 때, 그것을 연결해 주는 고리를 '자아개념'이라고 보고 자아개념이론이 진로발달에서 중요한 부분이라고 제안했다. 또한 이 이론은 개인적 요인과 환경적 요인의 상호 작용을 강조하는 통합적 접근법으로, 개인의 심리적 속성과 타인을 포함하는 환경적 요인이 인간발달의 한 측면이 되어 이를 바탕으로 직업발달을 해 나가게 된다고 보았다.

Super는 진로발달이론은, 첫째, 인간은 능력, 흥미, 성격 등에 있어서 차이가 있고, 둘째, 개인의 발달단계를 통한 성장은 능력과 흥미의 성숙과정을 촉진하거나 자아개념의 발달을 도와줌으로써 지도될 수 있고, 셋째, 직업발달 과정은 본질적으로 자아개념을 발달시키고 실천해 나가는 과정이며, 넷째, 개인의 직업적 선호와 능력, 생활 장면 및 자아개념은 시간의 경과와 경험에 따라 변화한다는 가정에 기초한다고 본다.

1) 진로발달단계

생애발달에 따른 진로발달의 단계와 각 단계별 특징을 제시하면 다음과 같다.

① **성장기**(growth stage, 0~14세): 이 단계는 자아개념과 관련된 능력, 태도, 흥미 그리고 욕구의 발달단계다. 아동은 가정과 학교에서 중요한 타인에 대해 동일시를 함으로써 자아개념을 발달시킨다. 이 단계 초기에는 욕구와 환상이 지배적이지만, 점차 흥미와 능력을 중시하게 된다. 이 시기는 환상기와 흥미기, 능력기로 구분할 수 있다.

환상기(fantasy substage)는 아동의 욕구가 지배적이고 역할수행을 중시하며, 흥미기(interest substage)는 진로의 목표와 내용을 결정하는 데 아동의 흥미를 중시한다. 또한 능력기(capacity substage)는 진로선택 능력을 중시하며 직업에서의 훈련조건을 중시한다. 즉, 이 시기에는 자아개념과 관련된 욕구발달이 이루어진다고 본다.

② **탐색기**(exploration stage, 15~24세): 이 단계는 직업선택이 구체적이지만

확정적이지는 않은 잠정적 단계다. 개인이 여러 가지 활동을 통해 자아를 검증하고 역할을 수행하며 직업탐색을 시도하는 시기로 잠정기, 전환기, 시행기로 구분할 수 있다.

잠정기(tentative substage)에는 자신의 욕구, 흥미, 능력, 가치와 취업기회 등을 고려하기 시작한다. 즉, 환상이나 토론, 일의 경험 등을 통해 잠정적으로 진로를 선택하는 것이다. 전환기(transition substage)에는 개인이 장래 직업세계로 들어갈 때 필요한 교육이나 훈련을 받고 자신의 자아개념을 확립하려고 하며, 현실적 요인을 중시한다. 그리고 시행기(trial substage)에는 개인이 자기에게 적합한 직업을 선택하여 종사하기 시작한다. 이 시기는 선택하여 시행하는 불안정한 단계라고 할 수 있다.

③ 확립기(establishment stage, 25~44세): 일에 대한 경험을 통하여 그것을 시행하고 안정화되는 단계다. 자신에게 적합한 분야에서 종사하고 생활의 터전을 잡으려고 노력하는 시기로 시행기와 안정기로 구분된다.

시행기(trial substage)에는 자신에게 적합한 일을 발견할 때까지 끊임없는 변화를 시도한다. 안정기(stabilization substage)는 개인의 진로 유형이 안정되는 시기로서 개인은 자신의 직업세계에서 안정과 소속감, 지위 등을 갖게 된다. 이 시기에는 시행을 통해서 직업안정화가 이루어진다.

④ 유지기(maintenance stage, 45~64세): 직업에서의 위치와 지위가 상승하는 계속적인 적응의 단계다. 안정 속에서 비교적 만족스러운 삶을 살아간다.

⑤ 은퇴기(decline stage, 65세 이상): 일의 효율성이 감소하고, 조기은퇴를 고려하고, 일의 양을 줄이며, 은퇴를 사실로 받아들인다(Issacson, 1985). 정신적·육체적으로 그 기능이 쇠퇴함에 따라 직업전선에서 은퇴하게 되고 다른 새로운 역할과 활동을 찾게 된다.

Super는 진로발달에서 탐색기와 확립기를 중요시하였으며, 이 시기에 직업세계에 대한 구체적인 선택을 하고 그 직업에서 안정과 발달을 이루면서 자아개념을 완성해 간다고 보았다. 이와 함께 Super는 진로발달에 있어서 자아개념의 중요성을 강조하면서 개인의 진로발달 과정을 자아실현과 생애발달의 과정으로 보았으며, 개인은 자아 이미지와 일치하는 직업을 선택하게 된다고 보았다.

2) 직업발달 과업

각 직업발달의 단계에서 요구하는 적절한 직업행동과 태도를 갖추어야 한다. 직업발달 과업으로 알려진 다섯 가지 활동을 통하여 적절한 직업행동과 태도를 구분해 볼 수 있는데, 이는 〈표 4-2〉와 같다.

구체화기 과업(crystallization task)은 선호하는 직업계획을 세우고, 세운 계획을 어떻게 실행할 것인지 생각하는 것이다. 특수화기 과업(specification task)은 보다 구체적인 정보를 통해 직업계획을 확고히 하고자 하는 필요성을 느끼고, 선호하는 직업을 선택하게 된 요인을 명확하게 깨닫는 것이다. 실천화기 과업(implementation task)은 직업 훈련을 완수하고 직업을 갖는 것이다.

〈표 4-2〉 Super의 직업발달 과업

직업발달 과업	연령	일반적 특성
구체화	14~18세	자원, 가능성, 흥미, 가치관의 인식과 선호하는 직업을 위한 계획을 통해 일반적인 진로목표를 형성하는 인지적 과정의 시기
특수화	18~21세	잠재적 직업선택에서 특수한 직업선택으로의 이행 시기
실천화	21~24세	구직을 위한 훈련과 직업선택 시기
안정화	24~35세	적절한 진로선택을 위해 실제적인 직업 경험과 재능을 이용하여 선택된 진로를 확고히 하는 시기
공고화	35세 이상	승진, 지위 그리고 선임자 특권 등에 따라 진로를 확립하는 시기

안정화기 과업(stabilization task)은 선택한 직업을 확고히 하면서 직장생활
에서 안정감을 발달시키는 것이다. 마지막으로 공고화기 과업(consolidation
task)은 한 직업에 대한 승진과 특권을 확립하는 것이다(Super, Starishesky,
Matlin, & Jordaan, 1963). 이와 같이 Super는 직업발달 과업이 직업발달단계
에 따라 적절하게 이루어질 때 직업의 안정화를 달성할 수 있다고 하였다.

③ 직업포부발달이론

직업포부란 개인이 갖기를 열망하고 희망하는 직업으로 개인의 직업선택
을 예측해 주는 중요한 개념이다. 직업포부는 개인의 흥미, 능력, 가치, 사회
계층, 성취동기 등 다양한 변인을 포함하여 결정된다.

1) 직업포부의 발달

Gottfredson(1981)은 사람이 직업을 선택할 때 자신이 인식한 자아 이미지
에 알맞은 직업을 선택하거나 원하기 때문에 직업발달에서 자아개념이 진로
선택의 중요한 요인으로 작용한다고 보았다. 그는 개인의 진로발달은 자신의
자아개념 발달에 따라 직업의 선택지를 좁혀 가는 과정이라고 보고, 이를 "수
용 가능한 진로대안 영역(zone of acceptable alternatives)"이라고 하였다. 개인
의 직업포부는 진로 자아개념과 직업에 대한 이미지를 비교하고, 그 일치성
의 정도를 결정하는 반복적인 과정을 통해 형성되는 것으로, 이를 통해 자아
와 일 사이의 관계에 대한 규준을 습득하고 직업에 대한 선호도도 분화된다.
그는 직업과 관련된 개인발달단계를 힘과 크기 지향 단계(3~5세), 성 역할 지
향 단계(6~8세), 사회적 가치 지향 단계(9~13세), 내적 자아 지향 단계(14세
이상)로 구분하였고, 이러한 발달단계에 따라 순차적으로 자아개념이 통합되
면서 직업선택의 대안이 축소되어 간다고 보았다. Gottfredson(1981)이 제시

한 직업포부발달이론은 아동이 자기 자신과 세계에 대한 정보를 어떻게 이해하고 처리하느냐 하는 문제와 밀접한 관련이 있다. 이 모형은 Piaget의 인지발달단계와 Super의 진로발달단계를 기초로 하고 있다. 특히 Gottfredson은 직업포부의 발달단계에 근거하여 직업포부의 형성 및 변화 과정을 설명하기 위해 제한과 절충의 원리를 제시하였다. 아동은 초기에 자신이 원하는 것은 무엇이든 할 수 있으며 될 수 있다는 환상적 생각을 하지만 점차 성장하면서 특정한 기준, 힘과 크기, 성 역할, 사회적 가치, 내적 자아의 순으로 자신의 직업포부를 스스로 제한시켜 나가고, 아울러 자신의 실제 능력과 이상의 절충을 끊임없이 모색하면서 다양한 직업적 대안 중에서 자신에게 적합한 직업포부를 구체화시켜 나간다. 여기에서 절충은 개인이 가장 선호하는 미래의 직업을 현실적인 상황을 고려하여 포기해 가는 과정이라고 할 수 있다.

Gottfredson(1981)은 직업포부는 자신이 가지고 있는 자아개념과 직업에 대한 이미지, 직업에 대한 접근성, 선호도 등과 같은 여러 요소에 의해 형성된다는 가정하에 Piaget의 인지발달의 영향을 받아 다음과 같이 4단계를 제시하였다.

① 크기와 힘 지향 단계(orientation to size and power, 3~5세)

이 시기는 아동이 크기와 힘을 지향하는 서열을 획득하는 단계로서, 대상 항상성 개념을 습득하고, 외형적 특징으로 인간의 특성을 이해하며, 직업의 중요성을 알게 되는 단계다. 이 단계는 Piaget의 인지발달단계 중 감각운동기와 전조작기에 해당하는 단계로 자기중심적 사고, 크기와 힘의 지향, 직관적 사고, 신체적 크기에 따라 자신과 성인을 구분하고, '좋다/나쁘다'의 이분법적 사고를 하는 특징을 지닌다. 특히 이 단계에서는 과거와 현재, 미래를 구분하지 못하고 힘과 권력을 가진 대상을 선호하는 경향이 있다.

② 성 역할 지향 단계(orientation to sex role, 6~8세)

이 단계에서의 직업포부에 대해서는 여성에게 적합한 직업과 남성에게 적합한 직업으로 분류하는 이분법적 사고가 발달한다.

사물이나 사태를 이분법적으로 지각하고 모든 것을 좋은 것과 나쁜 것으로 분류하는 인지적 특성을 보인다. 성 역할을 이해하고, 성 역할에 적합한 직업을 선택하려고 한다. 이 시기는 Piaget의 인지발달단계 중 구체적 조작기에 해당하는 단계로, 직업을 여성적 직업과 남성적 직업으로 이분화하며, 직업에 대한 성 역할 유형화가 이루어져 자신의 성에 적합하다고 생각하는 직업을 선택하는 경향이 나타난다.

③ 사회적 가치 지향 단계(orientation to social valuation, 9~13세)

이 단계에서는 자기중심성에서 벗어나 또래나 타인으로부터의 사회적 평가에 민감해지기 시작한다. 타인의 사회적 평가와 명성에 민감해지고, 사회적 계층과 능력 같은 보다 추상적인 자아개념이 사회적 행동과 기대의 중요한 결정 요인이 된다. 낮은 사회적 지위를 갖는 직업은 직업선호 목록에서 제외한다. 또한 극도의 노력을 기울이지 않으면 얻기 힘든 직업도 제외한다. 사회계층의 차이, 개인의 능력 차이, 직업의 사회적 지위나 명성의 차이를 인식하고, 자신의 사회경제적 수준에 알맞은 직업을 선호하며, 직업에는 보상적인 측면이 있고 그에 따라 필요한 교육 수준의 정도가 다르다는 것을 인식하기 시작한다.

④ 내적 자아 지향 단계(orientation of the internal, unique self, 14세경)

이 단계는 자아정체감 혼란을 경험하는 시기로서 자신의 내적 특성에 근거한 자아개념을 확립하면서 점진적으로 자신의 독특성에 관심을 둔다. 자아정체감 혼란을 경험하고, 내적 특성에 근거한 자아개념을 확립하면서 다른 사람들과 차별화되는 자신만의 독특성에 관심을 갖는다. 자신의 흥미, 능력, 가치 등의 내적이고 고유한 특성을 보다 중요한 규준으로 삼아 자신의 직업선택 범위를 축소해 나간다. 이 단계는 Piaget의 인지발달단계 중 형식적 조작기에 해당하는 단계로 동료집단의 평가와 일반적인 사회의 기대 및 가치에 민감한 반응을 보인다. 또한 자신의 내적 · 외적 요인을 고려한 직업 대안을 선택하고, 직업포부를 현실화 · 구체화한다.

2) 직업 인지지도

직업포부는 자아개념, 직업에 대한 이미지, 직업에의 접근 가능성, 선호성 등과 같은 여러 요인에 의해 형성된다. 그리고 이 이론에서는 각 개인이 자신이 속해 있는 사회적 공간 속에서 자신이 수용할 수 있는 여러 가지 직업 대안에 대한 나름의 인지도를 가지고 있으며, 직업과 개인의 양립 가능성에 대한 자신의 인지도를 바탕으로 직업포부를 선택하게 된다고 가정하였다.

[그림 4–1]에서와 같이 직업 인지지도(cognitive map of occupations)는 직업에 대한 공통적인 이미지, 남성성/여성성, 직업의 지위 수준과 일 영역의 세 가지 차원으로 구성된다.

이와 같이 Gottfredson은 자아개념이나 흥미 같은 개인의 내적 요인에만 초점을 두었던 이전의 발달이론과는 달리, 성 역할이나 사회적 명성과 같은 사회적 요인과 추론능력, 언어능력 같은 인지적 요인을 통합하여 직업포부의

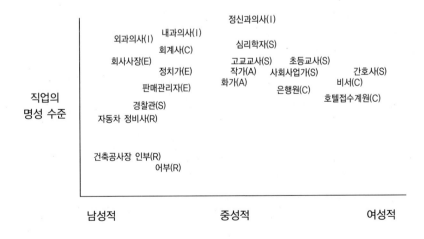

[그림 4–1] 직업 인지지도

발달을 체계적으로 설명하고자 시도하였다.

4 사회인지진로이론

진로발달이론이 전반적인 진로발달 과정을 잘 설명해 주고 있긴 하지만 상담 과정에서 내담자의 구체적인 문제를 해결하는 데는 실제적인 도움을 주지 못하고 있으며, 실제 진로발달과정에서 성, 연령, 학력, 개인이 처한 맥락 같은 변인이 진로탐색과 결정에 중요한 영향을 미치고 있어 이러한 한계성을 보완하기 위해 최근 들어 사회인지진로이론이 많은 관심을 받고 있다. 사회인지진로이론은 기존의 진로발달이론이 소개하고 있는 다양한 개념과 내용, 과정을 통합하고 체계화하였으며, 진로결정 변인으로 개인과 맥락, 경험의 변인을 포함하고 있다.

사회인지진로이론은 Bandura(1986)의 사회인지이론을 바탕으로 만들어졌는데, 이 사회인지이론은 환경, 기억 혹은 신념, 선호, 자기 등의 개인적 요인과 실제 행동 그리고 환경과 상호작용의 3각 상호작용 체계에 관심을 둔다.

사회인지진로이론을 연구하는 학자인 Steven Brown, Gail Hackett, Robert Lent 등은 자기효능감이 여성의 진로선택에 어떠한 역할을 하는가와 관련하여 많은 연구를 하였으며, 남성과 여성 모두를 대상으로 진로 및 학업의 흥미, 선택, 실행 등 세부적인 영역으로 원래의 개념을 점차 확장시키고 있다. 이 중 자기효능감, 결과기대, 목표 선택 등의 인지적 개념은 학업적으로나 직업적으로 특정한 결정을 내리는 데 매우 중요한 요인이다. 사회인지진로이론은 개인의 진로선택과 수행에 영향을 미치는 성적 쟁점 및 문화적 쟁점에 민감하며, 내담자가 자기 자신의 효능감에 대한 신념과 잠재적인 결과 및 목표에 대한 기대치를 높일 수 있도록 도움으로써 내담자가 학업이나 진로에 있어서 더 좋은 선택을 할 수 있도록 한다(이재창 외, 2010).

사회인지진로발달은 진로발달에서의 자기효능감, 결과기대 및 개인적 목표 사이의 상호작용에 중점을 두고 있으며, 여기에서 자기효능감이란 자존감과 같은 포괄적이고 단일한 특성이 아니고 구체적인 수행 영역과 관련된 역동적인 자기신념이다. Bandura(1986)는 자기효능감을 계획된 성과를 얻기 위해 필요한 일련의 행동을 조직하고 실행하는 능력에 대한 개인적인 평가라고 정의하고 있다. 이러한 자기효능감은 특정한 행동 수행을 방해하는 장애 요인의 극복을 포함하여 그 행동을 수행하는 능력에 대한 개인의 자신감 정도를 의미한다. 지각된 자기효능감은 특정 행동에 투입하는 노력의 양이나 달성되는 성과의 수준에 영향을 미치기 때문에 가장 중요한 행동 변화 요인이다. 자기효능감이 낮은 사람은 어려운 일을 견디지 못하고 그 일을 잘할 수 없으리라고 생각하며 좌절감을 느끼거나 일에 압도당하기 쉽다.

Bandura(1986)가 행동의 선행 결정요인(antecedent determinants)이라고 부른 결과기대는 행위자의 특정 행동의 결과로 초래될 것으로 예상하는 측면이라고 할 수 있다. 이러한 결과기대는 특정한 혹은 구체적인 행동 수행의 결과에 대한 개인적인 믿음이다. 자기효능감이 개인의 능력에 대한 믿음인 데 반하여 결과기대는 특정 행동의 과정을 생각하는 것을 포함한다. 즉, 결과기대란 개인이 결과의 가능성을 어떻게 평가하는가를 의미하는 것으로, 가령 '내가 공부를 한다면 무슨 일이 벌어질까?' '내가 학교폭력의 가해자가 된다면 나에게 무슨 일이 벌어질까?' 등에 대한 예측이다. 결과기대와 관련한 학습은 유사한 상황에서의 예전 경험, 즉 성과 성취 경험, 유사한 상황에 처한 다른 사람들에 대한 관찰 및 대리경험, 다른 사람들에게 유사한 상황에 대해서 듣거나 사회적인 설득을 당한 경험 및 행동에 대한 감정이나 물리적인 반응과 같은 생리적 각성에 의해서 이루어진다.

마지막으로 개인적 목표는 특정한 활동에 참여하거나 특정한 결과를 만들어 내겠다는 개인의 의도로 정의된다. 사람들은 자신의 행동을 조직화하고 다양한 기간에 걸쳐 자신의 행동을 이끌어 가는 데 도움이 될 목표를 세운다. 그리고 상당 기간 외부의 강화나 보상이 없이도 자신이 세운 목표의 달성을 위한 구체적인 행동 계획을 세워 실천하고 행동을 유지한다.

이와 같은 자기효능감과 결과기대, 목표 설정은 상호작용하여 개인의 진로
선택, 수행, 흥미, 적성 등에 영향을 미친다. Lent, Brown 그리고 Hackett
(1994)은 개인이 다른 사람들과 상호작용한 결과, 많은 요인이 자기효능감이
나 결과기대, 개인적 목표에 영향을 미친다는 것을 알아냈으며, 개인의 경험
에는 다양한 상황과 환경의 맥락이 존재한다고 보았다. Lent, Brown 그리고
Hackett(2002)은 맥락적 요인을 배경 맥락적 요인과 행동 선택에 인접한 맥락
적 영향으로 구분하였는데, 배경 맥락적 요인으로는 문화, 성 역할, 민족, 건
강 정도 등과 같은 것을, 행동 선택에 인접한 맥락적 영향으로는 특정한 학문
혹은 진로선택 시점에 작용하는 환경적 요인, 경제적 여유, 학업 성적, 과거
성취 수준, 역할 모형 등을 언급했다. 그는 이처럼 결과기대, 목표, 선택, 결
과와 맥락적 요인 사이의 상호작용을 포함한 복잡한 모형을 제시하였고, 이
모형을 흥미발달 모형, 진로선택 관련 모형, 수행 모형로 구분하였다.

흥미발달 모형에서 사람들은 자신을 유능한 사람으로 지각할 수 있고 가치
있는 결과를 기대할 수 있는 활동을 통해 흥미를 발달시킨다. 자기효능감과
결과기대, 흥미발달을 통해 목표가 생기면 개인이 특정 행동을 실행할 가능
성이 높아지고 결국 목표를 달성할 수 있으며, 이 과정을 통해 스스로의 자기
효능감과 결과기대를 수정하게 된다. 또한 진로선택 관련 모형에서는 특정
직업 분야에 진입하기 위해 최초의 목표 혹은 진로를 선택한다. 그리고 자신
의 목표를 달성하기 위해서 행동을 취하는데, 이때 직업선택은 흥미와 관련
되어 있으며, 주변의 맥락적 환경이 흥미를 제한하기도 하지만 주변에서 받
은 지지와 장애가 어떤 것인지에 따라 선택을 한다. 마지막으로 수행 모형은
개인의 학업과 직업 영역에서 특정 과제에 대해 성취한 수준과 그 행동을 지
속하는 정도를 포함한다. 이 모형에서는 개인의 학습과 직업적성 능력이 자
기효능감, 결과기대, 목표 설정의 상호작용을 통해 만들어진다고 본다. 이와
같은 진로선택 모형은 [그림 4-3]과 같이 제시할 수 있다.

이 모형은 개인 투입 변인의 유전적 요인, 성, 인종/민족, 장애/건강 상태
배경과 배경 맥락 조건의 경제적 상태가 상호작용하여 학습 경험에 영향을

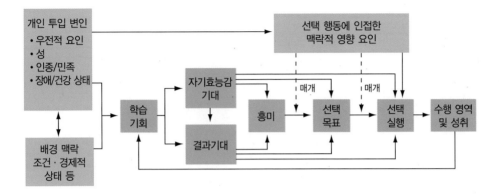

[그림 4-2] **사회인지진로이론의 진로 관련 선택모형(Lent et al., 1994)**

미치고, 이러한 학습 경험은 자기효능감과 결과기대에 영향을 주며, 자기효
능감과 결과기대는 흥미나 선택 목표, 선택 실행에 영향을 미친다고 본다. 또
한 개인 투입 변인은 선택 행동에 인접한 맥락적 영향 요인에 영향을 미치고,
선택 행동에 인접한 맥락적 영향 요인은 흥미와 선택 목표, 선택 실행에 매개
변인으로 작용한다고 본다. 그러므로 진로상담 시 이러한 맥락적 요인을 고
려해서 상담을 진행함으로써 내담자의 진로선택과 수행 영역 및 성취, 합리
적인 선택을 가능하게 할 수 있을 것이다.

제5장

장애인 진로상담

"진정한 기쁨은 편안함이나 부 혹은 인간에 대한 찬양으로 부터가 아니라 가치 있는 일을 하는 데서 나온다."

– 윌프레드 그렌펠 경 –

이 장에서는 장애인의 삶에 결정적인 영향을 미치는 진로와 관련해서 장애인 진로상담의 중요성과 장애인 진로상담 시 적용할 수 있는 구체적인 모형 그리고 최근 대두된, 내담자를 통합적으로 이해하고자 하는 통합적 진로상담 모형을 제시하고자 한다. 또한 장애인 진로상담 시 상담사가 중점적으로 다루어야 할 주안점과 장애 영역별 진로상담 관련 직업적 특성을 구체적으로 제시할 것이다.

■1 장애인 진로상담의 중요성

장애는 개인의 삶에 심각한 영향을 미치는 위험요인이다. 장애를 가지고 있다고 해서 삶의 만족도가 떨어진다고 할 수는 없다. 비장애인이 장애인에 비해서 삶의 만족도가 높다는 선행연구(Albrecht & Devlieger, 1999; Bretscher et al., 1999)도 있지만 장애인이 비장애인에 비해서 삶의 만족도가 낮다는 선행연구(Miller & Dishon, 2006; Dijkers, 1997)도 있다. 장애인 역시 인간으로서 가장 기본적인 욕구인 행복한 삶, 만족한 삶을 살아가고자 한다. 장애인의 삶의 만족도에 대한 관심은 1980년대 이후 학문적 · 정치적 · 의학적 · 심리적으로 증가하였고, 최근에는 재활 분야 중 삶의 만족도에 관심을 갖는 것이 여러 복지서비스 중에서도 상위개념이며, 궁극적인 목표라고 본다(Miller, 2005).

장애인의 삶의 만족도 영향 요인을 취업장애인과 미취업장애인으로 구분해서 경제적 요인(취업, 경제수준), 심리적 요인(자아존중, 장애수용), 사회적 요인(사회참여), 장애 관련 요인(신체기능)으로 나누어 분석한 결과, 일자리가 장애인의 삶의 만족도를 높일 수 있는 가장 효과적인 방법임을 확인할 수 있었다(박자경, 2009). 장애인 중에는 복지적 측면에서 지원되는 장애인수당 때문에 일을 해도 경제적으로 큰 도움이 되지 않는다는 이유로 취업을 하지 않거나 중도에 포기하는 장애인이 종종 있는데 이들의 삶의 만족도는 낮다고 한다. 즉,

이 연구는 장애인의 삶의 만족도가 직업의 유무에 따라서 달라짐을 시사한다.

장애인의 삶의 만족도의 기초가 되는 직업은 장애인에게 어린 시절부터 체계적인 진로상담이나 교육을 실시함으로써 이루어진다고 할 수 있다. 그러므로 장애인의 삶의 질을 좌우하는 데 결정적인 영향을 미치는 장애인 진로상담의 중요성을 구체적으로 다루어 보면 다음과 같다.

① 장애인 진로상담은 자신의 전 생애 발달 과정에서 자신의 삶의 만족도를 향상시키는 데 중요한 역할을 한다. 장애인에게 직업이 주는 기능적인 측면 중 경제적 이득보다도 더 중요한 것은 직업세계를 통해 비장애인과 다양한 방법으로 상호작용하고 사회적 지지를 받는 것이다. 직업은 Erikson의 성격발달 과정[1] 중 생산성 발휘에 해당하는 등 삶의 만족도를 향상시키는 데 중요한 역할을 한다. 이러한 직업이 진로상담을 통해서 체계적으로 관리되고 계획될 때 자신에게 알맞은 직업을 갖게 될 가능성이 높아져서 삶의 질이 변화할 수 있다.

② 장애인 진로상담은 자신의 장애를 수용할 수 있는 계기를 마련해 준다. 장애는 재활되는 것이 아니라 현재 바로 이 순간의 상태를 인정하고 수용하는 것이다. 우리나라의 장애인은 중도에 장애를 갖게 된 경우가 대부분이다.

③ 장애인의 장애수용 단계(조성재, 2007)를 구체적으로 살펴보면, 첫째, 충격의 단계다. 이 단계에서 장애인은 예기치 않은 장애로 충격과 혼란, 통제 불가능한 감정폭발 등의 초기 충격에 휩싸이게 된다. 둘째, 부정의 단계다. 자신이 장애를 가졌다는 사실 자체를 부정하고, 자신의 장애는 일시적인 상태라고 믿으며, 장애를 인정하지 않는다. 셋째, 우울의 단계에 접어든다. 자신의 불확실한 미래, 불분명한 자아정체성에 대한 고민, 죄책감, 자기비난, 타인의 도움을 받아야 한다는 것 때문에 스스로 자멸감에 휩싸이게 된다. 넷째, 분노와 회의의 단계다. 장애인이 되었다는

---

1) Erikson의 성격발달단계의 8단계 중에서 성인기 전기의 친밀성 대 고립의 단계를 거쳐 성인기 중기의 생산성 대 침체성의 단계에서 생산성을 발휘할 때 삶의 만족도와 질은 달라진다는 것이다.

사실이 불공평하다고 느끼고, 무엇 때문에 자신에게 이런 고통이 찾아왔는지 원망하는 단계다. 이 단계에서는 무력감, 좌절, 미래에 대한 공포, 이유 없는 불쾌감이 섞인 분노를 자신과 주위 사람들에게 표출하기도 한다. 다섯째, 장애를 수용하는 단계다. 자신의 장애를 현실로 받아들이고 가치와 자기정체성을 재확립하며, 자신의 장점과 능력을 탐구하고, 이를 활용하려고 시도하게 된다. 바로 이와 같은 단계를 거쳐서 장애를 수용하게 되는데, 어떤 장애인은 첫 번째 단계에서 바로 수용의 단계로 넘어가기도 하고, 어떤 장애인은 모든 단계를 거치면서 장애를 수용하기도 한다. 그러므로 진로상담을 할 때는 장애인이 자신의 장애를 수용할 수 있는 계기 및 구체적인 탐색 기회를 제공함으로써 그들이 자신을 확실하게 수용할 수 있게 해야 한다.

④ 장애인 진로상담은 내담자들이 보지 못한 자기 자신을 정확하게 이해할 수 있도록 다양한 기회를 제공한다. 장애인이 자신을 보다 정확하고 올바르게 이해한다는 것은 주관적인 이해가 아닌 객관적인 이해를 의미한다. 여기에서 장애인이 자신의 능력, 흥미, 성격, 가치관, 신체적 특성, 가정적 환경 등을 객관적으로 이해하는 것도 중요하지만, 자신의 특성에 알맞고 가장 적합하며, 성공적인 직업생활을 영위할 수 있는 직업을 선택하는 것 역시 중요하다. 실제 장애인의 직업세계 적응이나 선택의 문제를 봤을 때, 장애인은 장애인과 비장애인 간의 능력 및 특성을 고려한 구분된 경쟁 혹은 적응의 구도보다도 장애 유무와 관계없이 경쟁하는 구도 속에서 살아가고 있다.

이러한 문제점을 해결하기 위해 「장애인고용촉진 및 직업재활법」에서 장애인 의무고용률을 2010년 2.3%, 2012년 이후 2.5%, 2014년 이후 2.7%로 정하고 있으나 제대로 지켜지지 않고 있는 실정이다. 진로상담에서는 장애인의 삶의 만족도와 행복권을 달성하게 하기 위해 장애인이 자기 자신을 정확하게 이해하고 자신의 특성에 알맞은 직업세계를 선택할 수 있도록 상담 과정에서 다양한 방법을 통해 장애인을 지원한다.

⑤ 장애인 진로상담은 자신의 특성에 알맞은 직업세계에 대한 이해를 증진시켜 준다. 미국 등의 선진국에서는 중복장애인(청각, 시각) 신부, 변호사, 의사 등 다양한 직업세계에서 일하는 장애인들이 있으나 우리나라에서 장애인은 극히 제한된 직업세계에서도 대부분 단순 반복적인 일에 종사하는 경우가 많다. 그 이유는 초 · 중등학교 시절부터 적절한 진로상담을 통해 다양한 직업세계를 이해하고 경험하기보다는 전통적인 방법에 따라 시각장애인은 안마, 청각장애인은 목공예, 가구, 제과제빵, 디자인 등의 제한된 직업세계를 경험시키고 있기 때문인 것으로 사료된다. 직업세계는 다양하게 변화하고 있는데도 장애라는 울타리 속에 그 한계를 정해 놓고 직업세계를 탐색하도록 하는 방법만 사용하고 있다. 미래학자들은 현존하는 직업이 2000년대 중반 이후 50% 정도는 없어지고, 새로운 직업이 나타나거나 현존하는 직업이라도 일하는 방식에서 급격한 변화가 있을 것이라고 본다. 이러한 변화를 진로상담 과정에서 이해하고 경험할 수 있도록 기회를 제공해야 한다.

⑥ 장애인 진로상담은 비합리적인 의사결정을 벗어나 합리적인 의사결정을 하는 데 중요한 역할을 한다. 장애인은 진로를 계획하고 결정할 때 다양한 정보를 가지고 자신을 이해하거나 합리적으로 직업세계를 의사결정하는 경우보다 장애 유형이 같은 장애인의 의견이나 부모의 권유, 자신이 가지고 있는 장애 특성만 고려하여 의사결정을 하는 경우가 많다. 이때 바른 진로상담을 통해서 올바른 진로결정을 할 수 있는 의사결정 기술을 익힐 수 있도록 하는 데 도움을 줄 수 있다.

⑦ 장애인 진로상담은 일과 직업에 대한 올바른 가치관을 형성하도록 한다. 진로상담의 중요한 목표 중 하나는 장애인이 일과 직업에 대한 바람직한 가치관 및 태도를 갖게 하는 것이다. 진로상담을 통해 자신의 직업을 선택할 때 직업에 대한 올바른 가치관과 태도를 가질 수 있으며, 단순히 직업을 생계 수단이나 경제적 · 수단적 · 외재적 수단으로 보는 가치관뿐만 아니라 자신의 능력을 실현하고 사회에 헌신하기 위한 수단으

로 보는 내재적 가치관을 갖도록 함으로써 자아실현의 길을 갈 수 있게
도와줄 수 있다.

⑧ 장애인 진로상담은 대인관계를 긍정적으로 변화시킬 수 있게 도와준다.
장애인은 장애로 인한 행동 능력에 제한을 갖고 있으며, 대인관계 및 인
간관계에서 어려움을 가질 수 있다. 특히 청각장애인의 경우에는 원만
한 의사소통의 부재로 인해서 업무 이해의 부족이나 비장애인과의 원만
한 대인관계의 부재가 발생하여 직업적응력이 떨어진다. 따라서 직업적
응력에 지대한 영향을 미치는 진로상담을 통해 인간관계 및 대인관계를
긍정적이고 바람직한 방향으로 변화시킬 수 있다.

② 장애인 진로상담

장애인 진로상담 모형으로는 Salomone(1988)의 모형, Wolffe(1997)의 모
형, 한국장애인고용촉진공단의 모형과 상담의 통합적인 접근에 따른 통합적
진로상담 모형을 제시하고자 한다.

1) Salomone의 진로상담 5단계

Salomone(1996)은 1909년에 나온 Parsons의 모형을 바탕으로 장애인과 비
장애인이 함께 할 수 있는 내담자 중심의 진로상담 과정을 개발하였으며, 이
모형은 내담자의 책임성과 독립성 개발이라는 전제에 기반하고 있다(송영혜,
조성재, 이달엽, 김순예, 이경하 공역, 2008). 이 모형의 상담 목적은 개인의 문제
를 이해하고 자신의 문제를 받아들이며, 그 문제를 만족스럽게 해결하도록
돕는 과정이라고 보았다.

Salomone(1996) 모형의 1단계에서 상담사는 내담자와 친밀한 관계를 형성
하면서 내담자가 스스로를 탐색할 수 있도록 한다. 상담사는 내담자가 "나는

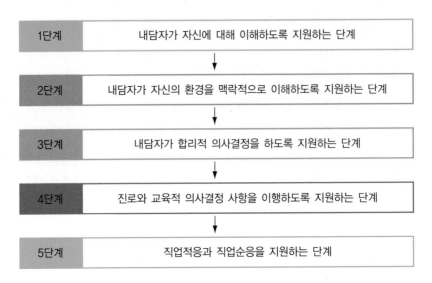

1단계	내담자가 자신에 대해 이해하도록 지원하는 단계
2단계	내담자가 자신의 환경을 맥락적으로 이해하도록 지원하는 단계
3단계	내담자가 합리적 의사결정을 하도록 지원하는 단계
4단계	진로와 교육적 의사결정 사항을 이행하도록 지원하는 단계
5단계	직업적응과 직업순응을 지원하는 단계

[그림 5-1] Salomone(1996)의 진로상담 5단계 모형

누구인가(who am I)?"라는 물음에 답할 수 있도록 기회를 제공하고, 내담자
는 자신의 신체적 · 심리적 특성과 함께 가치, 흥미, 적성, 성격 등을 종합적
으로 탐색한다. 2단계에서는 내담자가 가지고 있는 가족 · 문화 · 사회 맥락
을 구체적으로 탐색한다. 이때 직업과 관련한 환경, 직무분석 내용, 고용 현
황, 임금 등을 살펴본다. 3단계에서는 내담자가 합리적 의사결정을 하도록 도
와준다. 내담자가 자기이해와 직업세계 탐색을 했음에도 성격적인 문제나 불
안 등으로 인해 진로와 관련해 우유부단형인지를 파악하고, 그에 알맞은 의
사결정을 하도록 도와준다. 4단계는 직업적 · 교육적 의사결정 사항을 행동
으로 실천하는 단계로, 자신이 계획한 내용을 일상생활 속에서 구체적으로
행동하고 실현할 수 있도록 한다. 5단계는 직업적응과 순응을 지원하는 단계
다. 상담사는 장애인이 의사결정한 직업에 적절히 적응 및 순응할 수 있도록
적극적인 지지와 관심을 보이고, 인간적인 관계에 관심을 두어야 하며, 장애
인의 접근성, 편의시설 등에 대한 적응이나 순응이 이루어지도록 도와주어야
한다. 이와 같이 진로상담 과정은 점진적인 과정이지만, 실제 상담 과정에서
순차적으로 이루어지는 경우는 드물다.

2) Wolffe(1997)의 진로상담 3단계

Wolffe(1997)는 내담자의 욕구 및 장애 정도와 개입의 필요성에 따라 정보수준(informational-level) 내담자, 설명수준(instruction-level) 내담자, 보호수준(advocacy-level) 내담자의 세 가지 범주로 분류하여 그에 따른 상담 기법을 소개하고 있다(김언아, 2000 재인용).

정보수준 내담자에게는 상담사의 개입을 최소화하여 제공해야 한다. 여기에 속하는 내담자나 장애인은 자신의 요구를 잘 알고 있고, 직업에 대한 기본 전제를 이해하고 있으며, 능력과 생활기술을 갖추고 있다. 이들에게는 잘 모르고 있는 정보를 알려 주고, 스스로 그 내용을 탐색하고 학습할 수 있도록 기회를 제공하며, 자신의 욕구에 알맞은 직업세계의 정보를 탐색하고 자신의 특성에 합치하는지, 상이점은 무엇인지를 분석할 수 있도록 한다.

설명수준 내담자는 상담사가 주도적으로 개입하는 상담 과정에 참여한다. 여기에 속하는 내담자는 평균 정도의 지적 능력과 학력을 갖춘 장애인, 자신이 무엇을 하고 싶고, 어떻게 하면 직업을 유지할 수 있는지 잘 인식하지 못하는 장애인이다. 이 수준의 장애인에게는 자신이 누구인지 분석하게 하고, 자신의 특성에 알맞은 진로를 선택하기 위해서 직업과 노동시장을 구체적으로 탐색 및 학습하게 하며, 자신의 진로와 관련한 구체적인 면접 방법과 지원서·정보 수집 방법 등을 실제적으로 실행할 수 있게 해야 한다. 이 수준에 있는 장애인에게는 적절한 집단상담이나 교육도 효과적이다.

보호수준 내담자는 상담사가 광범위하게 개입하는 상담 과정에 참여한다. 여기에 속하는 내담자는 학력이나 기능적인 생활기술이 평균 이하로, 이들의 학습을 촉진하기 위해서는 여러 가지 보조학습기구나 교수방법의 조합이 필요하다. 또한 이들은 일상적인 생활 속의 문제 장면이나 특정 상황에 대처하는 능력이 부족한 장애인이다. 이 수준에서는 가족이나 장애인을 보호하고 양육하는 중요한 사람에게 그들의 흥미 및 능력 등에 대해서 구체적으로 질문해야 하며, 스스로 직업세계에 대한 탐색이 어려운 상태이므로 상담사나

복지사, 사례관리자들과 함께 탐색하도록 하여야 한다.

3) 한국장애인고용촉진공단의 직업상담 4단계

한국장애인고용촉진공단에서는 선행연구와 설문조사를 통해서 장애인 유형을 고려하지 않은 종합적인 직업상담모형을 제시하고 있다. [그림 5-2]의

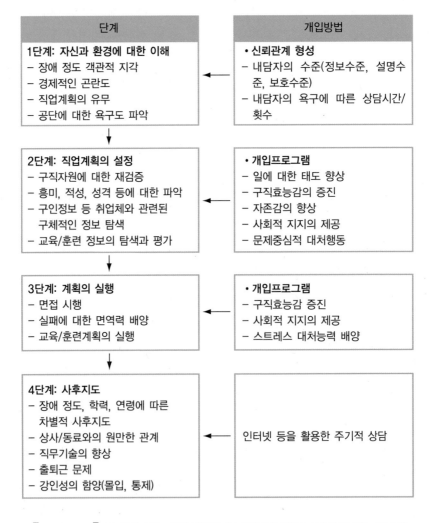

단계	개입방법
1단계: 자신과 환경에 대한 이해 – 장애 정도 객관적 지각 – 경제적인 곤란도 – 직업계획의 유무 – 공단에 대한 욕구도 파악	**• 신뢰관계 형성** – 내담자의 수준(정보수준, 설명수준, 보호수준) – 내담자의 욕구에 따른 상담시간/횟수
2단계: 직업계획의 설정 – 구직자원에 대한 재검증 – 흥미, 적성, 성격 등에 대한 파악 – 구인정보 등 취업체와 관련된 구체적인 정보 탐색 – 교육/훈련 정보의 탐색과 평가	**• 개입프로그램** – 일에 대한 태도 향상 – 구직효능감의 증진 – 자존감의 향상 – 사회적 지지의 제공 – 문제중심적 대처행동
3단계: 계획의 실행 – 면접 시행 – 실패에 대한 면역력 배양 – 교육/훈련계획의 실행	**• 개입프로그램** – 구직효능감 증진 – 사회적 지지의 제공 – 스트레스 대처능력 배양
4단계: 사후지도 – 장애 정도, 학력, 연령에 따른 차별적 사후지도 – 상사/동료와의 원만한 관계 – 직무기술의 향상 – 출퇴근 문제 – 강인성의 함양(몰입, 통제)	인터넷 등을 활용한 주기적 상담

[그림 5-2] 한국장애인고용촉진공단 장애인 직업상담 모형(김언아, 2000)

상담모형은 전체적으로 4단계로 제시되고 있는데, 1단계는 자신과 환경에 대한 이해, 2단계는 직업계획의 설정, 3단계는 계획의 실행, 4단계는 사후지도로 이루어진다. 이를 구체적으로 살펴보면 다음과 같다.

(1) 1단계: 자신과 환경에 대한 이해

이 단계에서는 내담자들의 개인적 특성, 욕구, 상담 방문의 목적을 파악하여야 하며, 내담자의 맥락적인 환경을 구체적으로 파악하고, 내담자가 자신의 장애에 대해서 어느 정도 객관적으로 파악하고 있는지, 지적인 수준은 어느 정도인지, 가족의 지지체계, 경제적 곤란 유무, 내담자의 직업계획 정도 등을 파악하고, 상담사와의 신뢰감도 이 단계에서 형성한다.

(2) 2단계: 직업계획의 설정

이 단계는 1단계에서 파악된 내담자의 문제와 욕구를 해결할 수 있는 구체적인 방법을 모색하고 계획하여 의사결정을 하는 단계다. 내담자의 흥미, 능력, 적성, 성격 등에 대해 과학적이고 객관적으로 파악하고, 내담자의 직업관, 일에 대한 가치관, 태도, 자존감 정도를 파악한 후 내담자의 구직 자원에 대해서 구체적으로 재검토를 해 본다. 여기에서는 장애인 내담자가 자신의 장애를 수용하고, 냉철하고 객관적인 인식이 일어날 수 있도록 하며, 자신이 가지고 있는 강점을 탐색할 수 있도록 하면서 용기와 의지를 잃지 않도록 충분한 지지를 제공한다.

(3) 3단계: 계획의 실행

이 단계는 취업 혹은 교육/훈련의 계획을 실행하는 단계다. 장애인의 취업은 한 번에 이루어지는 경우가 매우 드물다. 취업에 실패하더라도 이에 대한 면역력을 키우고, 실패에 대한 패배감, 스트레스에 적절하게 대처할 수 있도록 한다. 특히 자신의 특성에 알맞은 구인업체를 발굴할 능력과 의지, 의사가 있는 장애인의 경우 스스로 구인업체를 찾아보고 면접을 해 보도록 격려해 보는 것도 좋은 기회가 될 것이다.

(4) 4단계: 사후지도

이 단계는 취업 후 직장 내에서 직무 및 대인관계에 잘 적응할 수 있도록 하기 위한 사후지도를 말한다. 특히 지체장애, 청각장애, 시각장애, 발달장애의 특성에 따라서 직무와 대인관계에 적응하는 정도가 다르다. 장애 유형에 따른 지도와 함께, 상담사나 사회복지사는 업체를 직접 방문하여 내담자뿐만 아니라 고용주, 동료, 부서장 등과 면담을 나누는 것이 가장 좋은 방법이다. 장애인이 취업 후에 차별을 받았다고 호소하는 경우에는 차별받았다는 내용을 항목별로 구체적으로 정확하게 파악한 후에 그것이 장애인의 왜곡된 인식이나 비합리적 사고에 의한 것인지를 파악하고, 장애인이 불합리한 대우를 받고 있다면 적절한 대처가 필요하다.

앞서의 상담 모형은 일반진로상담과 다르게 장애인을 대상으로 하기 때문에 장애에 대한 인식, 직업관, 실행하려는 의지, 사후관리 등이 매우 중요하며, 복지적인 측면에서 지속적인 관리가 요구된다.

4) 통합적 진로상담 7단계

여기서는 장애인 진로상담 모형으로 Salomone(1996)의 모형, 특성요인이론, 한국장애인고용촉진공단의 모형, 일반상담이론의 인간중심상담, 현실요법 등을 기초로 하여 통합적 진로상담 단계를 제시하고자 한다. 장애인을 대상으로 하는 진로상담에서는 내담자가 가지고 있는 특수한 상황이나 특성을 먼저 고려하여야 하는데, 일반진로상담의 모형을 바탕으로 이러한 통합적 진로상담의 단계를 제시하면 다음과 같다.

1단계: 신뢰관계 형성	– 인간적인 관계 형성 – 내담자의 주호소문제 파악 – 진로상담의 구조화

↓

2단계: 장애인의 심리적 · 신 체적 · 맥락적 환경 탐색	– 장애인의 맥락적 환경 탐색 – 장애인의 특성을 객관적이고 정확하게 파악 – 자신의 특성을 객관적으로 이해 – 자신의 강점 파악 – 직업가계도 파악

↓

3단계: 장애수용	– 자신의 장애를 있는 그대로 수용하도록 함 – 장애에 대한 적응 – 장애에 대한 수치심과 긴장 다루기

↓

4단계: 자신의 특성과 관련 한 직업세계 탐색	– 자신의 강점에 알맞은 직업세계 탐색 – 직업에 대한 구체적인 직무분석 탐색 – 직업세계의 변화 등 탐색 – 자신이 가장 원하는 것 탐색

↓

5단계: 합리적인 의사결정 과정	– 내담자의 의사결정 유형 탐색 – 내담자의 의사결정 과정 탐색 – 내담자의 합리적인 의사결정 – 자신이 원하는 것을 얻기 위한 의사결정

↓

6단계: 문제해결 및 대인관 계 과정	– 장애인과 비장애인의 인간관계 – 직업세계에서의 대인관계

↓

7단계: 유지 및 지지	– 자신의 문제를 해결하기 위한 실행 – 진로계획 및 유지에 따른 지지

[그림 5-3] 통합적 진로상담 모형

① 1단계: 신뢰관계 형성 단계

이 단계에서는 장애인을 내담자로 하는 경우 시각장애, 청각장애, 지체장애 등 장애 유형에 따라 신뢰관계를 구축하기 위해서 접근하는 방법을 달리하여야 한다. 일반상담과 같이 내담자와 상담사 간의 신뢰관계를 구축하기 위해서는 상담사가 시각장애인과 처음 만났을 때 인사하는 방법, 청각장애인과 인사하는 방법 정도는 익히는 것이 중요하다. 특히 비장애인 상담사인 경우는 신뢰관계 구축에 더욱더 세심한 관심을 가져야 한다. 이 단계에서 관계가 어느 정도 형성되면 내담자의 주호소문제를 파악하기 위한 활동이 이루어져야 하며, 상담사의 역할과 내담자의 역할에 대해서도 정확하게 나누어야 한다. 특히 장애인과 상담할 때는 상담사의 역할에 대해서 정확하게 이야기하고 나누는 것이 매우 중요하다.

② 2단계: 장애인의 심리적 · 신체적 · 맥락적 환경 탐색

장애로 인한 심리적 문제, 장애로 인한 가정의 경제적 문제, 관계성의 문제 등을 다루어야 한다. 특히 장애인이 비장애인과의 상대적인 비교를 통해서 자신의 특성을 객관적으로 이해하기보다는 주관적으로 이해하는 경우가 종종 있다. 직업이나 진로와 관련해서 장애인 내담자는 비장애인과 함께 생활하고 적응하기 때문에 상담자가 그들의 특성을 객관적으로 정확하게 파악하는 것이 매우 중요하다. 이 단계에서는 자신의 특수능력, 일반능력, 흥미, 성격, 가치관 등을 종합적이고 객관적으로 파악한 후에 자신의 강점이 무엇인지를 인식하도록 하고, 장애인의 진로는 가족이나 사회적인 지지망 속에서 계획되고 실현되는 경우가 많으므로 직업가계도나 지지망 관계도를 탐색하는 것도 중요하다.

③ 3단계: 장애수용 단계

장애수용은 장애인의 심리사회적 적응이나 진로계획에 가장 필수적인 부분이며 가장 중요하게 다루어야 할 부분이다. 장애수용이란 장애로 인한 자신의 가치를 폄하하거나 극소화시키는 것이 아니라 자신의 장애가 단지 불편함이나 제한점을 지니고, 다른 사람에 비해서 조금 다르다는 것을 인정하며 받아들이는 것을 말한다. 장애를 재활하는 것보다는 있는 그대로 수용하면서, 다른 사람에게 감추거나 창피하게 인식하기보다는 자신을 있는 그대로 소개하고 드러내는 것을 말한다. 즉, 이 단계는 장애인 내담자의 장애수용 여부 및 장애에 대한 적응방법을 탐색하는 단계를 말한다.

④ 4단계: 자신의 특성과 관련한 직업세계 탐색 단계

자신을 객관적으로 이해하고 자신의 강점에 알맞은 직업세계를 구체적으로 탐색하고, 자신의 특성과 직업을 매칭하고 그에 따른 구체적인 직무분석을 탐색하며, 직업세계의 변화, 자신의 특성과 직업세계 간의 관계, 자신이 원하는 것과의 관계성 등을 구체적으로 다루어 준다. 장애인은 정보 접근성의 제한을 늘 경험한다. 장애인 내담자들은 동료 장애인과의 관계를 통해서 막연한 정보를 수집하고 가지고 있는 경우가 많으며, 특히 미래사회의 직업세계 변화에 대한 조망능력이나 구체적인 정보는 낮은 상태이므로 상담 과정에서 적절한 대처가 요구된다.

⑤ 5단계: 합리적인 의사결정 과정

이 단계에서는 장애인 내담자나 장애인 부모에 대한 상담이 적절하게 이루어져야 한다. 장애인 내담자의 의사결정 유형, 내담자의 의사결정 과정, 내담자의 합리적인 의사결정 과정, 자신이 원하는 것을 얻기 위한 의사결정 과정을 구체적으로 탐색하여야 한다. 특히 장애인은 자신이 의사결정을 한 후에도 동료 장애인이나 보호자, 부모에 의해서 의사결정을 번복하는 경우가 많으므로 이 과정은 상담에서 철저하게 다루어져야 한다.

⑥ 6단계: 문제해결 및 대인관계 과정

이 단계에서는 진로상담 과정 중 장애인이 문제 장면에서 어떻게 문제에 접근하고 문제를 해결하는지 구체적으로 탐색해야 하고, 장애인과 비장애인의 인간관계, 직장 내에서의 인간관계를 다루어야 한다. 특히 청각장애인의 경우에는 의사소통의 문제로 비장애인과의 인간관계를 형성하는 데 어려움을 겪을 수 있으므로 진로상담 과정에서 다루어 주어야 한다.

⑦ 7단계: 유지 및 지지 단계

이 단계에서는 자신의 진로계획의 실행 여부, 자신의 문제를 해결하기 위한 실행 등에 따른 적극적인 지지 및 유지 상담이 이루어져야 한다. 장애인은 여러 가지 이유로 일상적인 생활 속 문제 장면에 봉착하게 되었을 때 자신의 진로계획을 수정해야 하는 경우나 어려움을 해결해야 하는 경우 지속적인 노력 수행에 필요한 외부의 지지, 관심과 함께 주기적인 유지 상담을 받아야 한다.

3 장애인 진로상담 시 주안점

장애인도 일반인과 동일하게 진로상담을 하는 이유는 이들도 공히 직업을 통해서 자아실현을 하고자 하는 욕구가 동일하기 때문이다. 우리나라의 장애인 출현율을 보면 100명당 5.47명이고 2011년 총 장애인 수는 2,683,477명이며, 장애 출현 연령은 40대에서 60대에 집중된 것으로 나타나고 있다(김성희 외, 2011). 장애인 진로상담은 장애인이 자신의 장애를 어떻게 인식하고 수용하느냐에 따라서 달라지고, 성인에 해당하는 중도(中途)장애인은 진로상담에 어떻게 적응하느냐에 따라서 달라진다고 할 수 있다. 특히 장애인을 대상으로 하는 진로상담의 경우에는 먼저 의학적 장애에 대한 심리적 영향, 장애로 인한 직업의 제한성과 능력을 충분히 검토하여야 한다. 그러므로 이러한 특성을 고려한 장애인 진로상담의 주안점을 구체적으로 살펴보면 다음과 같다.

(1) 장애 상태에 대한 심리적 영향을 고려하여야 한다

진로상담을 할 때 장애인의 심리적 상태를 고려하여야 한다. 시각장애인의 심리적 상태에 대해서 이태훈(2005)은 일반적으로 타인에 대한 배려와 욕구를 이해하지 못하는 데서 오는 자기중심적 태도와 행동, 타인과의 의사소통을 통제하지 못하는 데서 오는 고립과 위축, 시각과제에 대한 타인의존에서 오는 수동성과 의존성, 적절한 사회적 행동을 관찰하고 모방하고 피드백 받지 못하는 데서 오는 부적절한 사회적 역할 모형과 맹인벽, 타인의 실명에 대한 부정적 태도에서 오는 잘못된 관념과 낮은 자기존중감 등의 부정적인 영향이 나타날 수 있다고 지적하였다.

청각장애인은 장애가 외모적으로 드러나지는 않으나 비장애인과의 의사소통을 통한 상호작용에 어려움을 겪는다. 청각장애인의 의사소통 방법으로는 수화를 가장 많이 사용하고, 대화, 구화, 필담, 몸짓 등을 사용하고 있으나 일반인과의 의사소통에 문제를 가지고 있어서 교육적 환경 또는 사회적 여건에서 불리하며, 비장애인과의 인간적인 대인관계 단절 등으로 인해서 자기중심적이고 폐쇄적인 문화와 같은 독특한 문화를 갖고 있어 이로 인한 직장 내 적응의 문제, 정보교류의 문제 등을 겪는다.

지체장애인은 일반적으로 사고나 질병에 의해 중도에 장애를 지니게 되는 경우가 대부분이다. 지체장애인의 심리적 특성에 대해서 김현식(1991)은 신체적 장애에 과도한 집착을 하고 고립감, 열등감, 자기불만감에 빠져 있으며, 대인관계에 예민하고, 장애가 심할수록 신경증적·정신병적·반사회적 이상 성격이 나타나는 경향이 높다고 하였다.

발달장애는 발달상 그 수준이나 정도가 지체되었거나 장애가 있다는 것을 의미하며, 지적장애, 학습장애, 운동기술장애, 의사소통장애, 주의력결핍 및 파괴적 행동장애 등을 포함하고 있는데, 대표적인 것이 지적장애, 자폐성장애 등이다. 지적장애는 독립된 생활이나 생활 활동영역-신변처리, 적절한 언어적 표현 미흡 등의 기능적인 제한이 있고, 원만한 대인관계를 하지 못하며, 의존성이 강하고, 주의집중이 되지 않으며, 일상적인 문제 장면에 적절하게 대처하지 못하는 등의 특성을 나타낸다.

장애인의 심리적 특성을 이해한 사회적 지지와 관심은 진로발달에 중요한 영향을 미친다. Chang(1998)은 시각장애가 있는 8명의 여학생과 4명의 남학생을 대상으로 한 질적 연구에서 시각장애 학생들의 지각된 사회적 지지가 자아수용, 가치로움, 통제감, 자기효능감, 자존감, 자아정체감과 사회적 기술을 촉진하거나 향상시키는 데 도움을 준다고 하였으며, 사회적 지지 이외에 자기주장적인 것, 구체적인 진로목표, 자원봉사 및 직업경험 등이 시각장애 학생의 진로발달에 영향을 준다고 하였다. 즉, 시각장애에 대한 사회적인 지지나 관심은 시각장애인 자신에게 정확하게 이해할 수 있는 기회를 제공하고, 다양한 직업세계의 경험과 탐색에 도움을 주며, 자신의 구체적인 목표를 설정하도록 하는 등 일련의 진로발달에 중요한 영향을 미친다는 것이다.

진로상담 시 장애 유형에 따른 심리적 특성을 이해하는 것은 장애인을 접하게 되는 출발점이라고 할 수 있다. 이는 장애 유형별 심리적 특성이 꼭 어떠하다기보다는 그러한 성향을 나타낸다는 것을 의미하므로 상담사들은 장애인의 심리적 상태를 고려한 접근을 해야 할 것이다.

(2) 장애로 인한 직업에 대한 제한성 및 능력을 탐색하여야 한다

장애 유형에 따라서 직업에 대한 제한성을 정확하게 가지고 있다. 여기에서 상담사는 장애로 인한 직업세계의 제한성, 사회생활의 제한성이 어느 정도인지를 파악하여야 한다. 또한 장애인 내담자가 가지고 있는 활용 가능한 잔존 능력을 종합적 · 다면적(지적 능력, 신체, 정서)으로 탐색하여야 한다. 장애인의 잔존능력에 대한 파악은 곧 직업세계 및 사회생활의 제한성과 연관이 깊으므로 상담사가 파악하기 힘든 경우 한국장애인고용공단에 의뢰하는 것도 좋은 방법이다. 또한 진로상담사는 새로운 학습과 성장 · 발전 가능성에 대한 장애인의 잠재력을 탐색하는 데 관심을 두어야 하고, 특히 장애인이 자신의 장애를 수용하고 새로운 일에 도전하고자 하는 열의나 열망, 의욕 등을 어느 정도 지니고 있는지 파악하는 것도 매우 중요하다.

(3) 장애인이 자신의 장애를 수용하는 것부터 진로상담이 시작한다

장애인을 상담하다 보면 자신의 장애를 어떻게 인식하는지에 따라서 변화가 일어나기 시작하는 것을 볼 수 있다. 우리나라 장애인 출현율에서 후천적 원인에 의한 출현율은 90.5%로 대부분의 장애인이 후천적 요인에 의해서 나타났다(김성희 외, 2011). 장애인의 90% 이상이 후천적 원인에 의해서 나타나고 있다는 것은 일상적인 생활을 하다가 교통사고나 질병에 의해서 장애가 나타난다는 것을 의미한다. 장애인은 일반적인 경제활동이나 사회활동을 수행하다가 갑자기 닥쳐 온 장애로 인해서 심리적인 불안감, 두려움, 좌절을 경험하게 되는데, 이를 이겨 내고 자신의 현재 상태를 인정하고 수용함에 따라서 변화가 시작된다고 할 수 있다. 그러므로 진로상담의 출발점은 장애수용이며, 장애인 내담자는 여기에 많은 어려움을 겪고 있기 때문에 자신의 장애를 어떻게 인식하고, 어떤 태도를 가지고 있는지가 그들 자신의 진로를 계획하고 실행하는 데 중요한 요인으로 작용한다. 그러므로 진로상담사는 장애인과 상담 시 그들 자신의 장애에 대한 인식 정도를 심도 있게 탐색하여 장애에 대한 자아감, 정체감을 정확하게 갖도록 하여야 한다.

(4) 장애인 내담자의 강점을 찾아 수용할 수 있도록 하여야 한다

인간은 누구나 자신만의 강점을 가지고 있다. 자신의 강점을 보지 못하고 자꾸 자신의 단점만을 보게 된다면 늘 힘들어진다. 진로상담사들은 장애인과 상담 시 활용 가능한 강점을 어떻게 찾아주고 성장·발전·학습시킬 수 있도록 할 것인가에 관심을 두어야 한다. 장애인은 일상적인 생활 속에서 자신의 단점을 크게 인식하여 자신도 모르게 부정적인 행동이나 관계성을 보인다. 장애인 내담자들이 평소에 자신이 가지고 있는 활용 가능한 강점을 볼 수 있도록 하는 것이 진로상담의 중요한 역할이다. 오늘날 긍정심리학에서 활용 가능한 잠재능력은 개인의 경험과 인간관계에 중요한 요소로 작용한다고 하였다. 장애인 내담자들에게 활용 가능한 잠재능력으로는 단순히 특수능력이나 일반능력뿐만 아니라 사랑, 영성, 인내, 근면 등 다양한 능력이 있으므로 이를 정확하게 인식할 수 있는 기회의 제공은 자신의 진로를 계획하고 수립하여 실행하도록 하기 위한 하나의 전환점이 될 수 있다.

(5) 장애인 내담자와 부모 및 보호자 간의 관계성을 탐색하고 관심 있게 다루어야 한다

장애는 당사자뿐만 아니라 장애인과 함께하는 가족에게도 커다란 영향을 미친다. 장애로 인한 스트레스와 경제적인 압박은 가족의 역할과 생활 패턴, 가족 간의 관계성, 역동성 등에 큰 변화를 일으킨다. 이러한 과정 속에서 장애인에게는 가족에 의존하는 경향이 강하게 일어나며, 부모님은 장애인 내담자를 대신해서 모든 문제를 해결해 주려는 행동을 쉽게 한다.

장애학생들은 자신의 진로를 결정하는 데 필요한 자기이해와 다양한 정보의 부족으로 인해서 합리적이고 독립적인 의사결정을 하기보다는 주변인이나 부모, 기성세대의 의견을 따르고 있는 실정이다. 장애학생들의 진로선택시 영향을 미친 사람으로는 부모 27.9%, 교사 24.3%, 자기 자신 13.2%, 선배 10.3%, 친구 7.7%, 영향을 미친 사람이 없다 4.8%, 형이나 누나 등의 가족 3.3%, 지인 2.6% 순으로 나타나고 있다(이미정, 2009).

장애인 내담자들의 일상적인 생활 속에서 나타나는 의사결정이나 적응의 문제, 학업 문제 등에서 부모가 결정하면 장애인 내담자는 이를 수용하고 무비판적으로 따르는 경우가 많다. 그러므로 장애인 내담자의 진로계획이나 실행에 있어서 장애인과 부모의 관계성, 주도성 등을 구체적으로 다루어야 하며, 특히 발달장애에 해당되는 경우에는 장애인 내담자뿐만 아니라 보호자나 부모와의 구체적인 진로상담이 병행되어야 한다.

(6) 장애인의 의사결정 유형을 잘 파악하여야 한다

상담이라는 과정을 통해서 장애인과의 신뢰관계를 형성하여 진로상담 과정에서 올바른 의사결정을 하였다고 하여도, 장애인은 동일 유형의 장애인이나 부모 및 보호자 등에 의해서 의사결정을 번복하게 되는 경우가 너무나 많다.

자신을 잘 이해하고 직업세계를 탐색함으로써 합리적인 의사결정을 한다고 하여도 의사결정한 부분에 대해서 확고성, 정체성, 신념성을 나타내지 못하는 경우가 많으므로 진로상담 과정 중 장애인 내담자들이 합리적으로 의사결정한 부분에 대해서는 신념화 · 행동화가 이루어지도록 하며, 이를 바탕으로 열정적이고 의욕적으로 자신의 진로계획을 추진할 수 있도록 하는 것이 중요하다. 장애인 내담자가 합리적으로 의사결정한 부분을 한두 번 수행하고 행동화했다고 해서 그 행동이 신념화 · 가치관화 되었다고 보기는 어렵다. 그러므로 상담사는 내담자에게 지속적인 관심과 지지를 주어 행동이 생활화 · 습관화될 수 있도록 하여야 한다.

(7) 장애인의 직업적응 문제를 다루어야 한다

진로상담사들은 장애인 내담자들의 직업적응에 관심을 두어야 한다. 내담자의 욕구에 대한 보상이 직업에서 주어지는지, 내담자가 직업에서 요구하는 업무를 잘 수행할 수 있는 능력이나 태도를 가지고 있는지, 내담자의 조직문화에 대한 적응력, 조직 구성원 간의 인간적인 관계 등을 진로상담 과정에서 다루어야 한다. 장애인은 비장애인에 비해서 중도에 직업을 전환하거나 그만두는 경우가 많다고 한다. 이는 직업에 대한 장애인 내담자들의 적응력이 떨어지기 때문이다. 그러므로 진로상담 과정에서 장애인 내담자들의 직무에서 요구하는 능력이나 적응력, 인간관계성 등을 구체적으로 증진시키고 다루어야 한다.

(8) 장애인이 제한된 진로정보를 가지고 있음을 인식하여야 한다

장애인은 직업 및 진로정보에 대한 접근성이 낮으며, 다양한 방법을 통한 구체적인 진로정보를 획득하고 활용할 수 있는 기회가 부족한 상태다. 특히 자신의 장애 유형과 특성에 알맞은 다양한 직업세계 관련 경험이나 체험학습을 적절하게 수행하지 못하고, 전통적인 방법에 의한 정보수집이나 동일 장애 유형자의 경험, 보호자에 의존하는 경우가 많으므로 적극적으로 자신의 진로정보를 탐색할 수 있는 기회를 제공하여야 한다.

4 장애 영역별 진로상담과 관련한 직업적 특성

장애인과 관련한 진로상담은 「장애인 등에 대한 특수교육법」과 시행령에서 찾을 수 있다. 「장애인 등에 대한 특수교육법」 제2조는 진로 및 직업교육을 "특수교육대상자의 학교에서 사회 등으로의 원활한 이동을 위하여 관련 기관의 협력을 통하여 직업재활훈련·자립생활훈련 등을 실시하는 것"으로 정의하고 있으며, 제23조에서는 "진로 및 직업교육의 지원에서 중학교 과정 이상의 각급학교의 장은 특수교육대상자의 특성 및 요구에 따른 진로 및 직업교육을 지원하기 위하여 직업평가·직업교육·고용지원·사후관리 등의 직업재활훈련 및 일상생활적응훈련·사회적응훈련 등의 자립생활훈련을 실시하고, 대통령령으로 정하는 자격이 있는 진로 및 직업교육을 담당하는 전문인력을 두어야 하며, 진로 및 직업교육의 실시에 필요한 시설·설비를 마련하여야 하고, 특수교육지원센터는 특수교육대상자에게 효과적인 진로 및 직업교육을 지원하기 위하여 대통령령으로 정하는 바에 따라 관련 기관과의 협의체를 구성하여야 한다"라고 규정하고 있다. 그러나 장애인과 관련한 진로 및 직업교육의 지원이 주로 직업재활훈련이나 일상생활적응훈련, 사회적응훈련, 자립생활훈련에 중점을 두고 있긴 하지만 진로상담에 대한 구체적인 내용은 전무한 상태다.

장애는 여러 가지 유형으로 구분하고 있으나 이 장에서는 진로상담의 측면에서 일반인과 다르게 특별한 서비스가 필요한 시각장애인, 청각장애인, 발달장애인, 지체장애인에 중점을 두고 살펴보고자 한다.

1) 시각장애인의 진로상담과 관련한 직업적 특성

「장애인복지법」에서는 의학적인 기준에 의거하여 시각장애인을 정의하고 있고, 「장애인 등에 대한 특수교육법」에서는 학습능력을 중심으로 정의하고 있으며, 「장애인고용촉진 및 직업재활법」에서는 「장애인복지법」에 준하고 있다. 시각장애인은 시감각기능의 상실로 관찰에 의해 얻을 수 있는 정보를 제한받는 반면에 청각, 후각, 촉각이 발달되어 있으므로 이 감각을 활용한 분야가 유리하다고 할 수 있다. 이러한 특성을 고려한 시각장애인의 직업적 특성을 구체적으로 살펴보면 다음과 같다.

① 장애 유형 중에서 시각장애인을 위한 유보고용(reserved employment) 제도를 도입하고 있다. 유보고용이란 일정한 직종을 지정하여 그 직종에 대해 특정 장애 유형을 지닌 사람을 우선적으로 고용토록 하는 제도로 중증장애인에게 일할 수 있는 기회를 제공하는 데 효과적이라고 할 수 있다(이미정 외, 2009).

시각장애인을 위한 유보고용 직종은 안마사 직종이다. 이는 시각장애인에게 고유의 직업과 생존권 보장이라는 긍정적인 측면이 있으나 안마사라는 직업은 일반 국민이 부정적으로 인식하고 있으며, 스포츠 마사지, 중국·태국 마사지 등이 대중화되면서 안마라는 직종 자체가 점점 퇴폐적이라는 인식이 강한 상태다. 안마라는 직종을 유보고용제도에 도입한 것은 비장애인과의 경쟁으로부터 보호하기 위해서인 측면이 있으나 시각장애인의 진로계획의 측면에서는 부정적이라고 할 수 있다. 어린 시절부터 안마 및 이료라는 직종에 집중하게 함으로써 시대적인 변화에 따른 촉각, 청각, 후각을 이용할 수 있는 다양한 직업이나 진로를 탐색할 수 있는 기회를 제한하고 있다고 할 수 있다.

② 시각장애인은 시감각기능 장애로 인한 정보에 대한 접근성의 미흡으로 안마사, 시각장애인 교사, 음악 관련 직종에 편중되어 있다. 시각장애인

이 가지고 있는 다양한 능력보다는 시감각 기능 장애에 중점을 두고 진로를 계획하고 탐색하기 때문에 제한된 직종만 탐색하게 되고, 그 외의 직종에 대한 탐색은 내담자 및 지도하는 교사, 부모 및 보호자를 변화에 대한 두려움과 실패에 대한 두려움에 놓이게 만든다. 이로 인해 시각장애인은 어린 시절부터 새로운 직업세계를 탐색하고 접근하려는 시도나 노력을 차단당하고 있다. 그러므로 진로상담사는 시각장애인에게 다양한 직업세계를 탐색할 수 있는 기회를 제공하여야 한다.

③ 시각장애인은 다른 장애에 비해서 언어성과 학습능력이 뛰어나다. 시각장애인이 미래 직업세계의 변화에 적극적이고 능동적으로 대처할 수 있는 직업기초능력에 해당하는 언어능력과 학습능력이 뛰어나다는 것은 새로운 직업세계를 개척하고 그것에 적응할 수 있다는 것을 의미한다. 오늘날은 사람들이 과학의 발달로 인한 다양한 보조기자재의 도움을 받아 평생학습시대에 대처할 수 있는 학습능력을 갖추고 있으므로, 시각장애인에게 다양한 직업세계에 도전할 수 있는 기회 역시 제공하고 있다. 그러므로 진로상담사들은 시각장애인 내담자에게 새로운 직업에 도전할 수 있는 의지와 열정 등을 갖도록 하는 것이 중요하다.

2) 청각장애인의 진로상담과 관련한 직업적 특성

청각장애인의 특성상 진로지도나 교육을 할 때 고려해야 하는 사항을 구체적으로 살펴보면 다음과 같다(한국진로교육학회, 2011).

① 청각장애인은 일반인과의 의사소통의 어려움으로 직장 내 적응 문제를 보인다.
청각장애인은 말을 듣는 데 어려움을 보이기 때문에 원만한 의사소통에 어려움을 겪는다. 이러한 의사소통 문제는 직장 내에서의 적응과도 직접적으로 연계되어 있다. 우리가 일반인의 입장에서 보면 청각장애인이 의사소통에 문제가 있다고 보지만, 청각장애인의 입장에서 보면 일반인에게 문제가 있는

것이다. 우리가 외국인과 의사소통을 하기 위해서 그 나라의 언어를 배우고 그 문화를 익히듯이, 청각장애인과의 의사소통을 위해서는 수화나 농인의 문화를 이해하는 모습을 보여 주어야 한다. 이러한 문제는 장애인을 이해하는 전체적인 국민 의식과 관련된 부분이며, 실제 청각장애인의 진로교육을 할 때는 장애학생이 직장에 적응하고 업무를 수행하는 데 있어서 일반인과 상호 작용해야 하므로 장애학생에게 그 현실을 정확하게 이해할 수 있도록 하고, 대처하는 방법과 태도 등을 적극적으로 행동화 및 습관화시켜야 한다.

② 청각장애인의 언어 문제는 낮은 학습능력과 관련되며,
　직무수행능력 및 적응능력과도 관련된다.
　청각장애인의 언어능력은 보통 초등학교 5~6학년 수준을 보이고 있어 지식정보화 사회의 다양한 학습을 주도적으로 수행하는 데 어려움을 겪고 있다. 이러한 문제는 청각장애학생이 성인이 된 후의 직장 내 적응이나 직무능력과 직결되는 문제다. 오늘날 산업현장의 직무 관련 환경은 너무나 빠르게 변화하고 있어, 그 변화에 적응하기 위해서는 지속적인 학습이 가능한 직업 기초능력이 배양되어 있어야 한다. 청각장애학생의 진로교육을 할 때는 직무 수행능력의 변화에 대한 패러다임을 이해할 수 있도록 하고, 직장 내 원만한 적응력과 경쟁력을 확보할 수 있도록 하는 언어능력 함양 프로그램을 시행하여야 한다.

③ 청각장애인은 자신만의 폐쇄적이고 독특한 문화를 가지고 있다.
　청각장애인은 일반인과의 원만한 상호작용에 어려움을 겪다 보니 자신과 의사소통이 가능한 청각장애인만 만나고 대인관계를 형성한다. 장애학생은 일반학생과 통합교육을 받는 상황에서도 일반학생과 원만한 의사소통이나 상호작용을 하기보다는 쉽게 자신과 의사소통이 가능한 사람과 접하고 같이 행동하는 현상이 뚜렷하다. 이러한 현상은 청각장애인이 일반인을 신뢰하지 못하고 자기중심적인 행동, 일반인과 단절된 행동 등을 보이는 것과 같은 자신

만의 독특한 문화를 창출해 낸다. 하지만 청각장애학생은 이 사회의 다양한 사람들과 상호작용하면서 살아야 하므로 진로교육을 할 때 이러한 행동에 대한 통찰과 행동의 변화가 일어날 수 있는 프로그램을 시행해야 한다.

④ 일반인과 상호작용할 때 타인에 대한 배려, 존중 등
직장문화의 예절과 관련한 직업적응력이 낮다.

청각장애인은 태어나면서부터 부모와의 원만한 상호작용을 갖지 못한 경우가 많다. 또한 성장하는 과정에서도 부모나 가족과 함께하는 온화한 분위기 속에서의 인간관계 기회가 부족하고, 어린 시절 타인으로부터 존중과 배려의 상호작용보다 장애인, 문제인 등으로 인식되는 부적절한 관계 형성이 이루어짐으로써 자기중심적 생각과 행동을 하게 되고, 장애로 인한 수많은 좌절감과 열등감 등 때문에 타인을 배려하고 존중하기보다 자신의 입장에서 생각하고 행동하는 것이 습관화되어 타인과 상호작용하는 직장문화에 적응하는 데 어려움을 겪는다. 그러므로 청각장애인에게 초등학교 시절부터 타인과 상호작용하는 방법, 존중 및 배려의 태도 등의 진로교육을 구체적으로 실시하여야 한다.

⑤ 청각장애인은 이직율이 높다.

청각장애인은 회사의 비전이나 자신의 발전보다는 임금, 직업환경에 민감하게 반응하며, 즉흥적인 성향에 따라서 퇴사결정도 매우 신속하게 내린다. 이종운(2009)에 따르면, 청각장애인의 이직횟수는 1회가 10.8%, 2~3회가 16.8%, 4~5회가 40.8%, 6회 이상이 31.6%로 나타나고 있으며, 이직사유도 임금문제, 개인사유, 폐업, 작업환경 순으로 나타나고 있다. 청각장애인은 직업을 통해서 자아실현을 하려는 가치관보다는 경제적인 이유로 쉽게 이직을 하며, 일반인에 비해서 이직횟수도 많은 것으로 나타났다. 이처럼 높은 이직률을 보이는 이유는 청각장애인만의 네트워크가 잘 형성되어 있어, 다른 직장에 근무하는 청각장애인의 근무조건에 대한 정보수집이 빠르고 청각장애

인의 말보다 일반인의 말을 신뢰하지 못하는 특성 등에 따른 것이다. 이렇게 이직률이 높은 것은 청각장애인의 직업에 대한 가치관이 부재한 것이 원인이며, 어린 시절 가정이나 초등학교에서부터 청각장애인을 위한 진로교육이 이루어져야 함을 시사하고 있다.

⑥ 청각장애인의 특성을 고려한 자기이해 영역의 전문화된 심리검사도구가 다양하지 않다.

청각장애학생은 일반학생에 비해서 문장이해력, 어휘력, 문법 등과 같은 언어능력이 낮아서 일반학생을 위해 제작된 심리검사도구를 통해서는 자기를 객관적으로 이해하는 데 한계가 있다. 일반학생을 위해서 제작된 검사도구를 청각장애학생이 제대로 이해하기 위해서는 수화나 청각장애인이 사용하는 언어로 설명하고 이해할 수 있도록 해야 하는데, 이러한 경우에는 검사결과의 신뢰도나 타당도에 문제가 나타날 수 있다. 또한 우리나라에서 시행되고 있는 진로교육과 관련된 자기이해 영역에 해당하는 적성 · 지능 · 성격 · 흥미 · 가치관 검사 등의 규준 작성 시 청각장애학생을 비롯한 장애학생은 모집단에서 고려되지 않은 경우가 대부분이다. 따라서 청각장애학생의 진로교육을 위해서는 장애학생의 특성을 고려한 전문화된 심리검사도구가 국가적인 차원에서 제작되고 보급되어야 한다.

⑦ 청각장애학생은 고등학교 진학 이전에 진로교육을 받아 본 경험이 적다.

이준우(2009)는 청각장애인을 대상으로 학령기에서부터 성인이 되기까지 직업생활을 하면서 느끼고 경험한 것을 현상학적으로 분석한 결과에 따르면 고등학교 이전에는 진로교육을 받아 본 경험이 적고, 고등학교 교육과정에서 경험하는 진로지도 또한 단순하게 대학진학반과 취업반으로 나뉘어 수능준비과정과 단순한 직업실습을 경험하는 수준에 머무르고 있다고 하였다. 특히 청각장애인은 자신들만의 폐쇄적인 문화로 인한 직업이나 진로 관련 정보의 다양성이 부족하며, 정보에의 접근도 쉽지 않은 상태이므로 이들을 위한 다양한 직업 및 진로정보를 제공하여야 한다.

⑧ 다른 장애에 비해서 청각장애학생의 진로 결정에
부모의 역할은 크게 작용하지 않는다.

청각장애학생의 진로 결정을 할 때 부모의 영향력이 다른 장애의 경우보다 낮은 것은 발달장애나 타 장애처럼 청각장애학생의 학부모가 장애학생과 함께 다양한 경험을 공유하는 경우가 적으며, 부모와 청각장애학생 간의 원만한 상호작용이 이루어지지 못하고, 학부모도 청각장애학생의 진로 분야에 대한 적절한 정보를 다양하게 갖고 있지 않아 진로교육을 위한 안내자·촉진자 역할을 수행하지 못하기 때문이다. 그러므로 청각장애학생을 위한 진로교육에서는 그들을 위한 수화나 속기 등의 지원서비스와 함께 원만한 상호작용을 할 수 있는 농인 교사, 수화를 잘 할 수 있는 교사 등의 적극적인 개입과 지도가 요구된다.

이와 같이 청각장애학생의 진로교육을 위해서는 청각장애학생이 가지고 있는 폐쇄적인 문화, 동료 간의 상호작용, 제한된 정보활동, 부모 역할의 미비, 자기이해를 위한 검사도구 부족, 초·중등학교의 진로교육 부재 등의 문제를 해결해야 한다. 이를 위해 청각장애학생이 장애에 대한 정체성을 갖고 다양한 직업세계를 탐색할 수 있는 기회, 어린 시절부터 일반학생과 다양한 상호작용을 할 수 있는 기회, 청각장애학생의 특성을 고려한 수화 동영상 이 첨부된 심리검사도구 등을 제공하여야 한다.

3) 지체장애인의 진로상담과 관련한 직업적 특성

지체장애란 사람의 몸에서 골격, 근육, 신경 중 일부나 전체에 질병 혹은 외상 등이 생겨 그 기능에 장애가 있는 것이며, 대체로 운동장애 상태의 증상이 나타나는 것을 의미하기 때문에 신체적 기능 장애 이외에는 비장애인과 다른 점이 없다는 점을 진로상담사는 인식하여야 한다. 지체장애인의 직업 및 진로와 관련된 특성을 몇 가지 제시하면 다음과 같다.

① 지체장애인은 자신의 적성, 흥미, 요구에 알맞은 직업이나 진로를 계획하고 싶어도 신체적 장애로 선택의 제한을 받는다. 지체장애인은 접근성의 문제로 인해 이동성에 제한이 있는 직업을 선택할 수 없고, 뇌성마비를 나타내는 장애인은 손으로 할 수 있는 직업이나 진로를 선택할 수 없다. 그러므로 진로상담사는 직업의 특성과 신체적 장애의 관련성을 정확하게 탐색해 보아야 한다.

② 지체장애인은 교통사고나 질환에 의해 중도에 장애인이 되는 경우가 대부분이므로 이로 인한 심리적인 열등감, 불안, 공격성, 타인의 자신에 대한 인식 정도 때문에 진로 혹은 직업에 대한 열정 및 의지 등이 낮다.

③ 지체장애인은 질환의 원인, 장애의 정도, 장애의 부위, 장애 기간 등에 따라서 다소 차이가 있으나 일반적으로 행동 범위가 제한되어 있으며 (조혜숙, 2003), 타인과의 접촉 기회 부족으로 인한 상호작용의 제한성 등으로 진로 및 직업세계에 대한 다양한 정보가 부족한 상태다.

④ 지체장애인은 장애가 외적으로 나타나기 때문에 사회의 부정적 인식 및 차별 등을 경험하게 되면서 타인과의 인간관계가 어려우며, 삶에 부정적인 인식 등이 내재되어 있어 진로 혹은 직업에 대해 무기력하거나 자포자기적인 행동을 나타내기도 한다.

4) 발달장애인의 진로상담과 관련한 직업적 특성

발달장애의 대표적인 장애로 지적장애, 자폐성장애가 있는데, 여기에서는 지적장애를 중심으로 살펴보고자 한다. 지적장애의 직업적인 특성으로 박희찬(1994)은 습득할 수 있는 기술의 수가 제한되어 있고, 복잡한 기술을 배우기가 힘들고, 기술습득을 위한 시간의 양과 연습횟수에서 비장애인과 심한 차이를 보이며, 일정 시간이 지남에 따라 습득한 기술에 대한 망각의 비율이 비장애인보다 높고, 망각된 기술을 원래의 수준으로 회복하는 데 걸리는 시간도 길고, 비장애인에 비해 학습의 전이 및 일반화의 정도가 떨어지며, 배운 지식을 종합하여 사용하기 힘든 경우가 많다고 하였다. 이러한 특성 때문에 지적장애인의 진로상담은 주로 기초사회생활훈련이나 단순직 및 반복 업무에 대한 적응훈련에 집중되어 있다.

지적장애인은 지적 기능과 적응행동상의 어려움을 함께 겪고 있어 다양한 교육적 성취가 어려운 학생을 말한다. 이에 윤점룡(1982)은 지적장애인 및 정서장애인과 같은 발달장애인의 직업교육 필요성을 직업자질, 사회참여, 치료교육 등의 영역에 대해서 구체적으로 제시하고 있다.

첫째, 지적장애인 및 정서장애인과 같은 발달장애인의 직업교육은 직업능력교육으로서의 의의를 갖는데, 직업교육은 우선 직업인으로서의 기능교육을 의미하며 개인의 적성과 기술을 참작하여 수행능력 범위 내에서 지도를 계속할 경우 정도의 차이는 있으나 미숙련·반숙련의 직업기능을 습득시킬 수 있다.

둘째, 지적장애인 및 정서장애인과 같은 발달장애인에게 직장생활의 적응 문제가 많음을 알 수 있는데, 그들이 직장생활에 잘 적응할 수 있도록 직업인으로서의 인성적 자질과 직업에 대한 보람, 직장의 규칙이나 상사의 지시에 따르는 준법성, 책임감, 인내심, 협동성, 안전관리 등을 중점으로 교육한다면 일상생활에 필요한 여러 가지 기능을 함께 습득할 수 있다.

셋째, 발달장애인은 지적 능력이 떨어지지만 생산적 영역에서의 사회적 참여는 그들이 가진 능력을 발휘하고 생산활동에 참여케 함으로써 사회 구성원으로서의 역할을 담당하게 하는 계기가 된다.

넷째, 발달장애인은 지적 능력과 정서에 문제나 결함을 가지고 있지만 자신의 능력과 적성에 맞는 작업학습 혹은 환경을 제공받는다면 흥미를 느끼고 오랫동안 지속할 수도 있으므로 정서적 안정감을 주는 치료와 신체적 기능 향상을 위한 치료도 함께 이루어지도록 해야 한다.

이와 같이 발달장애학생은 현장에 대한 적응훈련과 적절한 지원만 받을 수 있다면 사회에 성공적으로 적응할 수 있고 지역사회 일원으로서의 삶을 살아갈 수 있으므로 이에 기반을 둔 진로교육이 이루어지도록 해야 한다.

이와 같이 장애 유형에 따른 직업 및 진로 특성을 구체적으로 제시한 것은 진로상담사가 상담 과정에서 장애인 내담자를 비장애인과 비교하기보다는 장애인의 진로 및 직업 특성을 고려하여 이해하고 사랑하는 태도를 진솔하게 보이는 것이 매우 중요하기 때문이다. 장애인 진로상담에서 신뢰관계가 형성되는 것은 상담사가 장애인 내담자를 사랑하고 존중과 배려의 일관된 진실성 등을 나타냈을 때라고 할 수 있다. 상담사의 일관된 진실성 속에서 장애인 내담자가 자신의 진로를 계획하고 실천하게 된다면 그들의 삶은 의미 있고 행복하게 될 것이다. 그러므로 장애인 내담자를 상담하는 것은 상담의 효율성보다는 효과성, 큰 변화보다는 작은 변화에 초점을 두면서 장애인 내담자의 특성에 알맞은 합리적인 진로계획을 수립하고 실천하여 삶의 의미와 행복을 찾도록 하는 것이 되어야 한다.

제2부 콜라주 기법

제6장

콜라주 진로상담 기법의 이해

"일의 크고 작음에 개의치 말고 전심전력을 다해야 한다.
아무 결함 없이 완벽하게 해 내야지,
그렇지 않으면 하지 않은 것만 못하다.
어려서부터 그런 좋은 습관을 기르면
나중에 반드시 어떠한 근심도 만나지 않을 것이다."

– 빌 게이츠 –

이 장에서는 내담자가 행복한 삶을 사는 것에 목적을 둔 콜라주 진로상담 모형을 제시하고자 한다. 아울러 콜라주 진로상담의 치료적 요인인 개방성, 진실성, 창의성, 능동성, 역동성, 안전성, 통합성에 대해 구체적으로 설명할 것이다. 나아가서 콜라주 진로상담 과정의 6단계와 내담자의 특성, 콜라주 기법의 이해 등을 체계적으로 제시하여 콜라주 진로상담 기법에 대한 이해를 돕고자 한다.

1 콜라주 진로상담 모형

진로상담에서는 상담사가 내담자의 문제를 확인하는 것이 매우 중요하다. 내담자의 문제에 따라서 상담 목표와 전략 등을 다르게 하여 접근해야 하기 때문이다. 진로상담은 Parsons(1909)의 특성요인적 접근 중 진단적·분석적·지시적 상담을 통해 개인의 특성과 직업을 짝짓는 것부터 시작한다. 직업에의 짝짓기에서 시작한 진로상담은 현재는 개인의 발달적인 관점으로서, 개인에게 진로선택 및 생애 과정 중 스스로 발달 과제에 대처하고 의사결정하도록 하며, 진로유능감을 획득하도록 하는 것이 무엇보다 중요하다는 점에서 비롯되었다. 따라서 이러한 과정 속에서 내담자의 문제를 확인하는 일이 더 중요하게 되었다.

기존의 제 진로상담 모형에서는 내담자의 문제를 확인하는 여러 가지 방법을 제시하는데, 각 진로상담 모형에서 내담자의 문제를 확인하는 것은 각 상담 모형의 이론적 기초에 따른 것이다. 진로상담 중 특성요인 상담에서는 직업을 선택하는 데 있어 개인의 흥미, 욕구, 기술과 관련된 문제를 확인하여 내담자에게 합리적인 의사결정을 하게 한다. 인간중심상담(Bozarth & Fisher, 1990)에서는 진로와 관련된 자기인식 정도를 확인하고 내담자가 정체감을 획득할 수 있도록 하였다. 또한 정신역동상담(Watkins & Savickas, 1990)에서는 진로와 관련된 개인의 욕구를 확인하는 데 있어 진단적 관점에서 내담자의 생활주제를 평가하고 그들이 자신의 생활주제를 이해하도록 하였다. 또한 일을 통해 성장하도록 하고, 사회적으로 유용하고 개인적으로 적합한 직업기회를 발견하도록 도왔다.

그리고 Super를 중심으로 한 발달적 진로상담(Jepsen, 1990)에서는 진로 미성숙 문제를 다루면서 궁극적으로 진로와 생애계획을 통합하는 데 가장 큰 의미를 부여하였고, 사회학습이론의 통합적 접근(Krumboltz & Nichols, 1990)에서는 내담자가 다양한 직업에 고용되는 방법을 설명하고, 만족스러운 진로 결정을 할 수 있도록 하는 역동적 중재를 하였다. 마지막으로 사회심리학적 접근(Dorn, 1990)에서는 상담사가 내담자의 비효과적인 진로발달 태도를 확인함으로써 내담자의 태도 변화를 꾀해야 하고, 내담자의 사고가 구체적인 행동을 야기하기 때문에 이 태도가 비합리적일 때 새로운 행동을 끌어내기 위해 새로운 태도를 형성해야 한다고 보며, 상담 과정을 내담자가 기존의 태도를 포기하고 새로운 태도를 형성하도록 돕는 설득 과정으로 정의한다. 앞서의 특성요인 진로상담, 인간중심 진로상담, 정신역동 진로상담, 발달적 진로상담은 개인의 내적 특성보다는 외적 특성에 초점을 두고 있고, 사회학습이론의 통합적 접근이나 사회심리학적 접근은 개인의 내적인 면에 관심을 둔다. 특히 사회학습이론의 통합적 접근의 경우 개인 내면의 긍정적인 면에 초점을 둔다(박성미, 1997).

이러한 진로상담이론들은 진로발달적 관점과 진로선택적 관점으로 이루어져 있으나 통합이 가능하다. 통합적 관점은 삶의 목표를 향해 움직이는 방식을 지향점으로 이해함으로써 특정 시기의 흥미, 성격, 적성의 개념이 아닌 자신이 지향해 온 일반적인 방향이나 삶의 지향점에 대한 통찰력을 얻을 수 있는 개념이어야 한다. 따라서 자신이 추구해 왔거나 몰입해 온 목적 및 의미를 투영해 주는 진로행로를 자연스럽게 자각하게 하여, 자신과 동떨어진 흥미, 성격, 적성이 아닌 자신만의 독특한 생활양식이나 방식을 발견하게 하는 이론적 틀을 제공해야 할 것이다. 이러한 측면에서 Seligman(1994)은 진로상담과 관련하여 다양한 생활의 역할과 그 역할들의 상호작용에 초점을 두고 생애접근적인 방법이 이루어져야 하고, 아울러 개인의 성격이나 자기효능감과 같은 개인적 요인의 중요성이 한층 부각되어야 한다고 보았다. 또한 개개인을 목적이자 자기조건적인 체계로 간주하는 인식을 증가시킴으로써 여러 이론이 통합된 형태의 진로상담을 이루어야 할 것이라고 보았다.

이와 같이 여러 선행연구의 진로상담 모형을 종합하여 내담자가 능동적·역동적·자발적으로 자신의 발달적인 측면과 생애접근적인 측면에서 자신과 직업세계, 의사결정 등을 탐색함으로써 자신에게 알맞은 진로를 계획하고, 자신의 진로계획에 따라서 지금-여기에서 해야 할 것이 무엇인지 탐색하여 실천할 수 있게 해야 할 것이다. 이를 위한 콜라주 진로상담 모형을 [그림 6-1]에서 제시하고 있다.

② 콜라주 진로상담의 치료적 요인

콜라주 기법의 치료적 요인으로는 심리적 퇴행, 자기표출(기분의 개방), 내면의 의식화, 자기표현과 미의식에의 만족, 언어면접의 보조적 요소, 진단재료, 신뢰감·상호작용·의사소통의 매개 등이 있다(杉浦京子, 1990). 이러한 것들은 상담이나 미술치료 및 모래놀이치료가 지니는 치료적 요인과 거의 일치한다. 콜라주 기법의 치료적 요인으로서 능동성, 역동성, 안전성, 통합성, 개방성, 진실성, 창의성을 기반으로 한 진로상담이 이루어진다면 진로 결정자들의 명료화·신념화에 긍정적인 영향을 미칠 수 있다. 또한 진로 미결정자, 우유부단형, 회피형에게 구체적인 진로상담을 원활하게 진행할 수 있는 기반으로 기능할 수 있을 것이다. 콜라주 진로상담의 기본적인 치료적 요인을 구체적으로 살펴보면 다음과 같다.

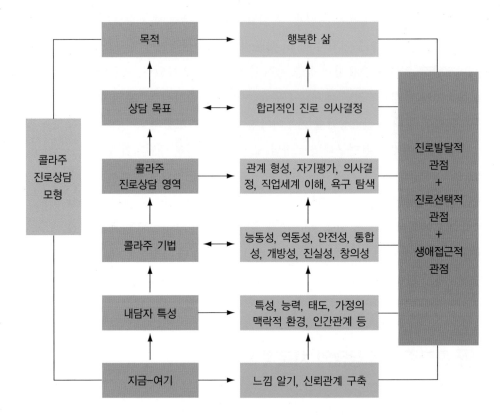

[그림 6-1] 콜라주 진로상담 모형

(1) 능동성

능동성의 사전적 정의를 살펴보면 자발적·자주적으로 움직이는 성질 또는 그 능력을 뜻한다. 잡지는 신문에서는 구현이 어려운 최고급 화질의 사진 등을 제시하므로 보는 사람이라면 누구나 관심을 갖게 된다. 잡지에 수록된 사진은 대부분 아마추어보다 프로가 찍은 것들로, 잡지를 넘기다 보면 점차 매료되고, 사진을 보면서 스스로 잘라 내고 붙이는 능동적 행위를 통해 내 것이라는 의미가 생성되기도 한다.

또한 잡지나 책 등은 파괴해서는 안 되고 소중히 다뤄야 한다는 관념을 가지고 있는데, 콜라주는 이러한 잡지를 가위로 자르는 것을 허용하고, 마음에

드는 사진을 오릴 수 있다는 점에서 카타르시스를 느끼게 만든다. 규범을 일
탈해도 단순한 파괴가 아닌 놀이의 맥락에서 새로운 창조의 과정이 만들어지
고, 자신이 사진을 선택할 때는 본래의 의미와는 다르게 별개의 의미 속에 두
는 작업을 함으로써 의미를 부여할 수 있게 된다. 또한 한번 절단해도 다시
통합할 수 있다는 전망이 있으므로 그 이상의 치료적 의미를 기대할 수 있으
며, 이를 통해 진로에 대한 관심도 증대될 것이다.

(2) 역동성

　역동성의 사전적 정의를 살펴보면, 힘차고 활발하게 움직이는 성질을 뜻한
다. 우리는 살면서 자유, 경쟁, 저항 등 여러 가지 모습으로 역동성을 표출하
며 살아가고 있다. 역동성은 자유에서 나오는데, 즉 이것은 개인의식과 행동
의 자유로운 표출이며, 자유를 억압하려는 도전에 대한 응전이기도 하다.

　우리는 잡지를 보면서 관심 없이 지나가다가도 자신의 마음에 드는 사진을
만나면 잘라 내게 된다. 사진을 보면서 자신의 사연을 만나게 되기도 하는데,
이러한 경우에는 보다 역동적으로 작업에 참여하게 된다. 또한 작업 후 완성
한 콜라주 작품에서 자신의 갈등 상황이나 원인을 알아차리기도 한다. 특히
집단원 간의 공유를 통해 공감과 소통이 촉진되어 역동성은 고조된다. 콜라
주 작업 과정과 완성된 작품은 역동성을 불러일으켜 상담사와의 의사소통을
촉진함으로써 내담자의 통찰 및 갈등이나 문제해결에 도움을 준다.

　특히 공간상징과 조각의 수, 여백의 분량, 자르거나 붙이는 방법 등의 형식
분석과 어떤 내용을 붙이는가에 관한 내용 분석이 내담자의 심리 상태를 알
고 평가하는 데 중요한 영향을 준다. 매 회기마다 콜라주를 사용하여 지속해
서 진행함으로써 계열 분석을 하기도 한다. 이것은 내담자의 마음의 흐름을
파악할 수 있게 함으로써 매우 유용한 정보를 알려 준다. 가장 바람직한 콜라
주의 해석을 위해서는 상담사가 해 주기보다 내담자 스스로 통찰해 나갈 수
있도록 촉진해 주는 것이 무엇보다 중요하다.

　상담사가 표현 행위에 개입하는 것은 치료적인 영향을 미칠 수 있다고 하

지만, 콜라주라고 하는 매개는 공통의 기회를 갖게 함으로써 치료관계가 자연스럽게 깊어지게 만든다. 또한 내담자는 자신의 콜라주 작품에서 무언가를 감지할 수 있고, 만약 균형이 어긋나면 내담자의 자기치유력이 작용하여 다음번엔 반드시 변화가 나타난다는 견해도 있다. 즉, 콜라주 과정과 작품의 계열 분석 과정에서 드러나는 역동성이 내담자의 치료를 촉진해 준다는 사실을 알 수 있다.

(3) 안전성

안전성의 사전적 정의를 살펴보면, 원래의 상태에서 벗어나지 않고 일정한 범위 안에 있는 상태 또는 원래의 상태로 되돌아가려는 성질을 의미한다. 잡지를 보다가 마음에 드는 사진을 고르고 자른 후, 조각을 선택할 수도 있고 버릴 수도 있다. 자른 후에도 무의식이 불안하고 위험하다고 느낀다면 버릴 수 있다는 회피성의 도움을 받아 안전한 공간으로서 보호해 줄 수 있으며, 종이에 붙일지 여부를 자신이 선택함으로써 스스로를 방어할 수 있도록 한다. 즉, 사진 조각을 선택함에 있어 원하지 않을 경우 배제할 수 있으므로, 굳이 위험한 것에 직면하지 않아도 된다는 안전성을 갖는 것이다.

무엇보다 콜라주는 안전이 보장되는 가운데 자른 조각을 어느 장소에 배치할지 개인의 무의식적인 힘에 따라 결정할 수 있으며, 행위 자체가 자기표현, 나아가 치료와 결합되고, 자신이 원하는 만큼 작품 표현과 자기개방을 가능하게 한다.

(4) 통합성

통합성의 사전적 정의를 살펴보면, 여러 개의 사물이 굳게 뭉쳐 하나의 사물로 기능하는 특성을 뜻한다. 잡지에서 마음에 드는 사진을 골라내는 과정, 그것을 가위로 자르고 손으로 찢는 과정, 도화지에 붙일 위치를 생각하고 사진 조각을 풀로 붙이는 모든 활동 자체가 통합성이다. 마음에 드는 사진을 가위나 손으로 자르는 것은 분산적 방향성을 의미하고, 자른 조각을 다시 종이에 붙여 작품을 만드는 것은 통일적 방향성을 의미한다. 이는 자르고 찢는 남성성과 정리하고 고정하는 여성성의 통합을 시사하는 것으로, 콜라주 작성 그 자체가 치료적 의의를 가진다고 볼 수 있다.

일반적으로 병리증상을 지닌 환자의 경우 초기 작품에서 사진 조각들이 종이 밖으로 벗어나게 작품을 구성하거나 어느 한 면에 편향된 작품을 구성하는 경우가 종종 있다. 하지만 치료 과정과 회기를 거듭하면서 통합된 작품 구성과 아울러 병리증상이 완화되는 것을 볼 수 있다. 이는 콜라주 작품이 주는 통합성의 효과라고 말할 수 있다.

(5) 개방성

개방성의 사전적 정의를 살펴보면, 태도나 생각 따위가 거리낌 없고 열려 있는 상태를 뜻한다. 잡지를 보다가 마음에 드는 사진을 선택하고, 붙일 조각을 내담자 스스로 선택할 수 있다는 것은 열려 있다는 것이다. 내담자가 자신을 개방하는 것은 일상적인 삶에서 오는 스트레스에 효과적으로 대처할 수 있게 하고, 긍정적인 태도를 형성하는 데도 도움을 준다.

기존의 이미지를 '잘라 붙이는 것'이 곧 자기표현이며, 이를 통해 자신에 대한 이해가 깊어질 수 있다. 또한 언어로 표현할 수 없는 불안이나 문제점을 표출하고 자신의 상황을 이해할 수도 있다. 특히 콜라주는 사진 작품을 완성한 후 사진 조각 하나하나의 의미를 설명해 나가는 과정을 통해 내담자의 자기개방성을 촉진한다. 따라서 콜라주 표현을 통해 자신의 내면을 개방함으로써 자기치유력이 생긴다고 할 수 있다.

(6) 진실성

진실성의 사전적 정의를 살펴보면 참되고 바른 성질이나 품성을 말하며, 마음에 거짓이 없이 순수하고 바름을 뜻한다. 내담자는 콜라주 작업을 통해 자신을 개방하고, 작품을 보면서 설명하는 과정을 통해 쌓여 있는 자신의 내면적인 생각이나 감정 등을 거짓 없이 드러냄으로써 자신에게 솔직해지고자 노력하기도 한다.

때론 내담자가 스스로 특정 사진 조각을 붙여 놓고도 의아해하는 경우가 있는데, 이는 드러내고 싶지 않은 자신의 무의식을 작품을 통해 드러낸 것으로 계열 분석을 통해 내면의 심상을 찾아가게 한다. 사진 조각을 붙임으로써 과거의 억압당하고 상처 받았던 것들을 드러내면서 자신도 몰랐던 내면의 욕구를 드러낼 수 있다. 무엇보다 내담자는 자기 자신의 과거를 솔직하게 표현하고, 상담사는 내담자의 지금 이 순간을 함께 공유함으로써 진실성이 촉진된다.

(7) 창의성

창의성의 사전적 정의를 살펴보면, 새로운 생각 및 개념을 찾아내거나 기존에 있던 생각 및 개념을 새롭게 조합해 내는 것과 관련된 정신적이고 사회적인 과정을 뜻한다. 내담자가 콜라주 작품을 통해 새로운 무엇을 만들고 스스로 작품을 구성하는 것 자체가 창의성이라고 할 수 있는 것이다.

내담자는 콜라주 작품을 구성하는 데 있어 프로가 찍은 사진을 옮겨 놓고 재배치함으로써 자신의 작품이 지닌 아름다움을 느끼고, 창조적 활동을 통해 자신이 지니는 예술성과 창의성, 독창성을 드러내어 만족감을 느끼게 된다.

이와 같이 이 장에서 소개한 콜라주 기법의 치료적 요인을 통해 치료의 효과를 극대화할 수 있다. 콜라주는 제작 기법과 실시 방법에 따라 의식과 무의식의 표현에 차이가 있는데, 내담자의 무의식 표현을 돕기 위해서는 4절지 정도 크기의 백지를 사용하는 것이 좋다. 이와 반대로 8절지, A4지, 엽서 등 종이 크기가 작아질수록 내담자의 의식화에 도움을 줄 수 있다. 또한 콜라주 상자법보다는 잡지그림 콜라주법이, 그리고 풀로 붙이는 작업, 시간 제한 없는 자유주제 등이 무의식을 드러내기 쉽다. 더불어 내담자의 작품에 나타난 형태와 내용 등을 분석하고 해석하는 과정에서 내담자를 치료할 수 있다.

이와 같이 콜라주 기법은 다양한 특징과 치료적 요인으로 인해 폭넓은 대상에게 치료 현장에서 유용하게 활용될 수 있다. 나아가 내담자가 작품을 제작하고 설명해 나가는 과정 그 자체에 치료적 효과가 있으므로 상담사는 내담자의 작품에 나타난 이미지의 내용, 화면의 색채 및 변화, 구도, 이야기의 내용 등을 분석하고 해석하면서 치료해 나가게 된다. 또한 활동 과정을 통해 거부의 감소, 분노의 표출, 희망적 상징을 나타낼 수 있는 기회를 제공할 수도 있으며, 그림을 그리는 것에 대한 저항, 공포, 수줍음 등을 감소시켜 그리기 활동을 자극하고 촉진하는 역할을 하기도 한다.

또한 제작 기법과 함께 제작 절차의 중요성을 강조하면서 세부적인 절차를 숙지하는 것이 치료 효과를 극대화한다. 치료 효과를 극대화하는 요소는 다음과 같다. 첫째, 과거의 일, 사건, 트라우마 등의 회상에 대한 무의식의 표현, 둘째, 작업에 임하는 태도, 셋째, 작업의 첫인상, 넷째, 형식 분석, 내용 분석, 계열 분석 등이다.

3 콜라주 진로상담 과정

상담사와 내담자 간 능동적 · 역동적 상담이 원활하게 진행되기 위한 콜라주 진로상담 과정을 제시하면 [그림 6-2]와 같다.

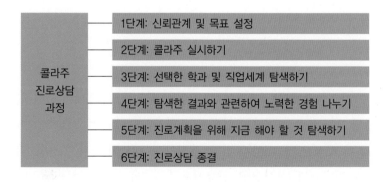

[그림 6-2] 콜라주 진로상담 과정

(1) 1단계: 신뢰관계 및 목표 설정

진로상담 과정에서 첫 만남 시 진로 미결정자나 회피형 및 우유부단형인 내담자는 전통적인 방법으로 촉진적 관계를 형성하는 데 어려움을 보일 수 있고, 자신의 자기개방 및 관점 수용, 다양한 경험과 생활양식의 확인을 통한 문제 이해, 상담 구조화와 상담 목표 설정에 어려움을 나타낼 수 있다. 촉진적인 신뢰관계는 상호 존중과 배려에서 출발하므로 상담사는 내담자에게 따뜻하고 친절한 수용적 분위기를 만들어 주어야 한다.

콜라주 기법을 통해 상담사와 내담자는 동등한 관계 속에서 자연스럽게 작업함으로써 촉진적 관계를 형성할 수 있고, 내담자의 문제의식 또는 다양한 욕구를 파악할 수 있다. 즉, '콜라주를 하면서 내담자가 기대하는 것은 무엇인가?' '진로계획이나 결정은 어느 시점에서 할 것인가?' '내담자의 문제와 관련된 다양한 경험은 무엇인가?' '내담자가 가지고 있는 진로 자아개념이나 생활양식은 무엇인가?' 등을 탐색할 수 있다. 이러한 탐색 과정을 통해서 상담사와 내담자는 합의를 통해 진로상담 목표를 설정하게 된다.

진로상담 목표 설정과 함께 콜라주 상담 과정에서는 상담사의 역할 및 내담자의 역할을 명료히 하고 서로 재확인하는 과정을 갖는다. 콜라주 진로상담에 대한 일반적인 원리를 설명하고 상담이 어떻게 이루어지는지 이야기 나누며, 내담자의 자기주도적 · 능동적 · 자율적 참여 원리와 비밀유지 및 윤리적 책임에 대해서 확인하는 과정을 통해 상담관계가 신뢰할 수 있고 안전한 과정임을 인식하게 한다.

(2) 2단계: 콜라주 실시하기

콜라주 진로상담에서는 자기이해, 직업세계 탐색, 합리적 의사결정, 맥락적 환경 및 욕구 등을 콜라주 기법을 통해 탐색하도록 한다. 이때는 내담자의 강점이나 하고 싶은 것, 다양한 경험, 생활양식, 내담자의 과거 경험, 삶의 가치, 다양한 직업세계, 의사결정, 진로성숙 등을 찾는 작업을 하면서 상담사와 내담자의 상호작용을 통해 구체적으로 탐색하도록 한다.

(3) 3단계: 선택한 학과 및 직업세계 탐색하기

콜라주 기법을 실시하면서 자신의 특성과 욕구, 맥락적 환경 등을 통해 자신의 진로로 계획한 학과 선택 및 직업세계에 대한 구체적인 탐색이 이루어질 수 있게 한다. '자신이 선택한 학과나 직업세계에 입사하기 위한 학력 및 능력이 있는가?' '이 학과에서 공부하는 데 필요한 능력이나 경제적 여건 등은 어떤가?'에 대해서 구체적으로 탐색하도록 한다. 콜라주 기법을 통해 명료화하고 의사결정을 했다면, 그에 따른 구체적인 탐색은 상담 과정이나 촉진적 · 탐색적 질문을 통해서 확인하도록 한다.

(4) 4단계: 탐색한 결과와 관련하여 노력한 경험 나누기

이 단계에서는 자신이 계획하고 선택한 학과나 직업을 위해서 지금까지 어떤 노력을 했으며, 그중에서 무엇이 효과가 있는지를 구체적으로 탐색한다. '네가 선택한 학과나 직업을 갖기 위해서 어떤 노력을 하고 있니?' '네가 노력한 것 중에서 어떤 것이 효과가 있었니?' '네가 노력한 것 중에서 가장 도움이 된 것은 무엇이니?' 등을 탐색한다. 이 나누기 단계에서는 집단과정이나 개인상담 과정을 통해 내담자가 동기화되고, 진로정체감을 갖도록 하는 것이 중요하다.

(5) 5단계: 진로계획을 위해 지금 해야 할 것 탐색하기

자신의 진로를 위해 계획 · 결정한 학과 및 직업을 갖고 달성하려면 지금 당장 가장 먼저 해야 할 것이 무엇인지 구체적으로 우선순위를 정하고, 그에 따른 실천 계획을 탐색하면서 실천 과정에 나타날 수 있는 문제점, 방해요인은 무엇인지 구체적으로 탐색한다. 진로 실천 계획에 따라 개개인이 자신의 진로를 계획하거나 직업을 결정할 때는 행동화 단계를 넘어 습관화 단계로 변화할 수 있게 해야 한다.

(6) 6단계: 진로상담 종결

진로상담을 종결하는 일은 상담을 시작하는 것과 같이 매우 중요하다. 진로상담도 상담사가 내담자와 합의하여 종결하게 되는데, 진로상담을 종결할 때 내담자의 진로계획이나 결정에 따른 지속적인 교육 및 훈련, 학습 등이 일상적인 생활 속에서 꾸준하게 이루어질 수 있도록 격려와 지지, 따뜻한 관심을 주어야 한다. 진로상담 종결 이후에 진로와 관련된 문제에 봉착하거나 삶의 만족감이 떨어지고 생애 역할 수행의 어려움을 겪는다면, 어떻게 대처해야 하는지 구체적으로 탐색한 후에 상담사와의 연계망도 구축할 수 있다.

4 내담자 특성

(1) 특성

내담자는 자신의 심리적인 문제를 해결하고자 상담사에게 도움을 받으러 오는 사람이다. 내담자는 정서 · 인지 · 행동상의 문제를 지닌다. 우선 내담자들은 일반적으로 더 심한 정서적 혼란을 경험한다. 이는 감정을 충분히 표현하지 못하고 억압한 데서 비롯되는 경우가 많다. 이에 내담자의 개인적 특성과 환경적 특성을 이해해야 한다. 개인적 특성은 신체, 발달, 인지, 정서, 성격 등이며, 환경적 특성은 가족, 또래, 학교, 직업, 지역사회, 환경 등이다.

(2) 능력

내담자의 강점과 내 · 외적 자원을 파악해야 한다. 상담의 주요 목표는 개인의 '강건한 근원(sturdy root)'에 초점을 맞춤으로써 인간의 성장을 촉진시키는 것이다. 상담에서의 강점의 인식과 활용은 인간이 심리적으로 최적의 발달을 이룰 수 있도록 돕고, 이로써 인간은 강점을 활용하고 개발함으로써 행복감을 느끼고 자기실현적인 삶을 살 수 있게 된다.

(3) 태도

상담 진행에 도움이 되는 생각, 감정 그리고 태도를 지니고 있는 내담자는 상담을 통해 필요한 도움을 비교적 쉽고도 빨리 받을 수 있겠지만 상담 진행에 방해가 되는 생각, 감정 및 태도를 지니고 있는 내담자는 상담을 통해 필요한 도움을 받기가 어려울 수 있다. 많은 내담자는 전문적인 지식을 지닌 상담사를 만나서 상담을 하게 되면 상담사가 자신의 문제를 해결해 줄 것이라고 기대하는 경우가 많다. 그래서 내담자는 단지 자신의 문제와 어려움을 호소하기만 하면 될 것이라고 기대한다. 이러한 잘못된 기대는 상담에 방해요인으로 작용한다.

(4) 가정의 맥락적 환경

환경맥락이란 가족환경으로 가족 안에서 모든 요인이 상호 의존한다는 것이며, 가족 다양성을 의미하기도 하고 서로 다른 가족이나 그 구성원들이 상호작용하는 조건과 상황의 다면성을 말한다. 가족 구조, 가족 규모, 사회경제적 자원 등의 항목은 일반적인 아동발달 외에도 부모-자녀 관계에 영향을 미치는 잠재적인 변수들이며, 이 변수들은 아동의 긍정적 발달에 영향을 미칠 수 있고 흡연, 음주, 마약, 조기 성행위, 비행 등의 문제행동 개선에도 긍정적 영향을 미칠 수 있다.

(5) 인간관계

인간관계는 둘 이상의 사람이 빚어 내는 개인적이고 정서적인 관계를 가리킨다. 이러한 관계는 추론, 사랑, 연대, 일상적인 사업 관계 등의 사회적 약속에 기반을 둔다.

인간관계는 인간과 인간이 만나 서로 존중하고 신임하면서 충분한 의사소통을 하여 견해차를 좁힘으로써 추구하는 가치관이나 목표에 도달하고자 상호 노력하는 관계를 맺는 것이다. 통속적 의미의 인간관계는 인간과 인간의 일정한 심리적 관계, 대인관계, 인화 등과 같은 의미로 사용되고 있으며, 학문적 의미의 인간관계는 가장 포괄적인 개념으로서의 인간관계의 과학을 지칭하는 경우와 산업사회학에서 사용되는 인간관계 및 인사관리에 있어서의 인간관계의 의미로 다시 나누어 생각할 수 있다.

일반적으로 인간관계가 무엇인가에 대해서 학자의 연구 관점과 견해에 따라 다양한 형태와 내용으로 정의되고 있다. 우선, 하버드 대학교의 Roethlisberger는 인간관계를 '협동적 인간행위의 사실을 다루는 적절한 방법론적 기술관점'이라고 정의하고 있으며, Niles는 '협동'이라고 한다. 그리고 Mee는 경영 관리적 측면에서 종업원의 근로의욕을 향상시킬 목적으로 인간관계를 이용하는데, 종업원이 높은 사기와 협동정신을 갖고 있으면 기업 전체의 근로의욕이 향상되고, 동시에 집단의 협력체계가 확립되어 노사협력을 통해 집단의 목표를 달성하게 되며, 나아가서 근로자의 수입도 증대된다고 보았다. 따라서 '인간관계란 종업원과 기업이 고도의 사기를 기초로 하여 보다 향상된 생산성과 효율성을 창출하기 위해서 상호 협동하는 수단'이라고 정의하고 있다.

이러한 의미에서 인간관계는 '조직 구성원들이 자신의 만족은 물론 조직의 만족을 달성하고자 하는 인간들의 상호관계'라고 정의할 수 있다.

5 콜라주 기법의 이해

최근 들어 상담이나 심리치료에 대한 인식이 긍정적으로 받아들여지고 있으며 아울러 그 필요성과 요구가 증가하고 있다. 이러한 시점에서 아동이나 청소년 또는 자신의 갈등 상황을 말로 표현하기 어려워하는 성인의 경우에는 미술 매체가 편해지도록 도와주며 치료적인 유용성이 크다는 점 등 다양한 영역에서 미술치료에 대한 효과가 보고되고 있다.

특히 미술치료는 다양한 치료 기법이 있으며, 각 기법에 고유성이 있고 치료에 독자적·복합적으로 활용되고 있어서 기법 연구는 중요한 영역으로 자리하고 있다. 그중 다양한 매체를 활용한 콜라주 기법이 오늘날 미술치료에서 하나의 기법으로 받아들여지고 있으며, 이 기법에서 발전된 잡지그림을 활용하는 콜라주 기법이 치료적인 유용성뿐만 아니라 내담자의 심리 상태를 알 수 있다는 점에서 현장에서 많이 활용되고 있다.

1) 콜라주 기법의 정의 및 개념

콜라주(collage)란 원래 'coller'라고 하는 프랑스어에서 유래된 말로서 '풀로 붙인다'는 의미가 있다. 사전적 의미로는 근대 미술에서 화면에 종이 · 인쇄물 · 사진 따위를 오려 붙이고, 일부에 가필하여 작품을 만드는 일로 정의하고 있다. 잡지나 그림, 달력, 사진, 헝겊, 단추, 실, 낙엽, 골판지, 투명지 등 우리 주변에서 쉽게 구할 수 있는 재료를 이용할 수 있다. 이러한 재료를 찢거나 오리고, 잘라서 종이 등에 구성하여 붙여 하나의 작품으로 완성하는 것이다. 1912년 Picasso의 〈등의자가 있는 정물〉이 역사상 첫 콜라주로 알려져 있다. 이 작품은 신문지, 악보, 벽지, 우표, 새털, 모래 등을 이용해 창작되었으며, 그 후의 작품 〈기타〉(1926)에서는 골판지, 종이, 나뭇잎, 철끈 등이 사용되었다. 이와 비슷한 방법으로 파피에 꼴레(Papier Colle)라는 기법이 있는데, 이것은 우표나 상표, 신문지, 벽지와 같은 종이 종류를 붙여 그림을 만드는 방법이다.

이 콜라주 기법은 미술에서의 하나의 기법에서 벗어나 1970년대 이후 미국이나 캐나다 등에서 평가법, 자기계발법으로 이용되어 왔다. 이후 콜라주 기법은 잡지그림 콜라주를 중심으로 일본에서 하나의 심리치료 기법으로 정착되었다. 한국에서는 현재 미술에서의 콜라주 기법과 구별하기 위하여 잡지그림을 중심으로 심리치료를 실시하는 것을 콜라주 미술치료[1]라는 용어로 사용하고 있다(이근매, 青木智子, 2010). 즉, 콜라주 미술치료란 심리치료의 표현

---

1 현재 '콜라주 미술치료'라는 용어는 일본에서 생성된 '콜라주 심리치료'라는 용어와 혼용하여 사용되고 있음.

기법 중 하나를 개인 심리치료 기법으로 도입한 것으로 내담자의 불안이나 문제점을 작품을 통해 이해하고, 치료해 나가는 것이다. 작성하는 과정에서 자기 치유적인 기능이 있으며 1970년대 이후 평가법, 자기계발법으로 이용되어 왔다.

이 책에서는 심리치료에서 활용하는 콜라주 기법의 하나인 잡지그림 콜라주를 중심으로 소개하고자 한다.

콜라주 기법은 원하는 사진이 있는 잡지와 종이, 풀, 가위만 있으면 어디서나 실시할 수 있다. 콜라주 작성 과정은 내담자에게 심리적 퇴행과 카타르시스를 경험하게 한다. 작품 그 자체가 내면을 표현하고, 붙여진 것의 상징적인 의미를 맛보게 하는 것이 치료와 연결된다. 내담자의 콜라주 작품은 상담사와 의사소통하는 것을 도와 신뢰감을 형성할 수 있게 하기도 하고, 자신의 갈등 상황을 콜라주를 통해 알아차릴 수 있게 하기도 한다.

또한 콜라주 작품을 통한 표현은 언어표현보다 정확하고 집약적이며, 내담자가 개방하고 싶은 만큼 개방할 수 있기 때문에 안정성이 높다는 장점이 있다. 도입 또한 간편하여 특별한 기술적 능력이 없어도 간단하게 유아에서 노인에 이르기까지 실시할 수 있다. 나아가 자신의 관심과 흥미를 분명하게 해 주며, 자신의 심상을 발견하거나 개발할 수 있게 해 준다.

콜라주 기법은 직감이나 감각 등의 비합리적 기능을 이용한 현대적인 치료 기법이기 때문에 자신을 개방시킬 수가 있고, 이상과 현실의 차이를 이해하는 데 유용하다. 때문에 마음의 건강이나 인간적인 이해 등과 관련하여 자기성장을 위한 상담, 사회적 기술의 발달, 사회성 향상을 목적으로 하는 자기계발 프로그램 등에 사용되고 있다. 뿐만 아니라 최근에는 콜라주의 다양한 효과성으로 인해 심리치료뿐만 아니라 사법 영역, 재활치료 장면 등에서 많이 활용되고 있어 새로운 치료적 활용의 가능성이 시사되고 있다.

2) 콜라주 기법의 특징

콜라주 작품은 내담자의 관심과 흥미를 분명하게 해 주며 내담자는 사진이나 그림만을 이용해서도 자신의 감정을 쉽게 나타낼 수 있다. 잡지에 있는 기존의 이미지를 이용하여 잘라 붙이는 것이 곧 자기표현으로, 작품을 만드는 과정은 내담자에게 심리적 퇴행과 카타르시스를 줄 수 있다. 뿐만 아니라 방어기제가 적기 때문에 언어로 표현할 수 없는 부적절한 감정이나 욕구불만 등의 내적 욕구를 자연스럽게 표현하게 한다. 이러한 표현을 통해 내담자는 자기인식과 더불어 스스로의 모습을 통찰하게 되어 현재 자신의 갈등 상황이나 원인을 알아차릴 수 있다. 만약 불균형의 경우에는 자기치유력이 작용하여 다음 회기에 특정한 변화가 일어날 수도 있다. 즉, 콜라주 표현으로부터 자신의 내면을 통찰함으로써 자기치유력이 생긴다고 할 수 있다.

미술치료나 타 심리치료와 다른 콜라주 기법의 장점은 〈표 6-1〉과 같다.

〈표 6-1〉 콜라주 기법의 장점

대상	• 자기표현이 어려운 경우 • 그림 그리기를 힘들어하는 경우 • 방어가 심한 경우
사용 매체	• 도화지, 풀, 가위만 있으면 어디서나 실시할 수 있어 간편하다.
작품 구성	• 내담자의 방어를 줄이고 정보를 얻는 데 도움이 된다. • 상담사와 의사소통하는 것을 도와 깊은 신뢰감을 형성할 수 있게 한다. • 정해진 방법이 없어 표현의 자유를 보장한다. • 작품을 제작하고 설명하는 과정 그 자체에 중요성을 둔다. • 완성된 작품은 장기간 보존 가능하다. • 작품에 나타난 형태나 내용 등을 분석하여 내담자를 치료할 수 있다.
특징	• 언어표현보다 정확하고 구체적이며 집약적이다. • 감정표현이 어려운 사람에게 편안한 심리 상태를 유지할 수 있게 해 준다. • 상징표현을 취할 수 있고 다양하게 해석할 수 있다. • 무의식의 만족감을 준다.

특징	• 내담자가 선호하는 잡지를 가지고 할 경우에는 그 사람의 내적 세계를 표출하기가 더 쉽다. • 그림을 그리는 것에 저항이 있는 사람이라도 도입이 쉽다. • 실시가 간단하고 연령층의 적용범위가 폭넓다(유아에서 노인까지, 지적장애, 조현증, 성인 남성이라도 저항이 적다). • 표현방법에 따라 내담자의 성격과 감성, 병리성과 증상을 파악할 수 있고 지적인 작업으로도 사용이 가능하다. • 내담자와 상담사의 친밀감 형성이 쉽다. • 모자상호법에 의한 모자간의 의사소통 개선이 가능하다. • 상담사와 어머니와 내담자의 삼자 간 친밀감 형성 및 의사소통이 쉽다. • 어떤 심리학파라도 가능하다.

3) 콜라주 기법의 역사

(1) 평가기법으로서의 콜라주

콜라주는 20세기 초에 생겨난 미술 표현 방법이지만 그 기원은 오래되었다. 미술 표현에서 잡지, 합판, 천 등의 평면재를 도입하기 시작한 것은 초현실파의 Ernst와 입체파의 Picasso였다. 1960년대에 유행한 팝아트 역시 기존의 대중매체를 이용하여 짜 맞추는 몽타주나 콜라주 기법을 사용하여 회화의 예술성으로 작품을 만들었다. 미술사적으로 갖는 의미는 미술이 물체와의 만남을 가짐으로써 우리가 흔하게 사용하고 있는 물건들이 예술품으로 간주될 수 있는 예술의 대중화를 이끌게 되었다는 것이다(靑木智子, 2005).

오늘날 미술치료 기법으로 활용되고 있는 잡지그림 콜라주 기법은 1972년 Burk과 Provancher가 평가기법으로서의 미국 작업치료지에 평가기법으로 개재된 것이 최초다. 정신병원의 신규환자 500명을 대상으로 1968년부터 정신분석적 견지에서 인격의 역동적 구조에 작용하고 있는 증상을 평가하기 위해 실시하였다. 그 결과, 콜라주 작업으로부터 얻은 결론은 환자의 진료기록 카드에 기재되어 있는 진단이나 임상 소견과 일치하여 의의가 있는 것으로 나타났다. 또한 콜라주의 내용이 때로 무의식적 갈등을 드러내고 있어 평가

기법으로서의 유효성이 강조되었다.

이후 Lerner와 Ross(1977)는 임상적이지 않은 실증적 방식으로 콜라주를 연구하였다. 그들은 잡지그림 콜라주를 임상 및 연구 측면에서 적용하고 정신과 환자를 대상으로 연구하였다. 그들은 정신과 작업치료 교재인 『정신계 작업치료의 평가 과정: 실천기법과 개발원리』에 '잡지그림 콜라주'라는 제목으로 계통적인 연구 성과(1977; 1979)를 게재하여 콜라주를 평가기법의 하나로서 작업치료 분야에 널리 알렸다. 여기서 12명의 정신과 입원 환자와 12명의 병원 직원의 콜라주 작품을 비교한 결과, 임상군은 자른 조각 수가 적고 인물보다 동물 조각이 많았다. 또한 전체적으로 불균형하고 중심주제가 없으며, 손으로 찢은 것이 많다는 등의 결과를 보고했다. 1982년에는 콜라주 기법이 주로 조현증 환자 등의 미술활동으로서 활용되어 왔음을 알 수 있다.

앞서와 같이 미국에서는 심리적 원조에 따른 콜라주 연구가 시작되었지만 일본은 다소 다른 흐름으로 현재의 콜라주 기법이 자리하고 있다. 일본은 杉浦京子(스기우라 쿄코, 1994)에 의해 치료기법으로서 콜라주 기법이 연구 · 개발되어 활용되어 오고 있다. 이것은 주로 개인을 대상으로 한 심리치료로서 진단, 치료의 두 가지 측면에서 파악할 수 있고, 시계열적인 작성도 중시한다. 1988년 전후에 森谷寬之(모리타니 히로유키)와 杉浦京子는 모래놀이치료를 모체로 하여 상담 및 심리치료에서 콜라주 기법을 하나의 기법으로 사용하였다. 모래놀이치료는 Lowenfeld가 1949년에 개발한 세계기법에 Kalff가 1966년 Jung의 이론을 도입하면서 개발한 것이다. 河合集雄(가와이 하야오)는 이를 토대로 일본에 모래놀이치료를 도입하여 널리 보급하였다. 이후 모래놀이치료는 임상 실천과 기초 연구를 거쳐 완성되었고, 1980년대 모래놀이치료의 평면적 활용이라고 하는 발상으로부터 개발된 것이 콜라주 기법이다. 콜라주 미술치료는 '운반할 수 있는 모래상자' '모래상자의 보급판'이라고 불린다. 콜라주 미술치료는 모래놀이치료보다 간단하게 작품을 구성할 수 있고 장소 제한이 없으며, 재료비가 들지 않아 경제적이다. 작품의 보존 또한 쉽기 때문에 나중에 내담자가 자신을 이해하는 데 도움이 된다는 점에서 주목받게 되었다.

이후 1987년 일본의 森谷寬之가 미술치료 기법을 심리치료에 도입하였고, 杉浦京子(1994)가 치료기법으로서 연구 · 개발하였다. 1920년경 초현실주의 자들에 의해 미술 표현에서 하나의 스타일로 확립된 콜라주 기법은 그 후 미국 작업치료의 재활 장면에서 치료(Buck & Provancher, 1972)나 평가기법(Lerner, 1982)으로 이용되었다. 일본에서 콜라주 기법은 1990년 전후를 기점으로 모래놀이치료를 모체로 하여 상담 및 심리치료에서 하나의 기법으로 사용되었다.

(2) 일본의 콜라주 연구

일본에서 콜라주 기법은 1987년 森谷寬之에 의해 소개되었다. 운반할 수 있는 모래놀이치료 상자, 미니모래놀이치료의 발상을 콜라주 상자법으로 개인 심리치료에 도입한 것이다. 이를 최초로 다양한 장면에서 도입하여 약 30년이 경과하였다. 이후 1988년 杉浦京子는 개인 심리치료로 잡지그림 콜라주법을 도입했으며, 1989년 일본예술치료학회에서 森谷寬之가 '심리치료에서의 콜라주의 활용', 杉浦京子와 入江茂(이리에 시게루)가 '콜라주 심리치료의 시도'를 주제로 한 연구를 동시에 발표하였다. 이 두 가지 연구 발표 이후 연구회가 발족됐으며, 단행본이 출간되면서 콜라주 심리치료가 급속히 발전하게 되었다. 초기의 많은 연구는 심리 임상 장면의 사례연구가 중심이 되어 실시자의 임상적인 경험이 주관적으로 논해졌다.

기초 · 조사 연구와 사례연구를 중심으로 연구 동향을 살펴보면, 靑木智子(아오키 토모코, 2000)의 연구를 근거로 한 형식 · 내용 분석에 관한 연구, 콜라주 제작 활동 · 과정에 관한 연구, 치료적 의의에 관한 연구, 콜라주 작품의 해석 · 진단 · 평가에 관한 연구 등으로 구분해 볼 수 있다.

형식 · 내용 분석에 관한 연구로, 杉浦京子(1992; 1993)는 유아부터 고령자까지 각 대상에 따른 콜라주의 표현 특징의 형식 · 내용 표현을 발달적 관점에서 검토하였다. 杉浦京子(1994)는 콜라주 작품의 형식적 특징과 내용적 특징을 작성자의 연대별로 상세하게 제시하였다. 그녀는 사례의 표현 특징을 파악하기 위하여 일반인의 특징을 아는 것이 중요하다는 점에 착안하여 일반 초등학생이 콜라주의 형식과 내용 면에서 반응 특성에 공통점과 차이점을 나타냈다고 보고하였다.

　나아가 콜라주 기법은 개인 및 집단치료에도 적용해 오고 있다. 개인치료에 대해서는 등교거부·학교부적응, 섭식장애, 우울증, 신경증, 조현증, 범죄, 비행 등 다양한 증상을 보이는 대상에게 적용하여 그 효과성을 검증한 연구가 활발히 보고되었다. 그리고 집단치료에 대해서는 콜라주 체험 수업을 실시한 학급과 일반적인 수업을 실시한 학급의 차이를 보고하여, 콜라주 체험 수업을 실시한 학급에서 자기긍정도가 높고 상태불안점수가 낮아진 연구(荻野正廣, 1999)가 보고되었다. 또한 콜라주가 자기계발에도 큰 영향을 주는데 주목하여 POMS(기분상태검사), 나무그림검사 등의 검사와 함께 집단을 대상으로 콜라주를 실시함으로써 그 효과성을 검증한 연구도 있다. 이 밖에 집단집단법과 집단개별법의 두 제작기법이 작성자에게 어떠한 기분변용을 가져오는지에 관한 연구와 집단개별법의 경우 콜라주 작성과 작성 후 이야기를 나눈 것 중 어느 쪽이 치료적 의의가 있었는지를 살펴본 연구도 있다(靑木智子, 2001). 이처럼 집단을 대상으로 한 다양한 연구가 지속적으로 보고되고 있다.

　또한 아동·청소년의 정서안정 및 학교적응력 향상을 목적으로 한 사례연구도 다수 보고되고 있다. 가족 콜라주가 상호작용에 불안장애가 있는 13세의 등교거부 여중생에게 효과적이었다는 사례연구와 두통이 심한 13세의 등교거부 학생에게 효과적이었다는 사례연구도 있다. 佐藤仁美(사토 히토미, 1994)는 복통으로 소아과 진찰을 받은 후 그다음 달부터 학교 가는 것이 힘들게 되었다는 초등학교 4학년 학생의 등교거부 사례를 보고하면서 동시제작법을 통한 콜라주 작업의 의의를 검토하였다. 식욕부진증이 있는 중학교 1학년 사춘기 여학생의 경우 9분할 통합회화법과 콜라주 미술치료를 병행하여 실시한 연구(森谷寬之, 1990)도 있다. 이와 같은 연구 결과들은 콜라주 작품을 통해 내담자가 스스로 회복해 나가는 모습을 반영하였다. 이는 콜라주 작업이 내담자의 심리 상태를 안정시키는 데 큰 도움을 주었으며, 증상 완화에 기여하였다는 사실을 반영하고 있다.

아동 · 청소년의 진로탐색을 위해선 심리적인 안정과 원만한 학교적응력이 우선시되어야 한다. 이와 같은 정서안정과 학교적응력 향상을 위한 다수의 연구는 진로탐색을 위한 밑거름을 제공한다. 이 외에도 현재 일본에서는 다양한 영역에서 콜라주에 관한 연구가 활발하게 진행되고 있다. 1987년 杉浦京子가 심리치료에 콜라주를 도입한 것을 시작으로 연구논문만 200편이 넘는 것으로 보고되고 있다. 이후에도 임상현장에서 조현증 환자를 대상으로 한 콜라주 반응 특성 연구, 콜라주 과정 연구, 상담 과정에서의 콜라주 활용에 관한 연구, 콜라주 표현활동을 통한 고독감의 내적 체험 변화 연구 등 많은 연구에서 콜라주 기법의 효과를 보고하고 있다(青木智子, 2011).

이처럼 오늘날 콜라주 기법은 다양한 분야에서 연구 · 개발되면서, 최근 들어 아동 · 청소년 진로상담에도 적용한 효과를 보고함으로써 새로운 치료적 활용의 가능성을 시사하고 있다.

(3) 한국의 콜라주 연구

국내 콜라주 관련 연구를 개관해 보면, 2007년 이전까지는 순수 회화 장르뿐만 아니라 건축 및 디자인, 미술교육, 미술치료 전 분야에 걸쳐 콜라주 기법과 관련된 주제를 다루었다. 그중 대부분이 미술의 회화 장르와 관련된 연구였으며, 최근에는 콜라주 기법을 미술교육 및 미술치료 분야에 적용하는 연구가 많이 확대되고 있다. 즉, 일반아동과 청소년의 미술교육 및 창의성 발달을 위해 콜라주 기법을 적용한 논문, 장애아동과 청소년을 대상으로 미술교육 뿐만 아니라 문제 특성을 감소시킬 수 있는 미술치료의 방법으로 콜라주 기법을 적용한 논문 등이다. 콜라주 기법을 적용한 사례연구와 기초연구를 구체적으로 살펴보면 다음과 같다.

2007년에 접어들면서 이근매(2007)는 잡지그림 콜라주 기법의 유효성을 소개함과 아울러 미술의 콜라주와 혼동되는 점을 들어 杉浦京子가 개발한 콜라주 기법을 콜라주 미술치료로 구별하여 보고하였다. 이후 성인을 대상으로 한 임상 사례연구(공정이, 권선진, 이근매, 2008; 유옥현, 2008; 정진숙, 이근매, 2010; 홍은미, 이근매, 2010)를 필두로 콜라주 기법을 적용한 많은 연구가 개발 · 발전되고 있다. 그 외 성인을 대상으로 한 연구를 살펴보면, 콜라주 집단미술치료가 성인 우울 감소에 미치는 효과를 살펴본 연구(김순복, 2009; 이화성, 이근매, 2013), 어머니의 양육스트레스 감소에 효과성을 나타낸 연구(박은영, 2013; 변미옥, 2013; 윤나래, 2013), 근로자의 직무스트레스 감소를 보고한 연구(안원주, 2010)가 있다. 최근에는 콜라주 프로그램이 결혼이주여성의 문화적응스트레스 감소에 효과적임을 입증하고 콜라주 기법의 다문화 상담 및 심리치료현장에서의 활용 가능성을 시사한 연구(양윤정, 이근매, 2013)도 보고되고 있다. 또한 콜라주 집단미술치료 프로그램이 유아기 어머니의 자아탄력성 회복에 효과적인 영향을 미쳤다는 연구(이정원, 2013)도 있다. 이처럼 성인을 대상으로 한 다양한 연구가 활발하게 진행되면서 콜라주 기법의 효과성이 검증되고 있다. 나아가 청소년을 대상으로 한 연구도 지속적으로 소개되고 있다. 콜라주 미술치료가 청소년 미혼모의 자기효능감을 증진시킨 사례연구(김도연, 2012)와 지적장애 청소년의 문제행동 감소에 도움을 준 사례연구(민가진, 2010), 대안학교 청소년을 대상으로 자아존중감을 향상시킨 사례연구(김미애, 이근매, 2012) 역시 석사학위논문을 통하여 보고되었다. 또한 학교부적응 청소년을 대상으로 콜라주 미술치료를 실시한 결과, 책임감과 자주성이 향상되어 사회성에 긍정적인 효과를 미쳤다는 연구(김민경, 이근매, 2013)도 있으며, 콜라주 미술치료가 청소년의 스트레스 이완 및 저항력을 생성시키는 데 도움을 준다는 연구 결과도 있다(설미정, 이근매, 2011). 이는 콜라주 제작과정을 통하여 심리적인 퇴행과 카타르시스를 경험할 수 있으며, 작품에서 스스로 자신의 모습을 통찰하는 과정이 효과적으로 적용될 수 있다는 것을 논의하고 있다.

나아가서 대학생을 대상으로 콜라주 미술치료를 실시한 결과, 자기이해 및 자기수용을 할 수 있는 기회를 제공하여 자아효능감의 하위 영역인 자신감, 자기조절 효능감, 과제난이도에서 긍정적인 변화를 나타낸다는 연구도 보고되었다(이은형, 이근매, 문종수, 2013). 또한 콜라주 집단미술치료가 대학생의 자아정체감 향상과 자아정체감 하위 요인인 주체성, 자기수용성, 미래확신성 등에 미치는 효과를 보고하여 대학생에게 콜라주 기법의 효과적인 적용 가능성을 시사한 연구(김현숙, 2012)도 있다.

이와 같이 성인 및 청소년을 대상으로 한 다양한 사례연구가 콜라주 기법의 효과성을 검증하고, 치료현장에서 그것의 활용 가능성을 시사하고 있다.

이러한 활발한 연구를 통해 이근매와 靑木智子(2010)가 국내에 처음으로 『콜라주 미술치료』라는 전문서적을 발간함으로써 콜라주의 유용성을 알리고, 콜라주 기법이 한국에 정착할 수 있는 기틀을 다졌다. 더불어 콜라주 기법이 심리치료의 한 영역으로서 자리매김할 수 있는 기반 역시 제공하였다.

기초
연구

2008년부터 국내에 소개된 다양한 기초연구를 통해 콜라주 기법이 활발하게 연구·개발되었다. 구체적인 기초연구를 살펴보면, 홍순이(2008)는 초등학교 고학년을 대상으로 아동의 성격 유형에 따른 콜라주 반응 특성의 상관연구를 실시하였다. 그 결과, 아동의 기질적 성격 유형에 따라 콜라주의 형식과 내용이 달리 표현된다고 지적하였다. 학교부적응 아동 및 청소년의 콜라주 작품의 차이를 분석한 연구(박정희, 이근매, 2012; 유연욱, 2009)에서는 학교부적응 학생과 일반학생의 콜라주 작품의 형식 및 내용 측면에서 그 차이를 나타내었다. 이를 통해 콜라주는 학교부적응을 진단하고 변별하는 데 그 유용성을 입증하는 것과 동시에 학교부적응을 사전에 진단하여 예방할 수 있는 보조적 도구로서의 가능성을 시사했다. 청소년의 학교폭력 가해척도에 따른 콜라주 특성을 비교한 이수나(2013)의 연구에 따르면, 학교폭력 가해척도가 높은 집단이 적은 조각 수의 사진을 붙였으며, 특정 부분에 공백이 많은 것으로 나타났다. 종이 사용의 경우 학교폭력 가해척도가 높은 집단이 세로 방향을 선호했으며, 사물과 인간을 많이 붙이는 것으로 나타났다. 이는 콜라주가 학교폭력 가해행동이 높은 청소년과 가해행동이 낮은 청소년을 선별하는 보조도구로서 활용 가능성이 있음을 시사한다. 이러한 학교부적응 및 학교폭력 가해척도에 따른 콜라주 작품의 서로 다른 특징들은 콜라주 기법의 상담 및 교육 등 여러 분야에서의 다양한 활용 가능성을 보고한다.

나아가서 이근매(2009)는 초등학생 587명을 대상으로 콜라주를 실시한 후 공간구성, 사진 사용 방식, 조화성의 세 가지 영역에서 12개의 형식 분석 각 항목을 표시하여 학년별 표현 특성을 제시하였다. 중·고등학생 819명을 대상으로 콜라주를 실시한 연구(이근매, 2011)에서는 형식 분석과 내용 분석의 23개 항목을 체크하여 학년에 따라 콜라주 표현 특성을 빈도 분석한 후 제시하였다. 이와 같은 연구들은 학년별 표현 특성을 체계화함으로써 아동의 심리진단 평가에 나타날 수 있는 오류를 막을 수 있음을 시사하였다.

이와 같이 콜라주 기법은 최근 성인뿐만 아니라 아동 및 청소년을 대상으로 한 연구가 활발하게 진행되고 있다. 연구 결과, 청소년의 자기탐색과 자기이해 등에 긍정적인 효과를 미친다는 점을 토대로 콜라주 기법이 청소년의 진로상담에도 효과성을 발휘할 것으로 예견된다.

제7장

콜라주 기법의
제작 방법 및 유형

"일의 성과를 높이고자 할 때
함께 일하는 사람들의 협력은 필수적이다.
그것을 위해 인간관계 형성에 차분하게 시간을 들인다고 해도
업무 속도는 결코 떨어지지 않는다."

– 사이토 시게타 –

치료를 위해 콜라주 작업을 할 때는 치료실 환경과 시간 구성, 콜라주 기법의 제작 방법과 유형을 대상에 따라 활용할 수 있어야 효과를 거둘 수 있다. 이 장에서는 먼저 콜라주 작업 시 필요한 준비물 및 환경과 목적이나 대상에 부합하는 다양한 제작 방법을 구체적으로 살펴보고자 한다. 아울러 개별법, 동시제작법, 가족콜라주법, 집단개별법과 집단집단법 등 콜라주 기법의 유형과 실시 방법에 대해서 구체적으로 설명함으로써 상담사가 그것을 쉽게 활용할 수 있도록 도움을 주고자 한다.

■ 콜라주 기법의 제작 방법

1) 준비 사항

(1) 준비물

잡지의 종류는 인테리어 잡지, 스포츠 잡지, 연예 잡지, 패션 잡지 등 매우 다양하다. 콜라주 작업을 할 때는 무엇보다도 대상의 특성과 목적에 맞는 잡지를 선정하는 것에 주의를 기울여야 한다.

콜라주 기법은 잡지를 뒤적이면서 자신의 이미지에 맞는 것을 자유로운 형태로 자르거나 찢어 적절하게 배치해 붙이는 방법이다. 이러한 콜라주 작업을 할 때는 내담자에게 적절한 잡지, 콜라주 상자, 가위, 풀, 4절 또는 8절 도화지, 사인펜, 기타 채색도구 등을 준비한다. 그리고 내담자에게 "잡지에서 마음에 드는 것을 오려서 도화지에 붙여 주세요. 가위로 오려도 되고 손으로 찢어도 됩니다."라고 지시한다. 주제가 있을 경우에는 주제를 제시한다.

아동이나 청소년의 경우 잡지 내용을 읽지 않도록 주의시키고 작업에 집중하도록 촉구한다. 집단 또는 반별로 시행하는 경우, 작업에 방해가 될 정도로 장난을 치거나 큰 목소리로 이야기하는 집단원에게는 개인적으로 주의를 주

〈표 7-1〉 잡지의 종류

잡지의 종류	
자연물	여행 잡지, 식물 · 나무 잡지, 우주 · 과학 잡지, 날씨 · 기후 잡지 등
인공물	인테리어 잡지, 가구 · 소품 잡지, 음악 잡지, 의류 잡지, 주택 · 건축 잡지 등
인간	남성 잡지, 여성 잡지, 연예인 잡지, 스포츠 잡지, 패션 잡지, 웨딩 잡지 등
동물	곤충 잡지, 공룡 잡지, 바다생물 잡지 등
기타	시사 잡지, 문화 잡지, 음식 · 요리 잡지, 영화 잡지 등

어 작업에 집중할 수 있게 한다. 작품이 완성된 이후에는 자리를 정리한 다음, 집단원들이 적극적으로 자신을 표출할 수 있도록 공감, 수용, 긍정적인 피드백을 하여 편안한 분위기를 유도한다.

(2) 환경

콜라주 심리치료의 환경은 미술치료의 환경과 동일하다(이근매, 2008). 치료실의 크기와 공간을 포함한 환경 설정은 매우 중요하며, 치료실은 내담자에게 특별한 공간이어야 한다. 그곳은 자유로운 치유 공간으로서, 다른 장소와 환경에서는 행하지 않은 일들을 편안하게 표현할 수 있는 가능한 한 안전하고 편안한 공간이어야 한다.

치료실 크기를 규정하는 것은 어려움이 있으나 개인치료실, 집단치료실, 가족치료실 등 유형에 따라 접근이 달라질 수 있다. 이러한 점을 고려하여 적당히 넓은 공간, 충분한 채광, 콜라주 매체와 도구 등을 잘 갖추고, 적절한 조명과 적당한 온도, 쾌적한 환경을 갖춘 곳으로 선정해야 한다. 또한 설비에는 일관성이 있어야 하고 매체도 잘 정돈되어 지정된 장소에 보관되어 있어야 하는데, 이러한 치료실 환경은 내담자에게 안정감을 갖게 하는 중요한 요소가 된다. 물론 조용하고 비밀을 유지할 수 있는 공간이 바람직하며, 내담자의 상황에 따라 가정을 방문해서 실시할 수도 있다. 내담자가 편안하다고 느끼는 공간이면 어디든 가능하다.

〈표 7-2〉 개별 및 집단 콜라주 실시 절차

절차	개별 콜라주 시간(50분)	집단 콜라주 시간(90분)	활동 내용
도입	5분	10분	상담사와 내담자(집단원)가 서로 인사와 이야기를 나누며 정서적 안정감을 도모한다. 활동에 대한 동기부여 및 흥미유발을 하여 자연스럽게 참여할 수 있도록 한다.
활동	30분	60분	상담사는 그 회기의 활동 주제와 방법을 소개하고, 내담자가 자유롭게 자신을 표현하고 적극적으로 참여할 수 있도록 공감, 수용, 정서적 지지를 해 준다.
소감 나누기	10분	15분	작품 완성 후 작품의 내용과 작업 과정 중 가졌던 느낌 등을 교류하며, 내담자의 표현을 있는 그대로 수용한다. 집단일 경우, 서로 작품을 통해 타인을 이해하고 집단원 간에 칭찬과 긍정적인 말로 지지해 준다.
정리정돈 및 마무리	5분	5분	다음 회기에 대한 안내 및 주변 정리를 한다. 상담사와 내담자가 서로 인사한다.

콜라주 작업의 시간 구성은 치료 목표나 대상, 방법에 따라서 다양하게 결정된다. 치료의 기간과 빈도, 활동 내용, 치료 종결 등을 시간 계획에 포함할수 있는데, 이것은 내담자의 상태나 상황에 따라 달라질 수 있으나 대체로 한주에 1~2회 정도로 이루어진다. 개인으로 작업할 경우 작업 시간은 약 50분,집단일 경우 약 90분으로 구성한다. 개별 및 집단 콜라주 작업의 구체적인 실시 절차는 다음과 같다.

2) 제작 방법

콜라주 기법은 제작 방법에 따라 잡지그림 콜라주, 콜라주 상자법, 원형 콜라주, 엽서 콜라주, 화답 콜라주, 집단화답 콜라주 등이 있다.

(1) 잡지그림 콜라주

잡지그림 콜라주는 작품 그 자체가 내면을 표현하고, 붙여진 것의 상징적인 의미를 맛보게 하는 것이 치료와 연결된다. 내담자의 콜라주 작품은 내담자가 상담사와 의사소통하는 것을 도와 그들이 신뢰감을 형성하게 만들기도 하며, 내담자가 자신의 갈등 상황을 알아차릴 수 있도록 하기도 한다. 더불어 언어표현보다 정확하고 집약적이며, 매체의 사용이 간편하여 잡지, 종이, 풀, 가위만 있으면 어디서든지 실시할 수 있는 장점을 지닌다. 또한 도입이 간편하여 특별한 기술적 능력이 없어도 간단하게 유아에서 노인에 이르기까지 표현할 수 있다.

[그림 7-1] 잡지그림 콜라주를 제작하는 과정

• 준비물: 4절 또는 8절 도화지, 연필, 가위, 다양한 잡지 및 사진, 사인펜 등의 채색도구 등

• 실시 방법
① 상담사가 내담자에게 콜라주를 해 보자고 말한 후 준비한 재료를 주고 자신의 마음에 드는 사진이나 그림을 자유롭게 잘라 도화지 위에 붙이도록 한다. 주제가 있을 경우 주제를 제시한다.
② 자른 사진이나 그림을 내담자가 원하는 위치에 자유롭게 배치하여 붙이도록 한다.
③ 내담자가 작품을 완성하면 제목을 붙이도록 하고 느낀 점을 이야기하게 한다.

• 유의점
- 내담자에 따라 자르는 방법은 가위를 이용하여 자르거나 손으로 찢을 수 있으므로 연령 혹은 특성을 고려하여 실시하도록 한다.
- 내담자가 제목이 생각나지 않는다거나 제목이 없다고 말할 경우 그대로 수용하며, 상담사는 작품에 대한 해석을 하지 않도록 주의한다.

우울 청소년의 잡지그림 콜라주(중3, 여)
- 좋아하는 사진을 붙이니 마음이 편안해져요 -

[그림 7-2] 주제: 내가 좋아하는 것(유럽)

동방신기 연예인 사진은 멋있어 보여 붙였고, 흑백사진의 남자는 편안해 보여서 붙였다. 가운데 송편은 지금 배가 고파서 그런지 맛있어 보여 먹고 싶었고, 그 옆에 고기 사진은 제일 좋아하는 것인데 최근 치아 교정을 시작해서 자주 먹지 못하고 있어 많이 먹고 싶어서 붙였다.

멋있는 연예인 사진과 맛있는 음식 사진을 붙일 때 기분이 좋아졌고, 편안해 보이는 남자 사진이 가장 마음에 들었으며 편안해 보이는 것이 너무 부럽고, 나도 편안해지고 싶다는 생각을 했다.

(2) 콜라주 상자법

콜라주 상자법은 다양한 종류의 사진이 잘라져 있는 것으로 잡지그림 콜라주에 비해 쉽고 간편하게 사용할 수 있다. 자살의 위험성으로 가위를 사용할 수 없는 경우, 운동기능의 문제로 가위를 사용할 수 없는 경우, 거동이 불편한 내담자의 베드사이드(bedside)나 방문지에서 실시하는 경우, 잡지를 반입하기 어려운 경우 등에 주로 사용된다. 치매 노인의 경우에는 붙이는 과정에서 착각을 일으키지 않도록 단면만 복사하여 사용하기도 한다. 대(大)콜라주 상자법의 경우에는 콜라주 상자법을 대규모로 제작한 것으로서, 정신병 영역의 내담자를 대상으로 실시한다. 모래놀이치료나 풍경구성법의 상징을 참고하여 그림 혹은 사진 조각 1,000장 정도를 준비하여 실시하는 방법이다.

[그림 7-3] 콜라주 상자법을 제작하는 과정

- 준비물: 4절 또는 8절 도화지, 연필, 가위, 콜라주 상자, 사인펜 등의 색채도구 등

- 실시 방법
  ① 콜라주 상자 안에 있는 다양한 사진이나 그림 조각 중 마음에 드는 것을 선택하도록 한다.
  ② 도화지 위에 조각을 그대로 붙이거나 원하는 부분을 잘라 붙인다.
  ③ 내담자가 작품을 완성하면 제목을 붙이도록 하고 느낀 점을 이야기하게 한다.

등교거부 청소년의 콜라주 상자(중3, 여)
- 멋진 대학 생활을 꿈꾸다 -

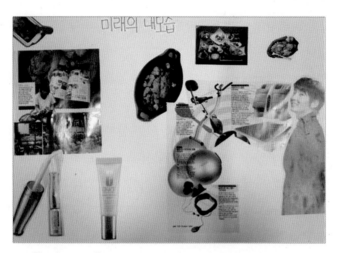

[그림 7-4] 주제: 내가 원하는 직업(미래의 내 모습)

　대학생이 되면 남자친구가 생겼으면 하는 바람으로 미래에 남자친구가 나를 보면서 웃는 모습을 상상하며 사진을 붙였고, 운동기구는 날씬해지기 위해 꼭 필요한 것이다. 하단에 화장품은 화장을 해 보고 싶어서 붙였고, 책 보는 모습은 평소에도 책 읽는 것을 좋아하는데 요즘은 많이 읽지 못해서 아쉬운 마음에 나중에 대학생이 되면 카페에 앉아 여유롭게 독서를 하고 싶어 붙였다. 그리고 음식 사진은 맛있어 보여 붙였는데 미래의 남자친구와 데이트하며 먹고 싶다는 생각을 했다.

　미래에 하고 싶은 것들을 붙이면서 기분이 좋아졌고, 빨리 대학생이 되어 멋진 대학생활도 하고 싶다는 생각을 했다.

(3) 원형 콜라주

미국의 미술상담사인 Capacchione(1996)는 현실생활을 반영하는 원형 콜라주를 고안하였다. 만다라 콜라주라고도 하며, 종이에 원을 그리거나 종이를 원형으로 잘라서 원형 안에 콜라주를 실시하는 방법이다. 원형은 중심성이 있으며, 원형 콜라주는 현실생활을 통찰할 수 있어 앞으로의 생활에 지침이 될 수 있다. 佐藤靜(사토 히토미, 2004)가 고안한 집단 원형 콜라주(靑木智子, 2008 재인용)는 집단원들이 함께 작성하는 것으로, 상하좌우가 없기 때문에 어느 방향에서든 작성하고 감상할 수 있다.

원형 콜라주는 개인 또는 집단을 대상으로 실시할 수 있으며, 콜라주 작업을 실시하기 전에 명상을 하거나 자신의 사진을 가운데 붙이고 실시할 수도 있다. 여기에는 도화지에 원형을 그려서 실시하는 방법 혹은 도화지를 원형으로 잘라서 실시하는 방법이 있다. 이것은 사각형의 도화지에 실시하는 것보다 의식성을 표현하기에 더 적합하다.

개인 원형 콜라주를 제작하는 과정   집단 원형 콜라주를 제작하는 과정

[그림 7-5] 원형 콜라주를 제작하는 과정

(1) 개인 원형 콜라주
• 준비물: 4절 도화지, 연필, 가위, 다양한 잡지 및 사진, 콜라주 상자, 사인펜 등
  의 색채도구 등

• 실시 방법
  ① 상담사는 도화지에 원을 그려 그대로 주거나 원을 오려서 내담자에게 준다.
  ② 원 안에 콜라주를 실시한다.
  ③ 완성되면 작품에 제목을 붙인 후 작품에 대해 느낀 점을 이야기 나눈다.
  * 용지 중앙에 자신의 사진을 붙이고 그 주변을 꾸밀 수도 있다.

(2) 집단 원형 콜라주
• 준비물: 전지, 연필, 가위, 다양한 잡지 및 사진, 콜라주 상자, 사인펜 등의 색채
  도구 등

• 실시 방법
  ① 상담사는 전지에 원을 그린 후 그대로 주거나 원으로 오려서 집단원들에게
    준다(집단원이 직접 할 수도 있다).
  ② 원 안에 집단원들이 함께 콜라주를 실시한다.
  ③ 완성되면 집단원이 작품에 제목을 붙인 후 작품에 대해 느낀 점을 이야기
    나눈다.
  * 용지 중앙에 집단원을 상징하는 사진 조각을 붙이고 그 주변을 꾸밀 수도
    있다.

[그림 7-6] 주제: 미래의 내 모습(LOVE)

미래에 갖고 싶은 사진을 찾았고, 이것은 성인이 되면 꾸미고 다니고 싶은 것들이
다. 큰 시계는 색상이 예쁘고 비싸 보여 가장 마음에 들고, 가방 사진은 예쁘기도 하
지만 내가 찾은 것들을 넣고 다니고도 싶어서 붙였다.

갖고 싶은 것들을 찾으며 기분이 좋아졌고, 학교생활을 잘하여 졸업해서 이런 멋
진 것을 하고 다닐 날이 왔으면 좋겠다.

학교부적응 청소년의 집단 원형 콜라주(중2, 남)
– 나는 요리사가 되고 싶어요 –

[그림 7-7] 주제: 꿈(꿈)

A는 요리사가 되어 맛있는 음식을 사람들에게 해 주는 모습을 붙였고, B는 디자이너 겸 모델이 되어 자신이 만든 옷을 입고 화보를 찍는 모습을 붙였다. C는 유명한 작가가 되어 다른 유명인들을 만나 즐거운 날들을 보내는 모습을 붙였으며, D는 돈을 많이 벌어 부자가 되어 가난한 사람도 도와주고 새로운 사업을 구상하는 모습을 붙였다.

미래의 모습을 실제 사진으로 붙여 작품을 만들어 보니 꼭 꿈이 이루어진 것 같은 기분이 들고, 이젠 학교를 잘 다니고 공부도 열심히 하고 싶다.

(4) 엽서 콜라주

엽서 콜라주는 엽서 크기의 도화지에 제시된 주제를 표현하는 기법이며, 개인 엽서 콜라주와 엽서 콜라주를 보고 답을 해 주는 화답 콜라주가 있다. 엽서 콜라주는 실시 시간이 짧고, 연작이 가능하며 주제를 정하는 것이 자유롭다. 또한 의식적인 작업이 용이하고 메시지 전달력이 강하다. 때문에 자기 소개를 위한 엽서 콜라주나 편지와 같은 메시지를 전달하는 엽서 콜라주는 교육 분야에서 활용이 가능하며, 자기계발이나 타인에 대한 이해에 도움이 된다.

[그림 7-8] 엽서 콜라주를 제작하는 과정

• 준비물: 엽서 크기의 도화지, 가위, 풀, 잡지, 콜라주 상자, 사인펜 등의 채색도구 등

• 실시 방법
① 내담자에게 주제를 제시하여 시작을 알린다.
② 엽서 크기의 도화지에 콜라주를 작성한다.
③ 완성되면 작품에 제목을 붙인 후 느낀 점을 이야기 나눈다.

학교폭력 가해 청소년의 엽서 콜라주(고1, 여)
– 나는 멋진 의사가 되어 멋진 인생을 살리라~
학교생활에 최선을 다해야지요! –

(과거)

(현재)

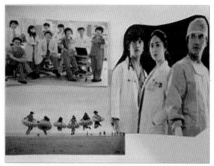
(미래)

[그림 7-9] 주제: 과거, 현재, 미래(나의 모습)

　나의 모습을 과거, 현재, 미래로 나누어 찾아보았는데 과거에는 매일 공부만 해야 한다는 생각에 답답해서 부모님과 선생님에게 반항적으로 행동했던 것 같았다. 현재 내 모습은 나의 꿈을 이루기 위해 힘들긴 하지만 열심히 공부하고 학교생활에 최선을 다하고 있다고 생각한다. 이렇게 노력하면 미래에 나는 멋진 의사가 되어 즐거운 인생을 살 수 있을 것 같다.

(5) 화답 콜라주

화답 콜라주(Answer collage)는 콜라주에 화답을 해 주는 방식으로, 작품을 제작하여 서로 선물을 주고받듯이 전달하는 방식이다. 두 가지 방법으로 사용되는데 다른 사람이 만든 엽서 콜라주에 답을 하여 다시 돌려주는 방법과, 다른 사람이 한 엽서 콜라주를 좀 더 큰 종이(A4 용지)에 붙여 엽서 콜라주 주변을 꾸며 주는 방법이 있다. 화답 콜라주는 형식적인 해석보다는 화답을 하여 주고 받는다는 것 자체로서 의미가 있다. 자신의 욕구를 드러내기보다 상대방을 생각하며 작업하는 활동이므로 상대를 의식하여 만드는 것에 유의하여야 한다.

이처럼 화답 콜라주에는 일반적으로 두 가지 방법이 있으나 상담사가 상담 시에 응용해서 실시할 수 있다. 예를 들면, 내담자의 장점 찾기를 주제로 할 경우에 내담자가 찾는 사진 조각을 참고로 하면서 상담사가 내담자의 장점을 찾아 붙여 줄 수 있다.

엽서 콜라주로 답하는 화답 콜라주 제작 과정   A4 용지로 답하는 화답 콜라주 제작 과정

[그림 7-10] 화답 콜라주를 제작하는 과정

〈방법 1〉
• **준비물:** 엽서 크기의 도화지, 가위, 풀, 잡지, 콜라주 상자, 사인펜 등의 채색도구 등

• 실시 방법
① 다른 집단원이나 상담사 등 타인에게 주고 싶은 엽서 콜라주를 작성한다.
② 작성한 엽서 콜라주를 타인에게 선물한다.
③ 각자 받은 엽서 콜라주에 답을 하는 엽서 콜라주를 작성한다.
④ 완성되면 느낀 점을 이야기 나눈다.

 * 집단워크숍에서는 2인 1조로 짝을 정하여 실시할 수 있다. 개별 치료에서는 상담사와 내담자가 함께 실시하여 서로 선물처럼 건네준 뒤 각자 받은 엽서 콜라주를 보고 별도의 엽서에 마음을 담아 콜라주를 완성한다. 완성된 콜라주는 상대방에게 전달한다.

〈방법 2〉
• **준비물:** 엽서 크기의 도화지, A4 용지, 가위, 풀, 잡지, 콜라주 상자, 사인펜 등의 채색도구 등

• 실시 방법
① 엽서 크기의 도화지에 콜라주를 작성한다.
② 작성한 콜라주를 다른 집단원이나 상담사 등과 주고받은 후 A4 용지 가운데에 받은 콜라주를 붙인다.
③ 받은 엽서 콜라주 주변에 더 꾸며 주고 싶은 것이나 주고 싶은 것 등을 붙여서 상대방에게 돌려준다.

우울 청소년의 화답 콜라주(고2, 여)
– 아이들과 함께하는 행복한 시간~
유치원 선생님이 될 거예요 –

본인이 작성한 엽서 콜라주

엽서 크기 도화지에 붙여 받은 화답 콜라주

[그림 7-11] 주제: 10년 후 내 모습(나의 꿈)

나는 동생을 잘 챙기고 어린아이들을 잘 돌본다는 이야기를 들었는데 아이들과 함께하는 일은 무엇이 있나 생각하다가 유치원 선생님이 되고 싶다는 꿈을 갖게 되었다. 유치원 선생님을 꿈꾸는 나에게 유치원 선생님이 된 나의 모습과 나와 수업을 하며 즐거워하는 아이들의 모습을 선물로 받았다. 그리고 내가 유명해져서 TV에 나오는 모습을 선물로 받으니 기분이 매우 좋았다. 이렇게 기분이 좋아지는 걸 보니 내가 유명한 사람이 되고 싶어 한다는 것을 알게 되었다. 내 꿈이 꼭 이루어지길 바라고 꿈을 이루기 위해 열심히 공부도 해야겠다.

학습부진 청소년의 화답 콜라주(고2, 여)
− 개그는 내 인생! 최고가 될 거야!! −

본인이 작성한 엽서 콜라주

A4 용지에 붙여 받은 화답 콜라주

[그림 7-12] 주제: 10년 후 내 모습(멋진 개그맨)

　개그맨이 되고 싶다고 하니 꽃다발 사진과 우리나라 최고의 개그맨이 되라고 금
메달 사진을 선물 받았다. 개그맨이 되서 돈도 많이 벌었으면 좋겠다고 하며 좋은 차
와 보석 사진을 선물로 받았다. 미래의 모습에 선물을 받은 것이 기분이 좋았고 나를
생각하며 골라 준 것이라 더욱 마음에 들었다.

(6) 집단화답 콜라주

집단화답 콜라주란 화답 콜라주를 집단에 적용한 것으로 꿈과 미래상을 설계하는 데 효과적인 기법이다. 용지에 꿈이나 직업 등 미래상을 나타내는 하나의 사진을 붙이면 집단원들이 그 사진 조각과 연관된 콜라주를 붙여 주는 방법이다. 자신이 생각한 꿈과 미래에 대해 다른 집단원들의 생각과 의견이 더해지면서 자연스럽게 의식을 확장할 수 있어 청소년들의 진로탐색에 큰 도움이 된다.

[그림 7-13] 집단화답 콜라주를 제작하는 과정

• 준비물: 4절 도화지, 가위, 풀, 여러 직업의 사진이 있는 잡지, 콜라주 상자, 사인펜 등의 채색도구 등

• 실시 방법
  ① 도화지 뒷면에 자신의 이름을 쓴다.
  ② 잡지에서 미래 직업상을 찾아 붙이고 상단에 자신이 원하는 미래 직업을 쓴다.
  ③ 사진이 붙어 있는 도화지를 집단원들에게 돌리고, 집단원들은 붙어 있는 직업과 관련해 연상되는 사진을 찾아 붙인다.
  ④ 작품이 모든 집단원을 거쳐 자신에게 돌아오면 느낀 점을 이야기 나눈다.

학교부적응 청소년의 집단화답 콜라주(고2, 여)
– 사랑이 담긴 음식을 만드는 멋진 요리사가 될 거예요 –

나의 미래상을 붙인 콜라주

집단원 A에게 받은 화답 콜라주

집단원 B에게 받은 화답 콜라주

모든 집단원에게 받은 화답 콜라주

[그림 7-14] 주제: 미래(미래의 선물)

미래에 되고 싶은 요리사의 사진을 붙인 후 모든 집단원에게 선물을 받았다. 음식을 만드는 모습과 음식들을 사진으로 선물 받으니 마치 내가 요리사의 꿈을 이룬 것 같은 기분이 들어서 기쁘고 설레었다.

사랑이 넘치는 음식을 만들 것 같다는 메시지를 들었을 땐 너무 고마워서 감동을 받았다.

그리고 정말 나의 꿈이 이루어졌으면 좋겠다고 생각하고 나를 응원해 준 집단원들에게 고마웠다. 나의 꿈을 이루기 위해 열심히 공부해야겠다.

2 콜라주 기법의 유형

1) 개별법

개별법은 내담자가 혼자서 작성하는 방법이다. 상담사는 내담자가 콜라주를 완성할 수 있도록 돕는 역할을 한다. 개별법은 콜라주 작성에 어려움이 있어 보조가 필요한 내담자나 아동, 노인을 대상으로 실시할 수 있다. 특히 방어가 심한 청소년의 경우에는 좋아할 만한 사진을 보여 주며 작품을 구성하게 돕는다. 즉, 상담사의 도움을 받아서 내담자가 작품을 구성할 수 있도록 하는 것이다.

[그림 7-15] 개별법으로 콜라주를 제작하는 과정

- **목표**: 욕구 해소, 자기표현, 자기이해 및 탐색 등

- **준비물**: 도화지, 가위, 풀, 다양한 잡지 및 사진, 콜라주 상자, 사인펜 등의 채색 도구 등

- **실시 방법**
  ① 상담사가 내담자에게 콜라주를 해 보자고 말한 후 준비한 재료를 주고 자신

의 마음에 드는 사진이나 그림을 자유롭게 잘라 도화지 위에 붙이도록 한다.

② 사진이나 그림은 원하는 위치에 풀을 이용하여 붙이도록 하고, 제한 없이 자유롭게 활동할 수 있도록 한다(자르는 방법은 내담자에 따라 가위를 이용할 수도 있고, 손으로 찢을 수도 있다. 연령이나 증상을 고려하여 실시한다).

③ 내담자가 작품을 완성하면 제목을 붙이도록 하고 관련 내용을 함께 이야기한다(만약 내담자가 제목이 생각나지 않는다거나 제목이 없다고 말할 경우 그대로 수용한다).

④ 상담사는 작품에 대해 해석하지 않도록 하고, 내담자가 더 이상 말하고 싶어 하지 않을 경우 상담사가 느낀 점을 말하고 종료한다.

• 유의점
 – 전혀 관심 없이 앉아 있는 내담자의 경우, 다양한 사진을 건네주어 촉구해 본다. 그래도 반응이 없을 경우 작업을 중단하고 다른 프로그램을 진행한다.
 – 잡지를 뒤적이기는 하나 10분 이상 마음에 드는 사진을 찾지 못하는 경우, 마음에 드는 사진이 없는지 물어보고 다른 프로그램을 진행한다.

2) 동시제작법

동시제작법은 내담자와 상담사가 각자 콜라주를 제작하여 각자의 콜라주 작품을 완성하는 방법이다. 동시제작법은 상담사와 내담자 간에 관계를 보다 깊게 하는 열쇠의 역할을 해 준다. 즉, 상담사와 내담자는 각자 작품을 구성하는 동시제작법을 통하여 서로 친밀감을 갖게 된다.

杉浦京子(1993)는 동시제작법으로 콜라주를 실시하는 것은 저항감을 지니는 내담자에게 상담사가 자신과 같은 입장에 있다는 안심감을 줄 수 있다고 하였다. 상담사와 내담자는 서로의 작품 사이에서 표현되는 의미를 주고받음으로써 전이ㆍ역전이가 일어나게 하여 치료의 전개를 앞당길 수 있다. 회기가 진행되면서 서로 비슷한 작품이 나오는 것도 치료적 의의가 있다고 본다.

특히 상담사는 내담자의 콜라주뿐만 아니라 자신의 콜라주 역시 항상 검토하여 자신에게 무엇이 일어나고 있는지를 알아차리는 것이 필요하다. 동시제작법을 통한 상담사의 콜라주 표현에는 자각한 감정에 따라 표현한 것과 자각 없이 표현된 것이 있다고 하였다. 특히 후자에 관한 통찰이 상담사와 내담자의 관계성을 나타내고, 그러한 상담사의 통찰이 면접 과정을 전개시키는 계기가 된다고 하였다. 나아가 상담사가 내담자에게 대립하는 표현을 할 때 내담자의 변화, 개성화의 과정을 촉진한다고 지적하였다. 동시제작법은 난화와 유사하여 상담사의 콜라주가 내담자의 내면을 비추는 동시에 상담사와 내담자의 관계성 및 상담사의 내면도 비추게 된다.

[그림 7-16] 동시제작법으로 콜라주를 제작하는 과정

• 목표: 친밀감 형성, 욕구 해소, 자기개방, 자기표현, 자기이해 및 탐색 등

• 준비물: 도화지, 가위, 풀, 다양한 잡지 및 사진, 콜라주 상자, 사인펜 등의 채색 도구 등

• 실시 방법
① 개별법과 마찬가지로 내담자에게 주제나 시작을 알린다.
② 상담사와 내담자 각자가 자신의 작품을 구성한다.
③ 완성되면 제목을 붙이고, 상담사가 먼저 자신의 작품을 설명한 후 내담자에게 상담사의 작품에 대해 느낀 점을 묻는다.
④ 내담자가 작품을 설명한 후 작품에 대해 느낀 점과 궁금한 점을 상담사와 서로 이야기하고 종결한다.

• 유의점
　－ 각자 콜라주를 작업하는 중에 내담자가 사진을 잘 고르지 못 할 경우, 상담
　　사는 내담자가 좋아할 만한 사진을 추천해 주는 등 내담자의 행동에 주의를
　　기울여야 한다.
　－ 내담자가 작품 설명 시 편안함과 안심감을 가지도록 상담사가 먼저 자신의
　　작품에 대한 설명과 느낀 점을 간단히 이야기한다. 이때 상담사가 자신의 작
　　품에 몰입하여 설명을 깊게 하지 않도록 주의한다.

3) 가족콜라주법

　가족콜라주법은 내담자와 어머니 등 가족이 동석하여 콜라주를 실시하는
방법이다. 가족콜라주법은 문제행동을 지닌 아이와 어머니를 상담하여 부모
와 자식 간의 신뢰관계를 회복하게 하는 데 유효하다(杉浦京子, 1990). 近喰
ふじ子와 杉浦京子(1994)는 등교를 거부하는 초등학교 1학년 여자아이와 어
머니에게 함께 콜라주를 작성하게 한 결과, 안심감과 모자일체감이 생겼고
서로를 인정하게 되었다고 보고하였다.

　아동과 어머니가 함께 실시하는 가족콜라주법은 상대의 콜라주를 보고 상
대에게 자신의 마음을 언어로 전달함으로써 상대의 내적 변화를 얻을 수 있
다. 아동의 부모님이나 형제 등 여러 명의 가족원이 참여한 경우, 가족에 대
한 가족원들의 서로 다른 생각을 살펴볼 수 있으므로 가족원 간의 소통과 상
호작용의 기회를 제공할 수 있다. 또한 상대의 콜라주 내용을 자신의 콜라주
내용에 대입함으로써 상대에게 깨달음을 줄 수도 있다.

　가족콜라주법은 집단개별법과 협동법 두 가지 방법으로 실시할 수 있다.

- **목표**: 가족원 간의 신뢰감 회복, 이해력 향상, 상호작용 향상, 자기이해 및 자기
  탐색 등

- **준비물**: 도화지, 가위, 풀, 다양한 잡지 및 사진, 콜라주 상자, 사인펜 등의 채색
  도구 등

- **집단개별법의 실시 방법**
  ① 개별법과 마찬가지로 내담자에게 주제나 시작을 알리고, 가족(집단)원 각자
     가 콜라주 작업을 할 수 있도록 준비한다. 내담자의 상태에 따라 자유 주제
     로 진행할 수도 있다.
  ② 각자 자신의 작품을 구성한다.
  ③ 완성되면 제목을 붙이고, 서로 작품에 대한 설명과 느낌을 이야기 나눈다.

- **협동법의 실시 방법**
  ① 개별법과 마찬가지로 내담자에게 주제나 시작을 알리고, 가족원 전체가 한
     장의 작품을 구성하기 위해 준비한다.
  ② 가족이 함께 한 장의 작품을 구성한다.
  ③ 완성되면 함께 제목을 붙이고, 서로 작품에 대한 설명과 느낌을 이야기 나
     눈다.

- **유의점**
  − 가족원 모두가 편안하게 작업할 수 있도록 자리 배치를 넓게 하고, 잡지, 가
     위, 풀 등의 재료를 충분히 제공한다.
  − 상담사는 작업 중인 가족원의 행동을 주의 깊게 살펴 가족원 간의 친밀감과
     상호작용 방법 등을 파악한다.

4) 집단개별법과 집단집단법

최근 콜라주는 개인을 대상으로 한 임상심리뿐만 아니라 교육, 의료, 복지,
작업치료 등 다양한 분야에서 활용되고 있다. 일반인의 자기계발이나 상담사
의 역량강화뿐만 아니라 아동 · 청소년의 인성교육에 집단워크숍 형식으로

활용되는 경우도 많다. 따라서 자기계발, 집단심리치료, 집단상담이나 구조적 집단, 참만남 등의 집단 시행에 관한 논문 혹은 보고서 등도 발표되고 있다. 콜라주에 관한 해외의 연구들을 살펴보면, 1960년 전후 미국의 작업치료에서 많이 활용된 콜라주가 1985년경부터 자기계발이나 직업훈련 등 주로 집단을 대상으로 하는 활동 영역에서 활용되며 발전해 왔다. 또한 의사소통 도구로서 집단 등에서의 활용 가능성 역시 넓다. 곧 콜라주 실습을 통해 발표를 하도록 하거나 서로 이야기를 나누게 하는 등의 집단작업으로 실시하는 것도 가능하다. 이는 집단 실습에서 의사소통의 원조, 자기발견, 촉진으로 연결해 나갈 수 있다.

靑木智子(2001)는 집단에 대한 제작 기법을 집단개별법과 집단집단법으로 분류하여 정의하고 그 효과를 검토하였다. 집단집단법은 집단을 3~8명의 소집단으로 나누어 집단원들이 합동으로 하나의 작품을 작성하는 것이다. 도화지의 크기와 콜라주 작성의 목적에 따라 집단원 수를 결정할 수 있다. 두 기법 모두 자주 사용되며 의사소통이나 다른 사람에 대한 이해를 목적으로 실시되는 경우가 많다. 학교상담 현장(中山俊昭, 2000) 등에서 많이 활용되고 있으며(荻野正廣, 1999; 芝三知世, 1999; 靑木智子, 2002), 집단역동을 활용하는 집단상담에서도 사용되고 있다.

이처럼 집단 내에서 각자 작품을 작성하는 집단개별법과 집단 내에서 하나의 작품을 완성하는 집단집단법의 특징 및 실시 방법은 다음과 같다.

(1) 집단개별법

집단개별법은 집단 속에서 개인이 각자 콜라주 작품을 완성하는 것이다. 개인을 대상으로 한 상담, 교육, 의료, 복지, 사업, 작업치료 관련 장면 등에서 활용되고 있다. 작품 완성 후 긍정적인 피드백이 상당히 중요하며, 그로 인해 마음을 편안하게 하는 동시에 통찰력을 높일 수 있다. 나아가서 콜라주가 언어소통의 도구로 사용되었는지 생각해 보고, 경우에 따라서는 작품 속의 갈등을 다루어 주는 것이 좋다.

의식적으로 작성한 작품은 무리하게 분석하지 말고, 있는 그대로 수용하고 마무리한다. 또한 검사가 아니라 재미있고 즐거운 작업이라는 느낌을 주며 도입하는 것이 중요하다. 자기개방이 준비되어 있지 않은 사람의 경우에는 분석하는 것이 싫어서 방어적인 태도를 취할 수 있기 때문이다. 작품에 대한 분석은 아주 민감한 부분이다. 캡션(문구)이 나올 때는 물어보는 것이 좋으나 콜라주 작업을 시도할 때는 가능한 한 사진에 관심을 가지도록 유도한다. 콜라주에서 색채 심리는 치료적 관점에서 표현 자체에 의미를 두며, 심리 진단에 참고하는 경우도 있으나 대게 크게 비중을 두지 않는다.

青木智子(2001)는 집단개별법을 사용하는 경우 콜라주 자체가 기분 변용의 효과를 가져오고, 이후 이야기를 공유하는 것이 변용을 이룬 기분의 정착에 도움이 된다고 하였다. 그리고 이를 통해 콜라주 작성을 집단에서 실시하는 것이 유용함을 분명히 하였다. 실시 방법은 가족콜라주법의 집단개별법과 동일하다.

[그림 7-17] 집단개별법으로 콜라주를 제작하는 과정

(2) 집단집단법

집단(학교나 학급 또는 집단미술치료)에서 콜라주를 실시할 때 개인으로 작품을 구성하는 것이 아니라 3~8명(종이 크기와 콜라주 작성의 목적에 따라 집단원 수를 정할 수 있다)의 집단원이 하나의 작품을 작성하는 것이 집단집단법이다. 이 방법은 단순히 집단으로 작성한다는 것 이외에도 여러 가지 의의와 목적

이 있다. 집단집단법은 콜라주 작업을 통해 집단역동성과 사회성, 타인과의 관계를 중요시하고, 콜라주 작품의 분석 및 해석은 중요하게 여기지 않으며 큰 의미를 부여하지 않는다.

개인으로 콜라주를 작성하는 경우에는 도화지 사용 방법, 사진 조각의 선택 등을 스스로 자유롭게 결정하지만, 집단집단법의 경우에는 작성하는 타인과의 관계가 중요하다. 집단원과의 대화나 교류를 즐기면서 작성할 수도 있지만(친한 사람끼리 작성한 경우에는 이와 같은 경향이 강하다), 자신이 하고 싶은 대로 작성할 수 없는 어려움도 있으며 타인의 주장을 이해하고 양보해야 하는 등의 사회성을 요구하기 때문에 스트레스를 받을 수도 있다.

특히 처음 만나는 사람과 집단으로 콜라주를 작성하는 경우에는 자기소개 등을 하고 집단원 전원이 서로를 알려고 노력하며 서로의 눈치를 살피면서 자기주장을 하게 된다. 또한 집단원이 싫어하는 행동을 피하기 위해 상대를 존중하고 과도하게 자신을 억누른 상태로 무난한 작품을 작성하는 경우도 많다. 반대로 콜라주 작품이 만족스럽지 않을 경우 집단원 각자가 서로 잘 모르는 상태이기 때문이라는 이유를 붙일 수도 있다. 아주 친하지는 않으나 안면이 있는 정도의 집단원끼리 콜라주를 작성할 경우에는 공동작업을 통해 일상의 인간관계가 드러나면서 자신을 통제하지 못하는 갈등과 타인과의 작업으로 감정을 억제해야 하는 등의 스트레스가 부가되기도 한다.

콜라주 작성 시 주제가 있을 경우에는 그 주제를 단서로 어떤 하위 주제(목적이나 표현의 방향성)를 작성할 것인가, 어느 정도의 주장과 양보가 필요한가, 어떠한 작업을 할 것인가, 어떠한 방법으로 작업할 것인가(붙일 장소를 정하고 나서 풀로 붙이는 사람도 있고, 사진을 잘라서 바로 붙이는 사람도 있다) 등과 관련하여 미리 충분히 서로 대화를 하지 않고 작성하는 집단도 출현하게 된다. 이런 경우 좋아하는 것을 자유롭게 자르고 붙이는 장소조차 서로 의논이 되지 않았기 때문에 각자가 원하는 대로 도화지를 사용하기도 하며, 결국 작품으로서 균형이 잡혀 있지 않거나 표현되어 있는 것에 대해 일관된 주제를 찾기 곤란해지기도 한다.

집단원이 1장의 종이에 제작하는 과정 　집단원 수보다 1장 적은 수의 종이에 제작하는 과정

[그림 7-18] 집단집단법으로 콜라주를 제작하는 과정

• 목표: 친밀감 형성, 자기이해 및 타인이해, 자기표현 향상, 상호작용 향상 등

• 준비물: 도화지, 가위, 풀, 다양한 잡지 및 사진, 콜라주 상자, 사인펜 등의 채색 도구 등

• 실시 방법 1
　① 3~8명의 집단에 1장의 종이를 준다.
　② 주제를 건네고 콜라주를 완성하도록 한다.

• 실시 방법 2
　① 3~8명의 집단에 인원수보다 종이를 1장 적게 준다(예를 들어, 4명일 경우 4절 도화지 3장을 준다).
　② 주제를 제시하여 작품을 완성하도록 한다.

• 유의점
　– 집단원들의 의사소통을 촉진하고 싶은 경우에는 도화지를 집단원 수보다 1장 적게 주는 방법을 실시한다. 이 경우 도화지가 사람 수보다 적기 때문에 처음부터 도화지를 어떻게 사용할지에 대해 상의하고, 작업이 완성될때까지 서로 의논하도록 촉진할 수 있다.
　– 작업 시 상담사는 집단원 각자의 행동 특성을 파악하고, 참여를 하지 않는 집단원이 있을 경우 작업에 참여할 수 있도록 자연스럽게 촉구한다. 리더 역할을 하는 집단원이 있을 경우에는 리더가 활동에 참여하지 않는 집단원을 촉구할 수도 있다.

집단집단법의 경우에는 집단원이 한 장의 종이에 제작하는 방법과 집단원 수보다 한 장 적은 수의 종이에 제작하는 방법의 두 가지 실시 방법이 있으며, 이 중 집단의 특성에 따라 적절한 방법을 선택하여 실시한다.

(3) 집단활동의 특징

콜라주 작업이 집단활동으로 진행될 경우 그 의도나 목적에 따라 활동에 다소 차이가 있을 수 있으므로 상담사가 집단원의 목적에 맞는 기법을 선택하여 실시하는 것이 좋다.

집단집단법의 실시에 있어서 상담사는 다음의 내용을 숙지할 필요가 있다. 첫째, 개별치료와 달리 집단으로 진행할 때에는 반드시 규칙이 필요하다. 둘째, 조 편성이 필요하며, 이때 조는 다양한 방법으로 분류할 수 있다(예: 생일별 또는 가위바위보 등). 셋째, 상담사는 집단원들이 작업하는 행동이나 상태를 관찰만 할 뿐 관여하지 않는다. 넷째, 집단으로 완성된 콜라주는 분석하지 않으며 집단개별법에서 완성된 작품도 개인 분석에 사용하지 않는다. 다섯째, 함께 작업함으로써 집단원 간의 상호작용에 대한 이해를 높일 수 있다. 즉, 상호 타인의 직업, 성격, 좋아하는 것, 싫어하는 것, 대인관계 성향, 의사소통 패턴 등에 대한 이해가 가능하다. 또한 자신을 타인에게 표현할 수 있고, 타인에게서 들은 내용을 통하여 자기이해를 높일 수 있다. 여섯째, 상담사는 집단 특성에 적절한 주제를 정하는 것이 좋다. 예를 들면, 중·고등학생일 경우에는 공부나 학교생활, 사회인 집단일 경우에는 일 또는 직업, 유치원생이나 초등학생일 경우에는 자신이 좋아하는 것 등의 주제가 적절할 수 있다.

집단활동 시 관찰해야 할 부분은 다음과 같다.

① 대인관계 및 의사소통 방법이 원활한가?
② 집단원 간의 친밀도가 형성되고 있는가?
③ 자신의 역할과 위치를 이해하고 있는가?
④ 타인에 대한 이해가 있는가?

⑤ 자기통찰이 이루어지고 있는가?

작품 완성 후 상담사는 각 집단에 관찰된 사항과 함께 다음과 같은 주제를 주어 집단원들이 함께 토의하고 자신의 대인관계 및 의사소통 방법 등에 대해서 통찰하도록 도와준다.

① 집단원끼리 서로 의논하여 결정하며 작업하였는가?
② 역할 분담을 하였는가?
③ 누가 리더를 하였는가? 반대로 리드를 당할 때의 기분은 어떠했는가?
④ 자신의 그림이 선택되지 않았을 때 기분은 어떠했는가?
⑤ 같이 작업하였을 때의 좋은 점과 나쁜 점은 무엇인가?
⑥ 주제에 대해 다른 사람과의 인식 차이를 이해하고 받아들였는가?

집단활동은 친밀감 형성에 도움이 되며 재미있을 뿐 아니라 자기개방에 덜 방어적이고 위험성이 적은 장점이 있다. 이와 반대로 감정을 억압당하거나 행동을 제지당할 수 있어 긴장감을 유발하며, 스트레스가 생길 수도 있다. 또한 자신의 공간 활용도가 떨어져서 불편한 단점도 있다.

제8장

콜라주 작품의
이해 및 분석

"삶이 무엇인지는 오로지 한 가지 단어로 표현할 수 있다.
바로 일이다. 일은 우리 삶의 최우선적 요소다.
일하지 않는 삶은 공허하고 무의미한 것이 된다.
일하지 않는 사람은 쉼을 얻을 수는 있겠지만
그 쉼은 진정한 기쁨이 될 수 없다."

– 피스맥 –

이 장에서는 콜라주 작품을 이해하고 분석하는 방법을 소개하고자 한다. 상담사는 내담자의 콜라주 작품을 통해 내담자의 심리 상태를 이해하고, 내담자가 전하는 메시지를 알아차려야 내담자의 갈등 해결을 도울 수 있다. 따라서 여기서는 콜라주 작품을 통한 전체적인 평가, 내용 분석, 형식 분석, 계열 분석, 상징 등에 대해 구체적으로 살펴봄으로써 콜라주 작품 분석에 대한 이해를 돕고자 한다.

콜라주는 평범한 사진을 보고 자유롭게 마음대로 선택하는 것이므로 마음에 들지 않으면 선택하지 않아도 된다. 사진을 고른 이후나 도화지에 붙이기 전에 버릴 수도 있고, 붙인 조각 위에 다른 조각을 붙여 얼마든지 회피할 수도 있다. 회피성이 있는 것은 안전성이 높다.

완성된 콜라주의 해석은 현재 모래놀이치료나 그림검사, 꿈 해석 등을 참고하여 이루어지고 있으나 지침이 정해져 있는 것은 아니다. 콜라주 작품은 또한 융심리학이나 정신분석이론을 근거로 하여 해석하기도 한다.

콜라주 작품을 해석하고자 할 때는 전체적인 평가, 내용 분석, 형식 분석, 계열 분석, 상징 등을 포함하여 총체적으로 해석한다. 이 장에서는 콜라주 미술치료의 창시자인 杉浦京子(1994)의 연구와 더불어 青木智子(2005), 박정희와 이근매(2012), 이근매(2009; 2011)의 연구를 정리하여 소개하고자 한다.

1 전체적인 평가

콜라주 작품을 이해하고 분석할 경우에, 작품에 대한 첫인상은 매우 중요하다. 먼저 내담자가 작업에 임하는 태도, 완성 후 작품의 전체적인 인상 등의 사항을 중심으로 평가한다.

• 작업에 임하는 태도: 적극적인가 소극적인가, 방어적인가 개방적인가, 대

충 끝내는가 너무 오래 걸리는가 등의 관찰이 중요하다.

• 작품의 전체적인 인상: 조화를 이루고 있는가, 잘 배치되어 있는가, 밝은가 어두운가, 따뜻한가 차가운가, 동적인가 정적인가, 독창적인가 기묘한가 등 큰 개념을 중심으로 살펴본다.

• 기타: 도화지를 균형 있게 사용했는지 본다(유아의 경우에는 도화지를 균형 있게 사용하지 못하는 경우가 대부분이다). 또한 뒷면 사용 여부, 작품의 주제 포함 여부 등을 살펴보는 것도 해석에 있어서 중요한 정보가 된다.

■ 유의점

   – 작업 시 주제를 생각하며 작업을 하는 사람이 있는가 하면 주제 없이 작업하는 사람도 있다.

   – 작업 후 주제가 생각나는 경우도 있기 때문에 주제나 제목을 생각해 보게 한다.

   – 작업 후 작품의 내용은 다양한 상징성을 표현하고 있으나, 내용과 전혀 맞지 않는 주제를 말하는 경우도 있다.

2 형식 분석

콜라주 작품에 대한 전체적인 평가와 아울러 완성된 콜라주는 어떻게 표현되고 있는지 형식 분석적 접근으로 작품을 이해해 나간다.

여러 조각의 사진을 적절한 여백을 두고 균형 있게 배치하여 작품을 구성하는 것이 일반적인 표현이다. 형식 분석의 항목을 참조하여 그것에서 지나치게 벗어나 있을 때 그것과 관련된 해석을 염두에 두고 내담자에게 그 이유 등을 질문한다. 아동의 경우에는 발달단계에 따른 반응 특성을 고려해야 한다(이근매, 2009). 구체적인 형식 분석 내용과 해석은 다음과 같다.

〈표 8-1〉 형식 분석 시 고려해야 할 사항

• 조각 수	• 여백
• 종이바깥으로 벗어남	• 뒷면 사용
• 중첩	• 자른 방법
• 문자	• 무채색 사진의 사용
• 공간 배치	• 종이 위치
• 통합성	

(1) 조각 수

조각이란 한 물건에서 따로 떼어 내거나 떨어져 나온 작은 부분을 의미하는 것으로, 콜라주의 형식 분석에서는 잡지에서 잘라 도화지에 붙인 그림의 조각 수를 헤아린다. 정해진 조각 수는 없지만 욕구가 많이 억압된 경우에는 다소 많은 조각 수를 붙이는 경향이 있다. 이러한 경우에는 표현할 수 있는 기회를 더 많이 제공하면 치유 효과를 거둘 수 있다. 반대로 너무 적은 수의 조각, 대략 3개 이하이면 에너지가 적은 경우라고 볼 수 있는데 우울증 환자의 경우도 이러한 경향이 있다.

그림의 크기는 피검자의 자존심, 자기 확대의 욕구, 공상적인 자아의 영역으로 보고 있다. 지나치게 작은 그림은 자신이 환경에 적응하지 못하며 작은 존재라는 느낌을 가지고 있는 것을 나타낸다고 하였다. 투사검사의 경우에는 너무 작게 그린 그림을 적은 심적 에너지의 표현으로 해석하고 있다(이근매, 2008).

초등학생이 3개 이하의 아주 작은 조각만 붙여서 여백을 많이 남긴 경우는 심적 에너지가 적은 경우로서 주의가 요구되며, 반대로 여백 없이 꽉 채운 작품 역시 심리적인 문제의 표현으로 볼 수 있다(이근매, 2009). 중ㆍ고등학생은 학년에 관계없이 6~10개의 조각을 붙이는 경우가 가장 많은 것으로 나타났다(이근매, 2011).

학교부적응 청소년은 일반청소년에 비해 1~5개의 적은 조각 수를 표현하는 경우가 많은 것으로 나타나 작업에 참여하는 에너지 수준이 낮음을 알 수 있다. 적은 조각 수의 표현은 우울증 환자에게서도 많이 나타나는데, 청소년이 5개 이하의 적은 조각 수를 표현한 경우 주의 깊게 살펴볼 필요가 있다(박정희, 이근매, 2012).

대학생활 적응에 어려움을 보이는 대학생도 학교부적응 청소년과 마찬가지로 1~5개의 적은 조각 수를 표현하는 경우가 많은 것으로 나타나 에너지 수준이 낮은 것으로 밝혀졌다. 아주 작은 조각을 붙이는 것이나 큰 조각을 1~2개 정도 붙이는 것 또한 고려해 보아야 할 사항이다.

적은 수의 조각을 붙인 경우
(학교부적응 청소년, 고2, 여)

많은 수의 조각을 붙인 경우
(학교부적응 청소년, 고1, 여)

아주 작은 조각을 붙인 경우
(진로상담 청소년, 고2, 여)

큰 조각을 1~2개 붙인 경우
(학교부적응 청소년, 중2, 여)

[그림 8-1] 조각 수

(2) 여백

  여백이란 종이의 글자나 그림이 있는 곳 이외의 빈 부분을 의미하는 것으로, 콜라주의 형식 분석에서는 도화지에 여백이 있는지의 유무를 평가한다. 이를 통해 내담자의 현재 심리 상태를 파악할 수 있다.

  대부분의 초·중·고등학생은 여백을 두고 사진 조각을 붙여서 작품을 구성한다. 3개 이하의 아주 적은 조각 수로 여백이 많이 표현된 경우는 심적 에너지가 적은 경우로 주의가 요구되며, 반대로 여백 없이 꽉 채운 작품의 경우에도 심리적인 문제의 표현으로 볼 수 있다(이근매, 2009; 2011).

  학교적응이 어려운 고등학생일수록 여백의 분량이 적은 것으로 밝혀져 여백이 지나치게 적은 경우에는 학교부적응의 신호로 볼 수 있는 반면에, 지나치게 여백이 많은 경우와 독특한 표현 방법을 사용한 경우는 정서불안정의 신호로 받아들일 수 있다. 콜라주의 형식적 특징과 자기 관련 연구를 통하여 특정 불안이 높을수록 콜라주 작품에 있어서 많은 사진을 붙임으로써 공백을 적게 표현한다는 것을 알 수 있다.

여백이 많은 경우　　　　　　　　　여백이 거의 없는 경우
(학교부적응 청소년, 중1, 남)　　　　(학교부적응 청소년, 중1, 여)

[그림 8-2] 여백

(3) 종이 바깥으로 벗어남

이탈은 어떤 범위나 대열에서 떨어져 나오거나 떨어져 나가는 것을 의미하는 것으로, 콜라주의 형식 분석에서는 도화지에 붙인 사진 조각이 도화지 밖으로 벗어났는지 아닌지를 평가한다. 조현증 환자의 경우나 병리성이 높은 경우에는 사진 조각을 도화지 바깥으로 벗어나게 붙이는 경우가 많다. 일반인이라면 에너지가 많은 것으로 해석할 수 있다. 그러나 이근매(2009)의 연구에서는 초등학생의 35%, 杉浦京子(1994)의 연구에서는 40%의 학생이 사진 조각을 도화지 밖으로 이탈하여 붙였다는 연구 결과를 제시하고 있다. 다른 학년에 비해 1학년의 경우가 종이 밖으로 벗어나는 비율이 높으며, 학년이 올라갈수록 벗어나는 경우가 적다고 보고하고 있어 아동의 발달단계를 고려한 해석이 요구된다.

청소년의 경우 종이 이탈은 중학생 9%, 고등학생 19%로 초등학생에 비해 낮은 비율을 나타냈다(이근매, 2011). 杉浦京子(1994)의 연구에서도 중·고등학생, 성인의 경우에는 종이 이탈이 감소한다고 보고하여 중·고등학생이 종이 이탈을 보일 경우 심리적인 문제의 표현으로 볼 수 있다고 하였다.

대학생활 적응에 어려움을 보이는 대학생의 경우에는 적응을 잘 하고 있는 대학생에 비해 종이 이탈을 보인 경우가 더 많은 것으로 나타났다.

사진 조각이 바깥으로 벗어난 경우
(학교부적응 아동, 초5, 여)

사진 조각이 바깥으로 벗어난 경우
(학교부적응 청소년, 고2, 여)

[그림 8-3] 종이 바깥으로 벗어남

(4) 뒷면 사용

뒷면이라는 것은 물체의 뒤쪽 면을 의미하기도 하지만, 직접적으로 나타나지 않는 일의 속내를 의미하기도 한다. 콜라주의 형식 분석에서는 뒷면을 사용하였는지를 평가한다. 사진 조각을 많이 오려서 앞면에 붙이고 남은 조각을 뒷면에 붙이는 경우가 있는데, 이는 에너지가 많은 경우라고 생각할 수도 있지만 뒷면에 붙인 것이 감추고 싶은 것 또는 무의식의 표현일 수도 있으므로 잘 살펴보아야 한다.

뒷면을 사용하는 경우는 초등학생 4%, 중학생 1%, 고등학생 2%로 나타나

|(앞면)|(뒷면)|

뒷면을 사용한 경우(학교부적응 아동, 초4, 남)

|(앞면)|(뒷면)|

뒷면을 사용한 경우(또래관계가 어려운 청소년, 중3, 여)

[그림 8-4] 뒷면 사용

대부분의 초·중·고등학생은 학년에 관계없이 뒷면을 사용하지 않는 것으로 나타났으며(이근매, 2009; 2011), 대학생의 경우에도 3%만이 뒷면을 사용한 것으로 나타났다. 이를 고려해 볼 때 작품에서 뒷면 사용은 의미가 있는 것으로 주의 깊게 살펴보아야 한다.

(5) 중첩

중첩이란 거듭 겹쳐지거나 포개어지는 것을 의미하는 것으로, 콜라주의 형식 분석에서는 자른 사진 조각을 겹쳐서 붙였는지를 평가한다. 밑에 감춰진 사진이 무의식의 표현일 수 있으므로 잘 살펴볼 필요가 있다. 초등학생의 경우에는 34%가 콜라주 작품에서 사진 조각을 중첩하여 사용하는 것으로 나타났다. 특히 1, 2학년의 경우에는 중첩하여 붙이는 비율이 적은 데 반해, 3~6학년은 비교적 높게 나타났다(이근매, 2009). 중학생의 경우에는 40% 이상, 고등학생의 경우에는 60% 이상이 중첩하여 사진을 붙이는 것으로 나타났다 (이근매, 2011).

특히 학교부적응 청소년에 비해 일반청소년이 중첩하여 붙이는 경우가 더 높은 것으로 나타났다. 이와 반대로 대학생의 경우에는 대학생활 적응에 어려움을 보이는 대학생이 적응을 잘하고 있는 대학생에 비해 중첩하여 붙이는

사진 조각을 중첩한 경우
(학교부적응 아동, 초5, 남)

사진 조각을 중첩한 경우
(진로상담 청소년, 중2, 여)

[그림 8-5] 중첩

경우가 많은 것으로 나타났다.

일본 초등학생의 경우에는 62%, 청소년의 경우에는 50% 이상이 중첩하여 붙이는 것으로 나타나 중첩된 작품을 병리적 증상으로 받아들이기보다는 발달 과정에서 나타나는 일반적인 표현으로 보고 있다(杉浦京子, 1994). 또한 성인의 경우에는 일반인이 조현증 환자보다 중첩하여 붙이는 비율이 높게 나타나 중첩된 작품이 일반적인 표현임을 시사하고 있다(今村友木子, 2006).

(6) 자른 방법

자른다는 것은 동강을 내거나 끊어 내는 것을 의미하는 것으로, 콜라주의 형식 분석에서는 사진을 자른 방법을 사각, 삼각, 원형, 사물 형태, 부정형, 손으로 찢음, 사진 조합 등으로 구분하여 평가한다. 일반적으로는 자른 형태를 통하여 성격을 알 수 있다. 사물을 따라 섬세하게 자르는 등의 강박적인 행동과 같은 것도 파악할 수 있으며, 의미가 있을 때에만 다른 형태로 자르는 경우도 있다. 후자의 경우, 가령 다른 것은 대부분 사각형 모양으로 잘랐는데 유독 한 사진만 찢어서 붙이는 것 등이다.

일반적으로 초등학생은 학년에 상관없이 사각, 삼각, 원 등의 형태나 사물의 모양에 따라 자르는 것보다 부정형이나 복합 형태로 자르는 것을 선호하는 것으로 나타났다. 특히 사진 조합은 1, 2학년에서는 거의 나타나지 않는데 반하여 3학년부터 현저하게 증가하였다(이근매, 2009). 이는 3학년 미술교과를 통하여 몽타주를 배운 영향이라 사료된다. 중·고등학생의 경우에는 학년별 차이 없이 복합적으로 자르는 방법을 사용한 것이 가장 많았으며, 그다음으로 사물의 형태, 부정형, 사진 조합 순으로 나타났다(이근매, 2011).

복합 형태로 자른 경우
(진로상담 청소년, 중3, 여)

사물의 형태로 자른 경우
(학교부적응 청소년, 중1, 여)

부정형으로 자른 경우
(진로상담 청소년, 중3, 여)

사각형으로 자른 경우
(학교부적응 청소년, 중1, 여)

삼각형으로 자른 경우
(진로상담 청소년, 고3, 여)

원형으로 자른 경우
(진로상담 청소년, 중3, 여)

손으로 찢은 경우　　　　　　　　　　사진 조합의 경우
(진로상담 청소년, 고2, 여)　　　　　(학교부적응 청소년, 중1, 여)

[그림 8-6] 자른 방법

(7) 문자

문자란 인간의 의사소통을 위한 시각적인 기호 체계를 의미하는 것으로, 콜라주의 형식 분석에서는 먼저 문자의 유무를 살피고, 그 문자가 한자, 한글, 영어, 숫자인지 확인한다. 문자는 내담자의 메시지를 전달해 주는 경우가 많다. 방어적인 표현으로 문자를 많이 붙이는 경우도 있다. 상담사는 작품 속에 의미 있게 사용된 문자가 있는지 평가한다.

초등학생의 경우 주된 문자는 한글이 가장 많았고, 한자는 거의 없었으며, 영어와 숫자순으로 나타났다. 1~4학년의 경우에는 의미 있는 문자를 그다지 사용하지 않는 것으로 나타난 반면에 5, 6학년의 경우에는 절반에 가까운 학생이 의미 있는 문자를 사용한 것으로 나타났다. 이를 통하여 아동은 친숙한 문자나 사진을 선호하며 고학년으로 올라갈수록 의미 있는 문자를 통하여 자신을 드러낸다는 것을 알 수 있다(이근매, 2009).

한편, 중 · 고등학생 및 대학생의 경우 대부분 문자 사용을 하지 않는 것으로 나타나 문자를 통해 자신을 드러내는 것보다 사진 조각으로 자신을 드러내는 것을 더 선호한다는 것을 알 수 있다. 그중 학교부적응 청소년의 경우 일반청소년에 비해 문자 사용을 통해 자신을 표현하는 비율이 더욱 낮은 것으로 나타났다(박정희, 이근매, 2012). 대학생의 경우에는 대학생활 적응에 어

제8장 콜라주 작품의 이해 및 분석

려움을 보이는 대학생이 적응을 잘 하고 있는 대학생에 비해 의미 있는 문자
를 사용하는 비율이 더 높은 것으로 나타났다. 이러한 콜라주 작품 속에서의
의미 있는 문자의 사용은 학교부적응 청소년의 의사소통이 유용한 도구로서
활용된다는 矢幡久美子(야하타 쿠미코, 2003)의 연구와 일치하는 결과를 보
인다.

한글을 사용한 경우
(진로상담 청소년, 고2, 여)

영어를 사용한 경우
(학교부적응 청소년, 중1, 여)

여러 문자를 복합적으로 사용한 경우
(진로상담 청소년, 고2, 남)

의미 있는 문자를 사용한 경우
(학교부적응 청소년, 중1, 남)

[그림 8-7] 문자

(8) 무채색 사진의 사용

무채색이란 색상이나 채도 없이 명도의 차이만을 가지는 색을 나타내는 것으로 검은색, 하얀색, 회색을 말한다. 상담사는 내담자가 콜라주 작품에서 흑백사진을 사용하였는지 평가한다. 아동일수록 색채가 있는 사진을 붙이는 경우가 많다. 색채가 있는 사진들 속에 무채색의 사진이 있는 경우에는 확인해 볼 필요가 있지만, 색채와 무관하게 내용을 보고 선택하는 경우가 있기 때문에 무조건 문제시하는 것은 좋지 않다.

대부분의 초등학생이 흑백사진보다는 컬러사진을 선호하고, 많은 수의 학생이 3~6색의 색채를 사용하는 것으로 나타났다(이근매, 2009). 중·고등학생도 흑백사진을 사용하지 않은 경우가 중학생 82%, 고등학생 80%로, 대부분 흑백사진보다는 컬러사진을 선호하는 것으로 나타났다(이근매, 2011). 따라서 색채를 사용하는 것이 일반 아동의 보편적인 경향인 것을 알 수 있다.

杉浦京子(1994)의 연구에서는 초등학생의 경우 흑백사진을 거의 사용하지 않는 데 반하여 학년이 올라갈수록 사용 경향이 더 높아져, 특히 고등학생의 경우 63.8%가 흑백사진을 사용하는 것으로 나타났다. 대학생의 경우 대학생활 적응에 어려움을 보이는 대학생이 적응을 잘 하고 있는 대학생에 비해 흑

무채색을 주로 사용한 경우
(학교부적응 청소년, 중2, 남)

한 장의 사진만 무채색을 사용한 경우
(학교부적응 청소년, 고1, 여)

[그림 8-8] 무채색 사진의 사용

백사진을 사용하는 비율이 높은 것으로 나타났다. 이러한 결과는 색채가 심리 상태를 반영해 준다는 사실을 시사하고 있다.

(9) 공간 배치(공백 위치)

공백이란 종이에서 글씨나 그림이 없는 빈 곳을 의미하는 것으로, 콜라주 작품에서 공백이 특정 부분에 집중되어 있는지 전체에 고루 분포되어 있는지를 평가한다. 초등학생의 절반 이상이 고루 분포된 공간 배치를 사용하는 것으로 나타났으며, 일반 초등학생의 2/3 이상이 균형 잡혀 있는 콜라주 작품을 표현한 것으로 나타났다(이근매, 2009). 또 중학생의 절반 이상과 고등학생의 약의 2/3 이상이 고루 분포된 공간 배치를 사용하는 것으로 나타났고, 중·고등학생의 2/3 이상의 작품이 균형 잡혀 있어서 중학생보다 고등학생으로 학년이 올라갈수록 공간 배치가 고루 분포된 것으로 나타났다(이근매, 2011).

반면, 학교부적응 청소년의 경우에는 일반청소년에 비해 특정 부분에 공백을 두는 경우가 많아 작품을 불균형하게 표현하는 것으로 나타났으며(박정희, 이근매, 2012), 대학생활 적응에 어려움을 보이는 대학생도 적응을 잘 하고 있는 대학생에 비해 특정 부분에 공백을 두고 불균형하게 작품을 표현하는 경향이 높은 것으로 나타났다.

투사적 그림검사에서는 그림의 위치가 위쪽에 치우치면 불확실한 자아상과 연관이 있고, 왼쪽에 치우치면 내향적인 성향의 자의식을 나타낸다고 본다. 아래쪽에 치우치면 우울감과 패배감을 나타내고, 오른쪽에 치우치는 것은 인지적으로 감정을 통제하려는 경향이나 억제적인 경향을 반영한다고 본다(신민섭 외, 2002). 이처럼 작품을 한쪽으로 치우쳐 불균형하게 표현하거나 특정 부분에 공백을 두는 경우 주의 깊게 살펴볼 필요가 있다.

콜라주에서 공간상징은 모래놀이치료의 공간도식을 적용시켜 해석하는데, 일반적으로 秋山さと子(아키야마 사토코, 1972), Jung, Koch가 설명한 도식을 도입하는 경우가 많다.

秋山さと子(1972)와 Jung의 공간도식을 살펴보면, 중앙은 자기 자신, 즉 정

조각이 위쪽에 위치한 경우
(학교부적응 청소년, 중2, 여)

조각이 아래쪽에 위치한 경우
(학교부적응 청소년, 중3, 여)

조각이 왼쪽에 위치한 경우
(학교부적응 청소년, 중2, 남)

조각이 오른쪽에 위치한 경우
(학교부적응 청소년, 중2, 남)

조각이 중앙에 위치한 경우
(진로상담 청소년, 중3, 여)

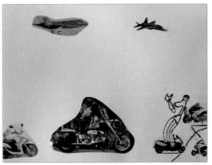

중앙에 공백이 있는 경우
(학교부적응 청소년, 중1, 남)

[그림 8-9] 공간 배치

체성을 나타낸다. 그리고 위쪽은 정신적인 부분, 아래쪽은 신체적인 부분이며 왼쪽은 내적인 영역, 오른쪽은 외적인 영역이다. 또한 왼쪽 아래는 본능·직관, 오른쪽 아래는 모성·가정·감정과 관련되고, 왼쪽 위는 윤리·종교·부성·사고, 오른쪽 위는 사회·감각을 나타낸다([그림 8-10], [그림 8-11] 참조). 콜라주에서 사진 조각의 배치가 치우쳐 있는 경우에는 秋山さと子(1972)의 도식을 사용하는 경우가 많지만, 이는 이론이 아닌 임상으로부터 얻은 견해이므로 맞지 않는 경우도 있다는 것을 고려하여 작품의 흐름을 살펴봐야 한다.

Koch의 공간도식을 살펴보면, 중앙은 자기중심적 경향을 나타낸다. 그리고 위쪽은 의식, 아래쪽은 무의식의 영역이며, 왼쪽은 과거·어머니·내향성, 오른쪽은 미래·아버지·외향성을 의미한다. 또한 왼쪽 아래는 퇴행·유아기의 고착 등 원초적 상태, 오른쪽 아래는 심리적 갈등·본능적 경향과 관련되고, 왼쪽 위는 수동성 영역, 오른쪽 위는 능동성 영역을 나타낸다([그림 8-12] 참조).

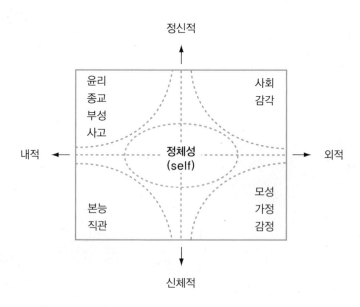

[그림 8-10] 秋山さと子의 공간도식(秋山さと子, 1972)

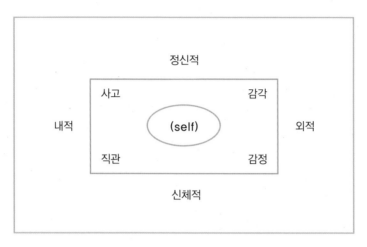

[그림 8-11] Jung의 공간도식

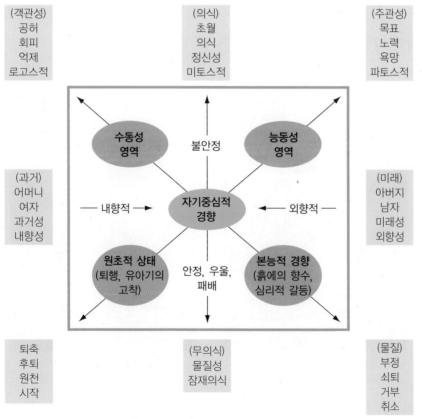

[그림 8-12] Koch의 공간도식

(10) 종이 위치

앞서 제시한 항목 이외에도 종이 위치를 세로 혹은 가로로 사용했는지 평가한다. 연구에 따르면 초등학생의 1/3이 종이를 세로로, 2/3가 가로로 사용하는 것으로 나타났으며, 중·고등학생의 1/5이 종이를 세로로 사용하고 있는 것으로 나타났다(이근매, 2009; 2011). 그리고 청소년과 대학생의 경우 종이 위치를 가로로 사용하는 경우가 85%, 세로로 사용하는 경우가 15%로 대부분 가로로 사용하는 것으로 나타났다. 종이를 세로로 사용한 비율이 1~2%로 보고된 杉浦京子(1994)의 연구에 비하면 세로 사용 비율이 다소 높긴 하지만, 이는 콜라주 작품에서 학년별 차이 없이 대부분 종이를 가로로 사용한다는 것을 보여 준다.

종이를 세로로 사용하는 경우는 메시지성이 강한 포스터 등으로, 주제는 추상성이 높다. 현실에서 벗어나 이상적인 세계 혹은 정신적인 세계를 표현하는 데에는 종이를 세로로 사용하는 것이 표현하기 쉽기 때문이다. 또한 현실에서 거리를 두고 싶다는 욕구표현으로 볼 수도 있다.

종이를 세로로 사용한 경우
(학교부적응 청소년, 중2, 남)

종이를 세로로 사용한 경우
(학교부적응 청소년, 중2, 여)

[그림 8-13] 종이 위치

(11) 통합성

통합이란 여러 요소가 조직되어 하나의 전체를 이루는 것을 의미하는 것으로, 콜라주 작품이 균형 잡혀 있는지, 불균형한지를 평가한다. 대상에 따른 작품의 통합성 비율을 살펴보면, 초등학생 68%, 중학생 75%, 고등학생 92%로 나타나 학년이 높아짐에 따라 작품이 통합성 있게 표현되는 것으로 나타났다(이근매, 2009; 2011).

반면, 학교부적응 청소년의 1/2, 대학생활 적응에 어려움을 보이는 대학생의 2/5가 작품을 불균형하게 표현하는 것으로 나타나 작품을 불균형하게 표현할 경우 심리적 안정감과 통합성이 낮음을 알 수 있다. 이는 작품이 조화롭지 못하고 불균형하게 표현됐을 경우 주의 깊게 살펴볼 필요가 있음을 시사한다(박정희, 이근매, 2012).

작품에 균형이 있는 경우 　　　　　 작품에 균형이 없는 경우
(진로상담 청소년, 고1, 남) 　　　　 (진로상담 청소년, 고1, 여)

[그림 8-14] 통합성

요약해 보면, 임상 사례에서는 초기 작품에 사진 조각 수가 많고 문제가 정리되면서 다소 감소하는 것을 볼 수 있다. 여백이 전혀 없는 작품에서 적절한 여백이 있고 균형이 잡힌 작품으로 변화해 가는 과정도 확인할 수 있다. 신경증이 있는 내담자의 경우 초기 면접에서 강박적으로 종이를 여백 없이 전부 붙여 버리는 모습을 볼 수 있다. 이렇듯 초기 작품에 자신의 문제 대부분을

표출하는 경우가 많다. 또한 종이를 세로로 사용함으로써 현실과 거리를 두고 싶다는 욕구표현을 하는 내담자도 있다.

그러나 여백이 지나치게 적거나 많고 작품에 불균형이 있다고 하여 반드시 문제라고 단정 짓는 것은 위험하다. 그보다는 콜라주 작품에서 아동·청소년의 발달단계를 고려하여 그에 맞게 붙였는지 보며 심리 상태를 파악하는 것이 중요하다.

③ 내용 분석

콜라주 작품에 대한 내용 분석은 전체적인 평가와 형식 분석을 제외한 내용 분석, 표현 내용 분석 그리고 첨가 여부 등의 내용 분석에 따른 특성을 말한다. 콜라주가 완성되면 구체적으로 '무엇이 표현되고 있는가?'를 살핀다. 즉, 작품에 붙은 사진 조각의 내용을 분석하여 작품을 이해해 나간다.

내용 분석은 현재의 내담자의 선호와 관심사를 파악하는 데 좋은 정보가 될 수 있다. 이때 연령대와 현재 상황에 적절한 표현인지도 함께 파악한다.

표현한 사진의 내용에 총 11가지 항목과 관련하여 잡지에서 잘라서 사용한 사진의 내용이 첨가되어 있는지 분석한다. 각 항목별 내용은 자연풍경, 인간, 동물, 식물, 실내풍경, 음식물, 탈것, 물건(사물), 혼합물, 추상적 내용과 구체적 내용 등으로, 이 항목들의 유무에 대해 평가한다(〈표 8-2〉 참조).

〈표 8-2〉 내용 분석 시 고려해야 할 사항

• 자연풍경의 유무	• 인간의 유무
• 동물의 유무	• 식물의 유무
• 실내풍경의 유무	• 음식물의 유무
• 탈것의 유무와 종류	• 물건(사물)의 유무
• 혼합물의 유무	• 추상적 내용의 유무
• 구체적 내용의 유무	

자연풍경을 주로 붙인 경우
(등교거부 청소년, 중3, 남)

인간을 주로 붙인 경우
(진로상담 청소년, 고1, 여)

동물을 주로 붙인 경우
(학교부적응 아동, 초5, 남)

음식물을 주로 붙인 경우
(학교부적응 아동, 초4, 여)

탈것을 주로 붙인 경우
(학교부적응 아동, 초5, 남)

사물을 주로 붙인 경우
(등교거부 청소년, 중1, 남)

[그림 8-15] 표현한 사진의 내용

콜라주 작품의 내용 분석은 현재의 내담자의 선호와 관심사를 파악하는 데 좋은 정보가 될 수 있으며, 초등학생 고학년이나 청소년이 하나의 사물만 붙이는 경우에는 주의 깊게 살펴보아야 한다. 일반청소년과 대학생은 갖고 싶은 것, 하고 싶은 것 등을 다양하게 표현하는 경우가 많으나 학교부적응 아동 혹은 청소년, 대학생의 콜라주 작품을 보면 한두 가지의 사물에 치우쳐 표현하는 경우가 많다.

중·고등학생의 경우 학년별 특징 없이 대부분 다양한 내용을 혼합하여 붙이는 것으로 다양한 관심을 나타냈다(이근매, 2011). 반면에 학교부적응 청소년의 경우에는 하나의 단일 내용을 붙이는 경우가 많았으며, 그중에서도 물건(사물)을 붙이는 경우가 많은 것으로 나타났다(박정희, 이근매, 2012). 대학생의 경우 단일 내용보다 다양한 내용을 혼합하여 붙이는 경우가 많았으나, 단일 내용을 붙이는 경우 인간을 붙이는 경우가 가장 많은 것으로 나타났다.

다음으로 콜라주 작품을 분석함에 있어서 표현한 사진 조각의 추상적인 내용과 구체적인 내용의 유무를 평가한다. 일반적으로 초·중·고등학생 모두 학년에 상관없이 대부분 추상적인 표현보다 명료화된 이미지인 구체적인 표현을 사용하는 것으로 나타났다(박정희, 이근매, 2012; 이근매, 2011).

추상적인 표현의 경우
(등교거부 청소년, 중3, 남)

일부 사진이 추상적인 경우
(학교부적응 청소년, 중2, 남)

[그림 8-16] 표현 내용

　반면, 대학생활 적응에 어려움을 보이는 대학생의 경우에는 적응을 잘 하고 있는 대학생에 비해 추상적인 표현을 많이 하는 것으로 나타났다. 콜라주 작품에 추상적인 표현을 하는 것은 드문 경우로, 그 사진이 갖는 의미를 염두에 두고 살펴볼 필요가 있다.

　요약해 보면, 청소년의 경우 발달단계에 맞는 내용을 표현하였는지가 중요하며, 일반적인 표현인지, 병리성에 의한 표현인지를 파악한다. 예를 들면, 유아나 초등학교 1, 2학년의 경우에는 자신이 좋아하는 자동차나 사물만 고착하여 붙이는 경우도 있다. 그러나 초등학교 고학년이나 중학생 이상에서 하나의 사물만 붙이는 경우에는 주의 깊게 살펴보아야 한다. 특히 애착 문제가 있는 아동이나 청소년의 경우에는 음식물 사진만 붙이기도 한다.

　일반적인 청소년의 경우에는 갖고 싶은 것, 하고 싶은 것 등을 다양하게 표현하는 경우가 많으나, 학교부적응 아동이나 청소년의 콜라주 작품을 보면 한두 가지의 사물에 치우쳐 표현하는 경우가 많다. 욕구가 억압된 아동·청소년의 경우에는 한 번에 4절지 2~3장에 자신이 갖고 싶은 것, 좋아하는 것을 표현하여 자신의 욕구를 콜라주 작품으로 드러내는 경우도 허다하다.

4 계열 분석

　1장의 콜라주 작품을 억지로 해석하는 것은 위험하다. 계속해서 작품을 작성하여 그 흐름을 계열적으로 이해하는 것이 내담자의 심리 상태를 이해하고 알아차리는 데 도움을 준다. 이때 통합성, 테마, 공간도식, 상징적 해석 등 네 가지의 포인트를 중심으로 작품을 해석하고 내담자를 이해한다.

　계열 분석에서는 이니셜 콜라주라고 하여 첫 회기에 실시한 작품이 내담자의 메시지가 표현되어 치료의 방향성을 제시해 주는 의미 있는 작품이다. 첫 회기 작품은 내담자의 문제를 드러내 주는 경우가 많기 때문에 계열 분석을 할 때는 자주 첫 작품을 참고하는 것이 도움이 된다. 일반적으로 계열 분석은

4~5개의 작품을 작성하고 내담자 자신이 재통찰할 수 있도록 도와준다.

그 당시에는 알아차리지 못했던 사실을 시간이 흐른 뒤 계열 분석을 통해 자신의 작품을 작성하고 회상함으로써 알아차릴 수 있다. 아울러 계열 분석은 이전의 힘든 감정 상태를 객관적으로 조절할 수 있는 힘을 키우는 데도 도움을 준다. 즉, 계열 분석을 통하여 보다 깊게 자신을 이해하고 현재 상태를 지각할 수 있다.

지금까지 살펴본 것처럼 콜라주 기법은 자기이해와 타인 이해를 통해서 또래관계 개선 및 대인관계 능력 향상에 도움을 줄 수 있고, 나아가 진로를 탐색하고 미래의 꿈을 찾고 설계하도록 지원해 줄 수 있으며, 실천과제를 완수하도록 안내하는 역할을 할 수 있다. 결국 콜라주 기법은 아동과 청소년, 성인의 진로를 결정하는 유용한 도구다(12장 사례연구 참조).

5 사진 조각의 상징

잡지에서 마음에 드는 사진을 오려 붙여 작품을 구성하는 콜라주 미술치료에서는 의식성과 무의식성이 동시에 드러난다. 무의식성의 표현은 인간의 마음 깊은 곳의 숨겨진 사실을 투사해 주며, 주로 심상이나 상징을 통해 표현된다.

사물에는 모두 상징적인 의미가 있다. 그 의미는 여러 가지로, 하나로 함축하기에는 무리가 있다. 붙여진 조각의 의미는 만든 사람 자신과 함께하고 있기 때문에 제작자가 의미를 부여하는 것을 소중히 여긴다. 그 당시에는 몰랐어도 알아차리는 시기가 반드시 오기 때문에 상담사는 내담자의 상징이 지닌 의미를 염두에 두어야 한다.

예를 들어, 꽃에 대해 생각나는 것이 있는지, 어떤 느낌이 드는지, 꽃을 붙이고 난 뒤의 기분은 어떠한지 등을 질문해 나간다. 이때 직접적인 해석을 하는 것은 내담자의 방어를 높일 수 있기 때문에 조심해야 한다. 반면에 내담자가 스스로 자신의 문제를 알아차릴 수 있도록 도움을 주는 간접적인 질문 방식이 효과적이다.

콜라주 미술치료를 통하여 내담자를 도우려고 할 때 상담사에게는 콜라주 작품을 통한 심상 및 상징에 대한 깊은 이해가 요구된다. 왜냐하면 일반적인 상징의 의미도 있지만 그 의미는 아주 다양하여 내담자의 성장 환경과 내담자가 지각하고 있는 심상에 따라 달라질 수 있기 때문이다.

콜라주 기법에서는 떠오르는 이미지를 직접 그려 나가는 그림과는 달리, 준비된 사진 조각들 혹은 잡지에서 마음에 들거나 신경이 쓰이는 사진 이미지를 선택하여 도화지 위에 조합함으로써 전체적인 이미지를 표현해 나간다. 사진의 어떤 특징 때문에 그 사진의 이미지가 선택된 것일까? 그것은 이미 준비되어 있는 것이기 때문에 각기 이야기를 지닌다.

선택된 사진 이미지는 원래 잡지 등에서 그 위치가 정해진 이야기 중에 있는 것으로, 거기에서 잘렸다고 해도 이야기의 존재는 남는다. 아름다운 드레스를 입은 여성의 사진은 다른 동종의 드레스를 입은 여성의 사진들과 함께 나열되어 있던, 고급 드레스를 소개하는 잡지 속의 사진일 수 있다. 혹은 여러 디자인의 드레스를 입은 여성들이 있는 패션쇼 장면의 일부였을 수도 있다. 사진 이미지는 잡지의 특정한 이야기 속에서 잘려짐으로써 다른 의미와 이야기를 생성한다.

이와 같이 붙여진 사진 조각의 상징을 해석하기 위해서는 살펴보아야 할 내용이 있다. 다음은 상징의 일반적인 의미와 한국의 콜라주 미술치료 워크숍에서 임상 미술상담사들이 표현한 다양한 상징의 의미를 정리해 본 것이다. 문화적 배경에 따라 상징의 의미는 달라질 수 있으며, 작성한 사람의 설명을 중요시하면서 상징을 이해할 필요가 있다(이근매, 靑木智子, 2010).

1) 자연환경의 상징

자연환경의 상징은 우주, 태양 등 태양계와 홍수, 바람, 번개 등의 날씨 그리고 바다, 땅, 불, 물 등을 말한다. 태양과 달, 별과 행성의 움직임을 관찰하고 계절의 변화를 인식함으로써 인류는 자연과 조화를 이루고 질서에 순응하며 살아왔다. 우주의 상징성은 종교와 깊은 연관을 맺고, 하늘과 달과 별, 천둥과 번개 등은 신과 수많은 신화와 연관되어 있다. 이는 자연환경이 고대사회에서 인간의 삶에 절대적으로 중요했다는 것을 뜻한다. 각 국가의 국기에서 신성한 지배와 권력을 뜻하는 해와 달 등의 우주적 상징이 나타나는 것처럼 현대사회에서도 그 상징적 의미는 유효하다. 자연환경의 상징을 우주, 물, 육지, 풍경 및 기타로 나누어 살펴보면 다음과 같다.

(1) 우주

우주는 종교와 신의 세상을 상징한다. 이것은 삶을 반영하고, 큰 세계, 질서, 원리, 거리가 먼 세계, 상상의 세계를 뜻한다.

- 해: 해는 생명, 빛을 상징하며 창조적 부흥, 최고의 주권, 강렬함을 상징한다. 그 외에 양, 남자, 뜨거움, 유일함, 쳐다볼 수 없는, 눈부심, 시작, 끝, 아빠, 열정, 무기력 등을 의미한다.
- 일출: 일출은 탄생, 새로운 삶, 인격발달의 새로운 단계를 상징한다. 그 외에 시작, 힘이 솟음, 장엄함, 붉음, 일어남, 지켜움, 희망, 소원 성취, 1월 1일, 유일함, 짧음 등을 의미한다.
- 별: 별은 신성한 길잡이, 희망, 천국, 하늘로 들어가는 통로를 상징한다. 그 외에 목표, 바람, 희망, 꿈, 밤하늘, 낭만, 슬픔, 그리움, 멀다, 차가움, 환상적, 외로움 등을 의미한다.
- 달: 달은 삶의 순환, 깨달음, 탄생, 죽음, 낮과 밤, 빛과 어둠의 통합을 상징한다. 그 외에 동화, 목표, 음, 여자, 변화, 소망, 빵, 토끼, 가득 찬, 아

련함, 달과 6펜스, 강강술래, 명절, 모닥불 등을 의미한다.

(2) 물

물은 원초적 대양, 우주의 근원으로서의 물질을 암시한다. 인간은 모든 생명이 물에서 태어난다고 생각했기 때문에 물은 원초적 생명의 근원인 모성의 상징이며, 청결과 정화, 생식, 생명력, 잠재력을 상징한다. 또한 무의식과 감정을 의미하기도 한다. 물과 관련된 상징은 다음과 같다.

- 바다: 바다는 자유와 모험, 깊은 무의식, 활기, 두려움을 상징한다. 그 외에 엄마, 풍랑, 두려움, 호기심, 시원함, 평온함, 느긋함, 재미있다, 깊다, 풍요, 슬픔, 포용, 여행, 고통, 자유로움, 활력, 무의식, 소리, 쓸쓸함, 우울 등을 의미한다.
- 강: 강은 시간의 흐름, 삶과 죽음의 경계, 신성의 영역을 상징한다. 또한 경계, 의식의 흐름을 의미한다.
- 연못: 연못과 샘은 신이 내린 은총, 대지, 하늘신의 선물로서 비밀스럽고 치유적인 성질을 상징한다. 땅에서 솟아나는 물은 여성적인 자비를 상징하며, 고인 연못은 의식과 에너지 흐름의 정체, 답답함을 상징한다. 그 외에 무의식, 풍요를 의미한다.
- 호수: 호수는 여성적인 습윤 원리를 상징한다. 호수와 늪, 포용력을 갖춘 지혜, 흡수, 습한 것과 수동적인 성질, 평화와 명상, 거울의 상징, 지혜, 몰두, 지하의 바다, 마력, 신비, 마력을 지닌 존재, 괴물의 안식처, 속을 알 수 없는, 두려움을 의미한다.
- 시냇물: 시냇물은 태양에서 흘러나오는 광선, 신성한 힘의 흐름, 신의 은혜의 흐름, 생명과 풍요를 상징한다. 그 외에 의식의 흐름, 기쁨, 놀이공간을 의미한다.
- 폭포수: 폭포는 신성한 곳이며, 폭포수는 생명의 원천과 힘, 불교도에게는 영원한 무상, 영혼의 정화를 상징한다. 그 외에 폭발적 흐름, 급격한

변화, 신비, 웅장, 정신적 수련을 의미한다.

- 물: 물은 청결, 정화, 생식, 생명력, 잠재력을 상징한다. 그 외에 무의식, 여성성, 슬픔, 우울, 생명, 차가움, 죽음, 깊다, 움직인다, 바다, 유연성, 탄생, 홍수, 가뭄, 여러 가지 형태, 생명의 근원지를 상징한다.
- 비: 비는 축복, 계시, 하늘의 힘이 내려오는 것, 다산을 상징한다. 그 외에 시원함, 스트레스, 눈물, 소나기, 흠뻑 젖는다, 우산, 눅눅함, 기다림, 즐거움, 홍수, 부침개, 재난을 의미한다.

(3) 육지

육지는 다산성, 생존, 보호의 상징이며, 신화에서는 가이아와 같은 어머니 여신으로 의인화된다. 육지에서의 집 등 보금자리의 의미를 가지기도 하며, 여러 가지 작물의 수확 등 생산의 의미를 가지기도 한다. 육지는 또한 인간이 살아가는 삶의 터전이며, 인간의 의식을 상징하기도 한다. 다양한 상징의 의미는 다음과 같다.

- 길: 길은 방향, 목표, 의식, 목적지, 방황, 갈등, 막연함, 고속도로(시원함), 산길(힘듦), 개척, 인생, 과거, 미래, 표지판을 상징한다.
- 사막: 사막은 멀리 떨어지고 버려진 곳으로 묵상의 장소, 신의 계시가 내리는 장소로 상징된다. 또한 황량, 방기, 신성한 장소를 뜻하기도 한다.
- 돌: 돌은 죽음과 쇠락에서 벗어나 단단함, 힘, 불멸, 정신적 성숙, 지혜를 얻는 여정을 상징한다. 그 외에 무겁다, 딱딱하다, 변신, 죽음, 정지, 색상, 무덤, 침묵, 불변, 기도, 기원, 제사, 징검다리, 망부석, 조각, 문제제기, 차가움, 견고함, 무당, 미신, 누른다, 비석을 의미한다.
- 산: 산은 영적으로 중요한 곳, 깨달음과 구원을 상징한다. 또한 초월, 순수 영적인 상승, 불멸의 존재, 영웅, 신성한 예언자, 신을 상징하기도 한다.
- 자연석: 자연석은 영원, 영적인 깨달음, 순수, 세련됨, 탁월한 능력, 치유, 보호의 의미가 있다. 자연석의 종류 중 금은 순결, 신, 진리, 조화, 지혜,

지상권력, 영광, 존엄성, 고귀함, 부를 의미하며, 은은 순수, 정숙, 달변, 달과 관련된 것, 여성적인 것을, 옥은 순결, 정의, 진실, 용기, 조화, 충성, 자애를, 에메랄드는 봄의 성장, 번식, 재생, 풍요를 상징하며, 터키석은 신의 돌, 수호신을 의미한다.

(4) 풍경 및 기타

풍경은 나무, 꽃, 무지개, 눈 등의 자연에서 볼 수 있는 풍경을 말한다. 이러한 상징은 자연환경에 속하면서 콜라주에 자주 등장하는 사물로서 다양한 상징성이 있다.

- 나무: 나무는 신의 존재를 가리키는 표상, 천계, 지상, 하계와의 소통을 상징한다. 그 외에 성장, 큰 꿈, 목표, 의지, 쉼, 시원함, 다양한 쓰임새, 싱싱함, 변화무쌍, 군상, 자아상, 풍요로움, 베고 싶은 것을 의미한다.
- 꽃: 꽃은 존재의 덧없음, 봄, 후각, 희망을 상징한다. 그 외에 꽃은 가시, 향기, 유혹, 선물, 공주, 성취, 아름다움, 축하하다, 고백하다, 화려한, 절정, 여자, 외유내강을 의미하며, 봉우리는 언젠가의 성취를 위한 준비, 미숙하다, 기대된다. 펴 주고 싶다, 가능성, 수줍음, 소녀, 도와주고 싶다, 힘이 없음을 의미한다.
- 무지개: 무지개는 고전적으로는 세상에 대한 통치를 상징한다. 그 외에 약속, 희망, 사랑의 언약, 사라짐, 환상, 허황된, 아름다운, 마음이 풀린, 무지개떡, 보물, 맑음, 촉촉함을 의미한다.
- 눈: 눈은 차가움, 냉혹함의 상징이다. 그 외에 포근함, 겨울, 사랑스럽다, 크리스마스, 차갑다, 설, 축복, 깨끗함, 결정체, 스키, 예쁘다, 발자국, 러브스토리, 녹는다, 허무함을 의미한다.
- 바람: 바람은 혼돈, 활동성, 보이지 않는 삶의 힘을 상징한다. 그 외에 변화, 자유, 신, 악마, 소문, 풍문, 성적 상징을 의미하기도 한다.
- 불: 불은 활동성, 남성성, 역동적인 정신, 물질의 변형 과정을 상징한다.

그 외에 에너지(여러 가지의 에너지), 뜨거움, 열정, 격정, 힘, 소각, 무서움, 파괴, 재생, 파티, 추억, 강변, 시위, 요리, 아픔, 일어남, 화재, 분위기를 의미한다.

2) 동물 관련 상징

동물은 원시문화에서 인간이 생계를 유지할 수 있는 수단이며, 인간보다 우주의 힘과 교감하고 있다는 점에서 영적인 존재로 드러나기도 한다. 일부 동물은 인류의 조상 격으로 숭배 받으며, 창조 이야기의 주인공으로 등장하거나 신들과 관련을 맺기도 한다. 또한 두려움의 대상이거나 숭배의 대상, 또는 즐거움을 주는 대상 등 그 종류에 따라서 각기 다른 상징적 의미가 있다. 동물 관련 상징을 하늘에 있는 동물, 육지에 있는 동물, 물에 있는 동물로 나누어 살펴보면 다음과 같다.

(1) 하늘에 있는 동물
- 새: 그리스도, 영혼, (새장 안의 새) 기만, 공기의 알레고리를 상징한다. 그 외에 비상, 자유로움, 높은 이상, 맑음을 의미한다.
- 나비: 나비는 혼, 영원한 생명을 나타낸다. 또한 재생, 부활을 상징한다. 그 외에 변형, 영혼, 행복, 아름다움, (한 쌍의 경우) 행복한 결혼을 의미한다.
- 독수리: 독수리는 태양에 속하며 하늘신의 상징이다. 정오의 태양, 영적 원리, 승천, 영감, 속박으로부터의 해방, 승리, 자만, 관조, 신격화, 왕의 존엄, 권위, 힘, 높음, 공기를 뜻한다.

(2) 육지에 있는 동물
- 말: 말은 지성, 지혜, 정신, 이성, 고귀, 활력, 본능적인 동물성, 마술적인 힘을 뜻한다. 그 외에 강인함, 역동성, 힘차다, 자유, 힘, 에너지, 길들이

는 것을 의미한다.

- 사자: 사자는 태양과 달, 선과 악의 양쪽에 속하는 것으로 태양의 힘, 불의 원리, 위엄, 강함, 용기, 정의법, 무력, 백수의 왕을 나타내며, 동시에 잔인함, 광폭성, 인간 이하의 짐승, 전쟁신의 부수물이다. 달의 상징이 암사자로서, 이는 모성본능을 상징한다. 그 외에 그리스도, 부활, 악마, 불굴의 정신, 고상한 용기, 징벌, 존경, 이성, 공포, 남성다움, 복수를 의미한다.

- 호랑이: 태양과 달의 양쪽에 속한다. 왕위, 잔인함, 강함을 상징하며 대지모신을 뜻하기도 한다. 그 외에 위엄, 공격, 동물의 왕, 영리, 야생, 악마, 환영, 호색한, 존경, 티그리스 강의 알레고리를 의미한다.

- 소: 황소는 남성 원리, 풍요, 남성적 출산, 여성 원리로는 대지, 자연의 습윤 능력을 뜻한다. 우리나라에서는 부지런하다, 농사의 도구, 우직하다, 재산, 버릴 게 없다, 착하다, 순하다, 힘이 있음을 의미한다.

- 곰: 곰은 동면하다가 굴 속에서 부활하는 것으로 신생, 부활을 나타낸다. 각 나라의 신화에서 다양한 의미로 등장한다. 그 외에 공격적이다, 힘이 있다, 야생적인, 신화(곰＝여성), 숲의 정령, 신의 사자를 의미한다.

- 개: 개는 충성, 경계, 고귀를 뜻한다. 그 외에 귀여운, 보호해 주어야 하는 대상, 친구, 가족, 인간과 가깝다, 충성을 의미한다.

- 검은 고양이: 검은 고양이는 사악한 교활함, 해를 끼치는 정령, 불운과 연관이 있다. 그 외에 복수심, 음흉함, 소설, 두려움, 악당, 날렵함을 의미한다.

- 토끼: 토끼는 달에 속하는 동물이며, 달의 여신과 연관된다. 다산과 색욕의 상징이다. 그 외에 귀여운, 자식, 어린아이, 어디로 튈지 모르는, 약삭빠르다, 다듬어지지 않은 에너지, 소극적인 공격성, 똑똑하다, 재치가 있다, 빨리 뜀을 의미한다.

- 개미: 개미는 근면을 상징한다. 중국에서는 질서, 바름, 덕, 조국애, 복종을 상징한다. 그 외에 부지런함, 끈기, 기다림, 열심히 일함(에너지가 떨어

질 때 나오기도 함)을 의미한다.

- **사슴**: 사슴은 생명의 나무로 종종 묘사되며, 발 빠름, 부드러움의 상징이다. 그 외에 하나님을 애타게 찾는 영혼, 선의 이미지, 분별, 신중함을 의미하며, 청각의 상징물이다.

(3) 물에 있는 동물

- **악어**: 악어는 무서움, 공격성, 속임수, 물속과 물 위를 오가는 것을 상징한다.
- **백조**: 바람과 물을 합친 것으로 생명의 새이며, 새벽을 나타내는 태양의 새다. 고독과 은둔, 성실, 치유, 은혜, 사랑, 청순함을 상징하기도 한다. 그 외에 순결, 미덕, 위선, 길조의 의미가 있다.
- **물고기**: 신도들, 물, 그리스도의 상징, 회개의 알레고리다. 그 외에 유연함, 흐름을 타는, 풍요, 무의식의 모습을 의미한다.
- **오리**: 오리는 피상, 시끄러움, 천박, 수다와 기만을 상징한다. 중국과 일본에서는 결혼의 행복과 부부의 행복, 미를 의미한다.

3) 음식 관련 상징

고대사회에서 음식과 음료는 신의 축복에서 비롯된 자연의 은혜를 의미했다. 현재에 이르러서도 식사 전 음식을 내려 준 신의 은총에 감사하는 기도를 올린다. 또한 신의 사랑뿐 아니라 인간의 원초적인 욕구, 에너지, 여성성, 생존 등의 의미를 가지기도 한다. 음식에 관련된 상징을 살펴보면 다음과 같다.

- **보양식**: 보양식은 영양보충을 할 때 먹는 것으로 에너지를 뜻한다. 그 외에 가족, 남편, 보호하다, 에너지를 비축하다, 피곤하다, 돌보다, 남을 위하는, 배려, 지침을 의미한다.
- **야채**: 무의식적인 생명, 죽음과 부활, 풍요, 영양, 풍부함, 부동의 상징이

다. 그 외에 건강함, 에너지, 싱그러움, 친환경적인, 건강식, 성장의 의미
가 있다.

- 사과: 사과는 애정, 절정의(성적) 기쁨, 유혹, 지식, 기적의 과일로 상징된
  다. 그 외에 사랑의 상징, 아담과 이브, 에너지, 백설공주, 건강을 의미하
  기도 한다.
- 포도: 포도는 영적인 생명과 재생을 상징한다. 그 외에 풍요, 다산, 희망,
  장수를 의미한다.
- 와인: 와인은 변형, 신성, 이로운 영혼, 사후의 삶을 상징한다. 그 외에 분
  위기, 고급, 술, 건강, 파티, 축하, 만남, 컬렉션, 선물, 남편, 식욕, 장식,
  연인, 탕, 양념, 숙성, 축하, 여유, 달콤함, 시원함을 의미한다.

4) 신체 관련 상징

인간의 육체는 한때 소우주로 이해되었다. 인체의 각 부분은 일정한 기능
을 담당하는 상징으로 사용된다. 대부분의 문화에서는 인체의 각 기관마다
상징성을 허용하고 생물학적 기능을 넘어서는 의미를 부여했다. 인간의 형상
또한 신의 권능을 상징하며, 신성한 존재를 나타내는 상징이다.

신체 관련 상징 중 표정은 언어를 초월하여 본연적인 인간의 감정을 나타
낸다. 웃는 얼굴은 기쁨, 행복, 즐거움을 의미하고, 우는 얼굴은 슬픔, 좌절,
우울, 벅찬 감동을 상징한다. 소리치는 얼굴은 자유, 해소, 말, 싸움, 기쁨의
포효, 승리를 의미하며, 자는 얼굴은 휴식, 고요, 회피, 충전을 나타낸다. 화
난 얼굴은 분노, 화, 싸움, 공격을 의미하고, 눈 감고 있는 얼굴은 생각, 회피
등을 상징한다. 세부적인 신체 관련 상징을 살펴보면 다음과 같다.

- 입술: 입술은 말을 의미하는 상징이며 식사와 폭식을 상징한다. 그 외에
  소리 내다, 주장하다, 표현하다, 잔소리, 말하다, 공격적인 언어, 키스,
  사랑의 표현, 다정한 말을 의미한다.

- 귀: 귀는 청각의 상징이며 소통을 상징한다. 그 외에 소리, 엿듣다, 루머, 소리 없는 소문, 호기심, 간지럽다, 관심, 비밀, 속삭임, 은밀함, 복을 의미한다.
- 눈: 눈은 태양과 달을 상징한다. 그 외에 통제, 감시, 눈물, 타인의 시선, 두려움, 평가하다, 지켜보다, 바라보다, 지지하다, 평가받다, 편견을 의미한다.
- 손: 손은 촉감의 상징이며 보호, 영적인 힘, 권력, 리더십, 권위를 상징한다. 그 외에 행동을 원할 때, 찾는다, 만든다, 감사, 창조, 도움, 감싼다, 구속, 내어줌, 포옹, 악수, 함께한다, 칭찬, 지적을 의미한다.
- 발: 발은 지구로 내려온 신과 결합하여, 맨발로 걷는 신의 모습은 모욕을 상징한다. 그 외에 역동성, 움직이다, 열심히 하다, 행동하다, 재빠르다, 열등감, 안정감, 공격적, 걷어차다, 운동, 여행, 맨발의 청춘, 짓밟다 등의 의미가 있다.
- 가슴: 가슴은 모성, 양육, 보호, 사랑의 상징이며, 양육자로서의 태모를 상징한다. 그 외에 엄마, 따뜻하다, 여자의 상징, 성적인, 섹시하다, 모유, 모성애, 음란함을 의미한다.
- 나체: 나체는 자연적인 무구한 낙원상태, 탄생, 창조, 재생으로서의 부활을 나타낸다. 그 외에 젊음, 원초적, 건강함, 아름답다, 성적인, 음란하다, 원시적인, 자유를 의미한다.

5) 의복 및 장신구 관련 상징

모든 문화권에서 의복과 장신구는 개인 및 사회의 특성을 표현하는 시각적 상징이다. 옷은 사회, 문화, 기후, 성별에 대한 메시지를 전달하며, 개인의 지위, 직종, 성격 등 많은 사항을 읽어 낼 수 있다. 현재 사람들이 사용하는 많은 의복 및 장신구는 고대로부터 비롯된 상징적 의미를 가지고 있다. 의복 및 장신구와 관련된 구체적인 상징을 살펴보면 다음과 같다.

- 넥타이: 타이는 흔히 소속단체를 상징한다. 그 외에 남성성, 압박, 졸라매다, 책임감, 아빠, 남편, 샐러리맨, 권위적인, 통제, 사회적인, 지위가 있는 것 등을 의미한다.

- 가운, 제복: 대표하는 기관을 나타내는 상징이며 권위를 상징한다. 그 외에 학위나 지위에 대한 열망, 권위적인, 갑갑한, 전문가다운, 틀에 맞춘, 완벽한, 위상, 절도를 의미한다.

- 구두: 신발은 기후보다도 사회적 지위와 유행을 나타낸다. 그 외에 다니고 싶은 것, 우아한, 아픈 발, 고통스러움, 외출하다, 불편한, 의무감, 지위, 뽐내다, 멋스럽다, 틀의 의미가 있다.

- 가방: 자루에서 유래되었으며, 비밀, 포용, 은닉, 바람을 뜻한다. 그 외에 감추다, 담다, 밀월여행, 학업, 떠나다, 여행, 이동, 추억, 보관하다, 학교, 여성스러움(핸드백)을 의미한다.

- 향수: 향수는 고대부터 신의 제사에 연관된 신성함의 상징이 있으며, 현대에는 유혹의 의미가 있다. 그 외에 자기 색깔을 내는 것, 감추다, 선물, 향기, 느낌, 치장, 색깔, 성적, 선택, 화려함, 드러내다, 위장(의식적인 것이라 일반적으로도 화지의 위쪽에 붙이는 경우가 많다. 아래쪽에 붙이고 불편해하는 경우라면, 자신만의 색깔이나 자신의 무의식을 드러내는 것일 수도 있다) 등의 의미가 있다.

- 립스틱: 화장술의 일종이라는 의미에서 현대에는 치장과 아름다움의 의미가 있다. 그 외에 사회적인 힘, 가면, 역할, 위장하다, 가식적인, 화려한, 야한, 기분전환, 변신, 불륜, 여성스러움을 의미한다.

- 액세서리: 신분과 권력의 상징, 사랑과 명예를 뜻하는 징표다. 그 외에 장식, 아름답고 싶은 욕구, 내면의 아름다움, 여성성, 보이는 것, 가식적인, 화려한, 사치, 빛나는, 거추장스러운, 여성, 엄마, 애인을 의미한다.

- 왕관: 왕의 권력, 권위, 최고의 통치권, 무한의 지속성을 상징한다. 그 외에 힘의 욕구, 아름다움, 가치의 의미가 있다.

- 선글라스: 선글라스는 눈을 보호하기 위한 것이지만 눈을 가리는 것이기

도 해서 감춤, 회피 등의 상징이 있다. 그 외에 멋스럽다, 휴가, 몰래 훔쳐보다, 경계하다, 시선, 연예인, 돋보이다, 명품, 분위기 있는 것을 의미한다.

- **목걸이**: 목걸이는 직무, 위엄, 속박, 통일 속의 다양성을 상징한다. 그 외에 사치, 가치 있는 것, 빛나는 것을 의미한다.
- **반지**: 반지는 영속성이라는 상징과 연관되어 영원한 사랑, 결혼을 뜻하며, 왕 등의 권력자에게는 권력을 뜻하기도 한다. 그 외에 약속, 연속, 신성, 생명, 힘, 위엄, 지고의 통치권, 강함, 보호, 위임받은 권력, 완성, 순환적 시간을 의미한다.
- **시계**: 시간의 영속성을 상징한다. 그 외에 강박성, 지켜야 하는 시간, 체계적, 압박, 계획, 마감시간, 약속을 의미한다.

6) 인공물의 상징

상징은 인간의 사회적·문화적 정체성의 가장 중심에 놓여 있다. 인간이 만든 모든 것은 다양한 상징으로 활용된다. 실용적이거나 의식적인 용도에서 의미가 정해지기도 하고 일부는 신화와 결합하거나 그 형태 또는 모양이 영향을 받기도 한다. 인공물의 상징을 건물, 집 안에서 사용하는 것, 탈것, 기타로 나누어 살펴보면 다음과 같다.

(1) 건물

고대부터 모든 문화와 사회의 열망은 건축을 통해 표출되었다. 제국의 권력을 기념하는 고대 건물부터 현대사회의 지위와 업적을 나타내는 고층빌딩 등 건물은 그 시대의 인간의 욕구와 자연 및 우주의 상징을 담고 있다.

- **방**: 방은 자신의 특정한 측면, 자궁, 정신을 상징한다. 그 외에 휴식, 혼자만의 공간, 갇혀 있다, 하고 싶은 것을 하는 공간, 도피, 안전, 방 안에서

의 가족 간의 교류, 대화, 격리, 소외, 외계와의 단절을 의미한다.

- 집: 집은 인간의 생리와 심리를 상징한다. 또한 자기의 육신, 배우자, 안전한 공간, 외부세상에서 분리된 성역을 말한다.
- 문: 문은 새로운 국면, 새로운 발전의 시작을 상징한다. 그 외에 개방하다, 출입하다, 수용하다, 초대, 격리된, 벽, 소통의 수단, 궁금함, 지켜보는 것, 에티켓을 의미한다.
- 아파트 건물: 아파트는 현대에 등장한 주거 형태로 현대사회, 산업화를 상징한다. 그 외에 갑갑함, 닭장, 편리함, 공동체, 동일함, 삭막함, 어지럽다, 인간성 상실, 인공적인 것을 의미한다.
- 빌딩: 빌딩은 이상주의, 고상한 포부를 상징한다. 그 외에 힘, 남성의 우월성, 인간의 어리석음, 경계를 뜻한다.
- 한옥: 한옥은 전통적, 가치, 편안함, 예의, 단아함, 한국적인, 친환경적인 것을 의미한다.
- 교회: 교회는 전체적으로 통합된 정신을 상징한다. 그 외에 신의 거주지, 신성함, 운명, 종교적 가치를 의미한다.
- 텐트: 텐트는 여행을 다닐 때 쓰는 임시거처로 모험과 여행을 상징한다. 여행, 캠핑, 임시거처, 새로움, 불편함, 아늑함 그리고 여성과 자궁을 의미하기도 한다.

(2) 집 안에서 사용하는 것

- 침대: 침대는 쉬고 싶은 마음, 새로운 일에 대한 준비, 편안함, 섹스를 상징한다. 그 외에 따뜻함, 사랑, 고립된, 휴식, 무기력함, 사적인 공간, 사생활, 수면, 빈둥거리다, 외로움, 피하고 싶은, 부부관계, 원초적, 유혹을 상징한다.
- 책장: 책장은 채우고 싶은, 과시욕, 가두어 놓음, 분류, 정돈, 위압감, 강박, 새로움, 오래됨, 소장가치, 허세를 상징한다.
- 그릇 혹은 담는 것: 물그릇은 여성적인 수용원리와 풍요를 나타낸다. 시주

그릇은 현실생활로부터의 단절, 체념, 자아의 방기를 뜻한다. 그 외에 음식, 주는 것, 수용하다, 엄마, 부엌, 대화, 격식, 수집, 여성성을 의미한다.

- 청소기: 청소기는 깨끗하다, 시끄럽다, 열심히 하다, 정리하다, 감정이 없다, 다 빨아들인다, 길다, 대신해 주다, 완벽하다, 개운함을 상징한다.

- 카메라: 카메라는 정지, 남을 보는 것, 추억, 기억함, 관찰, 회피, 객관적, 담아 두다, 증거를 상징한다.

- 곰 인형: 인형은 종종 혼을 지닌 특별한 상을 뜻한다. 그 외에 공격성의 방어적 표현, 추억, 포근함, 귀여움, 사랑스러움, 친구, 안정감, 곰을 상징한다.

- 펜: 펜은 학식을 상징한다. 그 외에 공부하고 싶다, 표현하고 싶다, 엘리트, 집중, 전문성, 비싸다, 자존심, 날카로움, 책임감, 권위, 찌르고 싶다, 고귀함, 노트, 선물을 의미한다.

- 책: 책은 우주, 생명의 문서, 세계의 책, (펼쳐 있는 책) 교양, 학문, 지혜, 예지의 영, 계시, (덮어 놓은 책) 끝, 판결, 죽음을 상징한다. 그 외에 성공, 졸리다, 지혜, 소장가치, 학업스트레스, 중압감, 다양함, 학구열, 지식, 재미있다, 아이디어, 학력, 고지식함을 의미한다.

- 양초: 양초는 세상을 찾아온 그리스도의 빛을 상징한다. 분위기, 소멸, 파티, 빛, 냄새 제거, 향, 희생, 열정, 희망, 부드러움, 작은 힘, 어두움, 눈물을 의미한다.

- 트로피: 트로피는 보상, 성공, 성취, 자신감 있는, 승리, 가치 있는, 월계관, 귀하다, 1등, 강함을 의미한다.

(3) 탈것

탈것으로는 인간의 이동수단으로서 사람의 힘으로 운행되는 자전거부터 기계를 동력으로 하는 자동차 및 비행기 등이 있다. 탈것은 기본적으로 이동하는 사물로서 에너지와 빠르기 등을 상징하며, 종류에 따라 그 의미가 다르다.

- 비행기: 비행기는 현실과 동떨어진 삶의 태도, 공상, 벗어나고 싶어 함, 자유로움을 상징한다. 그 외에 일탈, 새, 날고 싶다, 위험하다, 여행, 사고, 도전, 또 다른 세상, 벗어나고 싶은, 탈피하다, 균형을 의미한다.
- 배: 배는 안식소, 새로운 세계, 어머니, 여행, 목표, 항해, 요람을 상징한다. 그 외에 바다와 육지(무의식과 의식)의 소통, 개척, 침몰, 자유, 물고기, 만선, 타이타닉, 여행, 멀미, 위태로움, 고달픔, 목표, 항해, 풍랑을 의미한다.
- 오토바이: 오토바이는 동력으로 움직이는 것으로 속도와 힘을 상징한다. 그 외에 주행, 모험, 위험, 불안, 반항, 힘, 추진력, 속력, 일탈을 의미한다.
- 자동차: 자동차는 부(富), 추진력, 성공, 아버지를 상징한다. 그 외에 달린다, 힘이 있다, 추진력, 조정하다, 나만의 공간, 데이트, 여행, 일, 가치, 질서, 사고를 의미한다.
- 자전거: 자전거는 동력, 속도, 달리고 있음, 자연적임, 친근함을 상징한다.

(4) 기타

일상생활에서 쓰거나 주위에서 볼 수 있는 것으로 그 상징적인 의미가 있는 것들을 살펴보면 다음과 같다.

- 칼: 칼은 죽음과 희생, 단절, 자유를 상징한다. 그 외에 희생, 복수, 분리, 분할, 해방, 순교를 의미한다.
- 열쇠: 열쇠는 지혜, 지식, 성공, 해방, 축(軸), 비밀의식을 상징하며 이니시에이션(initiation, 성년식)의 신을 상징한다. 그 외에 해결방안, 성공, 방법, 지혜, 해방을 의미한다.
- 다리: 다리는 연결, 전환, 가능성, 미지의 세계, 희망을 상징한다. 그 외에 소통, 도움, 시작, 멘토, 죽음, 붕괴, 성수대교를 의미한다.
- 조명: 조명은 계몽, 천국의 빛을 상징한다. 그 외에 따뜻함, 진리, 지식, 신성(콜라주 작업 시 조명이 등장하면 지지를 바라는 경우가 많다)을 의미한다.

- 지도: 지도는 권력자들만이 가질 수 있는 것으로 탐험, 권력, 제국주의의 의미가 있다. 그 외에 방향성, 도전, 두려움, 나무, 성장, 그날, 장식, 실수가 적다, 완벽, 망설임, 자화상, 풍요로움, 크리스마스, 장소, 여행, 즐거움, 생명, 쉼터, 다람쥐, 운전, 탐구, 발견, 새로움, 안내, 안전, 복잡함, 발견, 물, 자연, 시원함, 열매, 추억, 성황당, 소떼, 모닥불, 숯, 음산함, 마을, 녹색을 의미한다.

7) 기타 상징

기타 다른 상징에는 시간의 변화에 따른 여러 가지 상징과 그 외에 주위에서 흔히 볼 수 있는 캐릭터 및 하트 등의 상징이 있다.

- 계절: 사계는 시대의 회귀, 순환을 뜻한다. 그 외에 출생, 성장, 죽음, 재생, 탄생, 부활, 시간의 흐름을 의미한다.
- 졸업식: 졸업은 마무리, 새로운 시작, 성숙, 성취를 상징한다.
- 결혼식: 결혼은 대립의 화해, 상호작용, 합일, 천상과 지상의 결합, 자연의 풍요, 다산성을 상징한다. 그 외에 새로운 시작, 다시 돌아가는, 새로 태어남, 축복을 의미한다.
- 장례식: 장례는 정화, 승화, 승천, 신체적 부활을 상징한다. 그 외에 매장, 죽음, 보냄, 이별, 슬픔을 의미한다.
- 임신: 임신은 잉태, 새 생명, 축복, 탄생, 모성, 어머니를 상징한다.
- 출산: 출산은 재생, 생산, 숭배, 고통 끝 성취를 상징한다.
- 캐릭터: 캐릭터는 이중성, 유아적인, 감추고 싶다, 귀엽다, 친구를 상징한다.
- 하트: 하트는 사랑의 표시, 애정욕구, 의도적인 표현, 과장된 애정표현을 상징한다.

이와 같은 해석기준에 준한 일방적인 해석보다는 작품 후 내담자의 설명이나 내담자의 표현을 중시해야 한다. 가능한 한 작업 후 내담자에게 작품에 대한 설명을 듣고, 연상되는 것과 기분 및 느낌 등을 서로 이야기하면서 내담자가 통찰해 나가도록 돕는다. 이러한 해석기준은 어디까지나 가설이며, 완성된 콜라주가 이 도식에 정확하게 맞는 것은 아니다.

상담사 중에는 콜라주의 진단이나 해석 내용을 직접 내담자에게 전할 필요가 없다는 입장을 취하는 사람이 많다. 콜라주의 진단이나 해석은 상담사가 치료의 방침이나 전망을 생각할 때에 도움을 주기 때문에 콜라주 작품을 통하여 내담자의 마음을 읽어 내는 것이 중요하다. 다시 말하면, 내담자의 작품을 해석하는 것이 아니라 내담자와 상담사의 관계에서 콜라주를 통하여 내담자가 자신의 마음을 표현할 수 있게 하는 것이 중요한 것이다.

中井久未(나카이 와라쿠미, 1993)는 작품이 완성되었을 때 "콜라주 과정을 치료적인 것으로 완성시키려면 시인하고 찬미해 주는 대상이 필요하고, 상담사가 내담자의 모험적인 이야기를 적극적으로 듣는 자세를 보이는 것이 필요하다"라고 한다. 또한 佐佐木一也(사사키 카즈야)와 下山壽子(시모야마 토시코, 1998)는 "콜라주 미술치료는 상담사가 내담자와 면담하여 내담자의 내면을 이해하고 상호 인격적인 교류를 통하여 내담자가 일상생활에 복귀할 수 있도록 지원하는 것이다. 특히 그 과정에서 경우에 따라 내담자가 상담사와 함께 콜라주 작품을 제작하고, 그 작품에 대해 스스로 해석을 하거나 상대에게 해석한 내용을 들음으로써 자기이해가 깊어진다는 것이 특색이다"라고 설명하였다.

杉浦京子(1993)는 상담사와 내담자가 함께 콜라주 작업을 수행하는 동시제작법은 저항감이 있는 내담자에게 안심감을 줄 수 있고, 상담사와 내담자가 작품에서 메시지를 주고받음으로써 전이와 역전이를 발생시켜 치료의 전개를 촉진하는 역할을 한다고 지적하고 있다.

해석이 필요하지 않은 콜라주 미술치료이지만 실제는(임상 장면에서는 적지만, 특히 자아성장 상담 등에서) 콜라주를 실시했을 때 내담자가 그 견해와 해석에 대하여 의견을 요구하는 경우가 많다. 이러한 상황에서의 대응에 관한 구체적인 연구 보고는 없으며, 해석에 관해서는 실시자에 따라 대처가 다른 듯하다. 어느 정도 일반화된 해석과 견해에 대한 지침이 필요하지 않을까 하는 의견도 있다. 이는 콜라주를 그 모체가 되는 모래놀이치료와 마찬가지로 표준화 할 수 없어 제멋대로 해석하거나, 충분한 지식 없이 콜라주 미술치료를 실시하는 상담사를 증대시키는 위험성이 있기 때문이다.

이러한 해석의 문제에 대해서 中井久未(1976)는 "많은 상담사는 일반적으로 해석을 해야 한다는 회답강박(回答强迫)을 가지고 있다고 한다. 이것은 사실은 내담자의 문제라기보다는 상담사의 위신 유지라는 비치료적인 문제다"라고 주장하고 있다. 또한 미술치료 전반의 견해로서 작품을 작성한 시간 그 자체가 치료적인 시간이고 공간이며, 나아가 완성한 것에 대해서 평가하는 것은 비치료적이라고 지적하고 있다.

杉浦京子(1999)는 상담사 자신이 회답강박으로 내담자의 작품을 쉽게 해석해 버리는 경우가 있다고 주장하였다. 심리치료 중 적절한 시기에 해석하는 경우도 있지만, 치료가 진행되어 종결기가 다가오면 내담자가 스스로 자기해석이 가능하게 되는 경우도 있다. 결과적으로 작품은 치료의 전개를 비추는 센서(sensor)라고 할 수 있다. 즉, 상담사에 의한 해석보다 내담자 스스로의 해석이 중요하며, 이때 상담사가 내담자의 자기해석을 얼마나 지지할 수 있는지가 중요하다.

한편, 青木智子(2005)는 심리면접 장면에서 내담자에게 9회의 콜라주를 도입하였는데, 내담자가 콜라주에 관한 적극적인 해석을 실시하도록 도와주지 않아 결과적으로 면접의 종결을 길어지게 한 사례를 보고하였다. 또 佐佐木由利子(사사키 유리코, 1995)는 콜라주 매체를 통해 내담자가 자신의 문제를 말하고, 상담사와 함께 작품에 대한 인지를 공유하는 것에 대해 강조하였다. 이처럼 실시자인 내담자의 해석에 관한 견해는 폭넓다. 佐藤靜(사토 시즈카, 2001)는 콜라주 제작 과정에서 실시자가 어떤 행동을 취하는지, 콜라주 제작 행동이 사람에 따라 어떤 차이가 있는지, 그 차이는 무엇에 기인하는지 등 인지행동적 부분에 착목하여 분석을 시도하였다.

해석은 콜라주를 사용하는 목적, 즉 이른바 심리치료 장면, 자아성장 관련 상담 장면 등 각 장면에 따라 다를 것이다. 향후 수행될 기초연구 및 사례연구, 통계적 분석이 해석에 관한 견해의 확립으로 연결될 것으로 전망된다.

앞서의 내용을 요약해 보면, 상담사는 내용 분석과 형식 분석, 계열 분석을 통하여 내담자의 콜라주 작품을 해석하고 이해할 수 있다. 먼저 무엇이(내용 분석: 상징적 · 투영적 요소), 어디에, 어떻게(형식 분석: 자르는 방법, 표현적 요소) 붙여졌는지를 파악하면서 작품에 접근해 나간다. 나아가 계열적 이해와 통합성, 테마, 공간도식, 상징적 해석 등을 더해 전반적으로 작품을 이해함과 동시에 내담자가 스스로 통찰해 나가도록 도와준다.

제3부 콜라주 진로상담 프로그램과 사례연구

제9장

콜라주 진로상담 개별 프로그램

"세상에서 가장 즐겁고 훌륭한 일은
한 생애를 통해 일관된 일을 갖는 일이다."

– 올리버 골드스미스 –

이 장에서는 콜라주 진로상담 개별 프로그램을 소개하고자 한다. 이 프로그램은 각 대상과 목적에 맞게 구성되며, 유형 및 제작 방법 또한 프로그램에 따라 다양한 방법으로 실시할 수 있다. 또한 이 장에서는 콜라주 진로상담 개별 프로그램을 구조적으로 제시함으로써 상담사가 상담 현장에서 쉽게 활용할 수 있도록 도움을 주고자 한다.

1 프로그램 구성

콜라주 진로상담 개별 프로그램은 다양한 콜라주 유형 및 제작 방법을 활용하여 내담자가 자신의 진로를 탐색한 후 미래를 설계할 수 있도록 총 16회기로 구성하였다. 프로그램은 초기, 중기, 후기의 3단계로 나누어 초기에는 친밀감 형성 및 욕구 표출, 중기에는 자기이해 및 진로탐색, 후기에는 꿈·미래 설계로 치료 목표를 설정하였다.

콜라주 작품을 진행할 때는 상담사와 내담자가 함께 동시제작법을 실시하는 것이 효과적이지만, 내담자가 위축되어 있거나 무기력한 경우, 저항이 심한 경우에는 내담자의 동기를 촉구하면서 개별법으로 실시하기도 한다. 구체적인 프로그램 구성은 〈표 9-1〉과 같다.

〈표 9-1〉 콜라주 진로상담 개별 프로그램

단계	목표	회기	프로그램	유형 및 제작 방법
초기	친밀감 형성 및 욕구 표출	1	내가 마음에 드는 것	잡지그림 콜라주
		2	내가 좋아하는 것	잡지그림 콜라주
		3	내가 원하는 삶	잡지그림 콜라주
중기	자기이해 및 진로탐색	4	내가 100% 몰입할 수 있는 것	잡지그림 콜라주
		5	내가 잘하는 것(장점)	화답 콜라주
		6	나의 성격은?	콜라주 상자
		7	내가 원하는 일, 직업	콜라주 상자
		8	나의 꿈	원형 콜라주
	직업탐색 및 체험활동	9	나의 미래 직업	집단집단법
		10	전문가가 된 나	집단집단법
		11	Dreams come true!	집단개별법
후기	꿈 · 미래 설계	12	현재의 나, 내가 바라는 나	엽서 콜라주
		13	미래의 하루	잡지그림 콜라주
		14	나의 꿈 실천과제	콜라주 상자
		15	희망나무 꾸미기	잡지그림 콜라주
		16	작품감상회 및 소감 나누기	–

2 프로그램 내용

1) 초기: 1~3 회기

초기 단계는 상담사와 내담자 간에 친밀감 및 신뢰감을 형성하는 것을 목표로 한다. 또한 이 단계에서는 콜라주 작업을 통해 내면의 욕구를 표출하고 작업에 대한 흥미를 유발하며, 매 회기마다 제시된 주제에 대해 편안하고 자유롭게 표현하도록 촉진한다.

1회기: 내가 마음에 드는 것

• 목표: 상담사와 내담자 간에 친밀감과 신뢰감을 형성할 수 있다.

• 기법: 잡지그림 콜라주

• 준비물: 다양한 잡지, 4절 흰색 도화지, 풀, 가위, 연필, 지우개, 사인펜 및 채색도구

• 절차

① 상담사가 내담자에게 콜라주 작업의 효과에 대해서 간단하게 설명하고 동시제작법으로 실시한다.

② 상담사는 자신의 마음에 드는 사진 혹은 그림을 손으로 찢거나 가위로 잘라 도화지 위에 자유롭게 붙이도록 교시한다.

③ 내담자가 작업 방법에 대해 질문하거나 개인 이야기를 할 경우 수용한다.

④ 내담자가 작품을 완성하면 제목을 붙이도록 한다.

⑤ 작품에 대한 설명과 콜라주 작업에 대한 소감을 내담자와 상담사가 함께 이야기한다. 동시제작법으로 실시한 경우 상담사가 먼저 자신의 작품 내용과 느낀 점을 간단하게 소개하여 모델링을 보여 준다.

⑥ 내담자와 상담사가 서로 작업 중 느낀 점, 완성 후 소감에 대해 이야기 나누고 종료한다.

유의점

• 가능한 한 동시제작법으로 실시하나, 혼자서 작업이 어려운 아동 또는 소극적인 청소년의 경우에는 상담사가 도와서 작품을 구성한다.

• 상담사는 작품에 대해 해석하지 않도록 하고, 내담자가 더 이상 말하고 싶어 하지 않을 경우 상담사가 느낀 점을 말하고 종료한다.

• 상담사는 내담자가 보다 안전하고 편안한 분위기에서 작업이 가능할 수 있도록 촉구한다.

[그림 9-1] 내가 마음에 드는 것(중3, 여, 제목: BEST)

• 작품 내용: 잡지를 보며 마음에 드는 것을 골라 붙였다고 했다. 옷들은 예
뻐서 붙였고 소품과 비비크림은 갖고 싶은 것, 악기는 어렸을 때 배운 것
이 생각나서 붙였다고 했다. 전체적으로 잡지를 보며 눈에 띄는 것을 자
유롭게 붙인 것이라고 설명했다.

• 작품 후 소감: 작품을 만들면서 자신이 좋아하는 것에 대해 자발적으로 설
명하고 이야기하는 등 내담자 자신에 대한 이야기를 들을 수 있었다. 작
품을 보며 현재 관심사에 대해 파악할 수 있었고, 작품 활동을 하기 전까
지는 말이 없었지만 활동을 통해 자연스럽게 내담자와 친밀감을 형성할
수 있었다.

2회기: 내가 좋아하는 것

- **목표**: 잡지에서 내가 좋아하는 다양한 것을 자유롭게 찾아 찢고 붙임으로 써 스트레스를 해소하고 욕구를 표출할 수 있다. 이를 통해 내담자의 관심사와 흥미를 탐색할 수 있다.

- **기법**: 잡지그림 콜라주

- **준비물**: 다양한 잡지, 도화지(4절 또는 8절), 풀, 가위, 연필, 지우개, 사인 펜 및 채색도구

- **절차**
① 지난 한 주간 경험한 것이나 최근 근황을 이야기 나눈다.
② '내가 좋아하는 것' 이라는 주제를 주며 자유롭게 표현하도록 한다.
③ 작업 과정 및 작품 완성 후 실시 방법은 1회기와 같다.

유의점

- 동시제작법으로 실시하더라도 내담자가 자기표현을 잘하는 경우 상담사의 작품 설명은 이 회기부터 생략해도 된다. 내담자의 작품 설명 및 이야기를 중심으로 진행한다.

[그림 9-2] 내가 좋아하는 것(중1, 여, 제목: 내 파우치)

• 작품 내용: 내담자는 요즘 자신이 관심을 가지고 있는 것에 대해 표현하였다. 인기리에 방영되고 있는 TV 오디션 프로그램인 〈K-POP STAR〉가 재미있고 자신도 나가고 싶어 붙였으며, 화장품에 관심이 많아서 화장품, 향수 등을 붙였다고 했다. 이런 것들이 자신의 파우치 안에 다 있었으면 좋겠다고 했으며, 자신이 평소 좋아하는 것을 붙이니 기분이 후련하다고 표현했다.

• 작품 후 소감: 콜라주 작업을 하면서 좋아하는 것들에 대한 이야기를 하다가 학교생활과 고민거리를 이야기했다. 작업을 하면서 나눈 이야기 속에서 자연스럽게 학교생활에 대한 정보를 알게 되었고 내담자가 느끼는 현재의 고민거리를 듣게 되어 상담 도입이 용이하였다. 내담자 또한 잡지를 찢고 잘라 붙이는 작업을 하면서 웃음을 보이는 등 정서적으로 편안해진 모습을 보였다.

3회기: 내가 원하는 삶

- **목표**: 자신이 원하는 삶을 나타내는 사진을 자유롭게 찢고 붙임으로써 자신이 원하는 삶을 탐색하고 미래에 대한 이미지를 떠올려 본다. 이를 통해 욕구를 충족하고 심리적 만족감을 얻는다.

- **기법**: 잡지그림 콜라주

- **준비물**: 다양한 잡지, 도화지(4절 또는 8절), 풀, 가위, 연필, 지우개, 사인펜 및 채색도구

- **절차**
① 지난 한 주간 경험한 것이나 최근 근황을 이야기 나눈다.
② '내가 원하는 삶' 이라는 주제를 주며 자유롭게 표현하도록 한다.
③ 작업 과정 및 작품 완성 후 실시 방법은 2회기와 동일하다.

유의점

- 2회기와 동일
- 사진을 손으로 찢고 싶어 하는 내담자의 경우, 사진의 그림이 찢어지지 않도록 돕는다.
- 그림으로 표현하거나 채색해도 무방하다.

[그림 9-3] 내가 원하는 삶(중3, 남, 제목: 미래)

- 작품 내용: 미래에 멋진 양복을 입고 넥타이를 매고 사무실에 앉아 일을 하고 싶다고 하였다. 취미 생활로 공연을 보고 술자리를 즐기고 싶으며, 이전에 아빠랑 산에 올라갔지만 정상까지 가지 못한 것이 아쉬워 미래에는 정상까지 올라가고 싶다고 하였다.

- 작품 후 소감: 내담자는 작품 활동 전에는 자신의 일상생활이나 생각에 대해 이야기하지 않았다. 콜라주 작업 후에 자신이 공연을 보러 간 이야기, 아빠와 산에 올라간 이야기, 현재 공부를 하지 않지만 앞으로는 열심히 해야겠다는 각오 등에 대한 이야기를 자연스럽게 하는 모습을 보였다. 또한 상담사에게 질문을 하는 등 자기표현에 적극적인 모습을 보였다.

2) 중기: 4~8 회기

중기 단계는 내면을 탐색할 수 있는 다양한 주제를 제시하여 작업함으로써 내담자의 자기이해 및 진로탐색을 돕는다. 이를 통해 내담자가 자신의 성향, 특징, 장단점 등을 파악하여 자신에게 적합한 진로를 탐색하도록 한다.

4회기: 내가 100% 몰입할 수 있는 것

- 목표: 자신이 흥미를 갖고 집중할 수 있는 것들을 탐색할 수 있다. 이를 통해 다른 사람과 다른 자신만의 강점과 특성을 이해할 수 있다.

- 기법: 잡지그림 콜라주

- 준비물: 다양한 잡지, 도화지(4절 또는 8절), 풀, 가위, 연필, 지우개, 사인펜 및 채색도구

- 절차
① 지난 한 주간 경험한 것이나 최근 근황을 이야기 나눈다.
② '내가 100% 몰입할 수 있는 것' 이라는 주제를 준다. "오늘은 여러분이 그동안 흥미를 가지고 집중해 온 것을 알아보는 시간을 갖겠습니다. 잡지를 활용하여 찾아볼까요?"라고 교시한다.
③ 작업 과정에서 실시 방법은 1회기와 동일하다.
④ 완성 후 내담자가 몰입할 수 있는 것과 강점에 대해 워크시트를 활용하여 재탐색하게 한다. 상담사는 적극적인 지지와 칭찬을 한다.

유의점

- 콜라주 작업 후 워크시트 작성을 어려워하는 내담자에게 상담사가 예시를 제시하거나 찾아준다.
- 콜라주 작업을 어려워하는 내담자에게는 상담사가 사진을 찾아주고 격려 및 지지를 해 준다.

[그림 9-4] 내가 몰입할 수 있는 것(중1, 여, 제목: 내가 몰입할 수 있는 것들)

• 작품 내용: 자신이 몰입할 수 있는 것을 주제로 작업했으며, 음식을 만들고 요리를 할 때 몰입이 잘되고 재미있다고 하였다. 자신은 요리사가 되고 싶다고 하며, 대학도 요리학과를 가고 싶다고 표현하였다. 그 외의 것들은 요즘 자신이 좋아해서 몰입이 잘 되는 것들이라고 하면서 다이어트에 몰입 중이고 좋아하는 연예인에게 몰입한다고 하였다.

• 작품 후 소감: 자신이 어떤 것에 몰입하는지 알지 못해 잠시 망설이다가 이내 몰입하고 작업하였다. 자신은 좋아하는 것들을 할 때 몰입을 잘 하고, 진로 또한 자신이 몰입이 잘되는 쪽으로 가고 싶다고 이야기하며 좋아하는 것에서 미래의 진로까지 연결하여 찾아가는 모습을 보였다.

워크시트

● 내가 100% 몰입할 수 있는 것

나에게 흥미로운 것은

내가 몰입하는 것은

내가 잘하는 것은

5회기: 내가 잘하는 것

- **목표:** 학업, 취미, 대인관계 등 다양한 영역에서 자신이 잘할 수 있는 것들에 대해 탐색할 수 있다. 이를 통해 자신의 장점을 인식할 수 있다.

- **기법:** 화답 콜라주

- **준비물:** 다양한 잡지, 도화지(4절 또는 8절), 풀, 가위, 연필, 지우개, 사인펜 및 채색도구

- **절차**
① 지난 한 주간 경험한 것이나 최근 근황을 이야기 나눈다.
② 상담사와 함께 작업하는 것에 대해서 간단히 설명한다(화답 콜라주를 응용한 방법으로 내담자와 상담사가 1장의 용지에 함께 작업함).
③ '내가 잘하는 것'이라는 주제를 준다.
④ 내담자가 자신의 장점에 해당하는 잡지 사진을 찾아 붙이는 작업을 하는 동안 상담사도 내담자의 장점을 찾아 용지에 붙여 준다.
⑤ 작품이 완성되면 내담자가 작품의 제목을 붙인다.
⑥ 내담자가 먼저 자신이 찾은 장점을 설명한 후 상담사가 내담자의 장점을 설명한다.
⑦ 내담자와 상담사가 서로 작업 중 느낀 점, 완성 후 소감에 대해 이야기 나누고 종료한다.

유의점

- 내담자 스스로 찾은 장점에 대해 상담사가 적극적인 공감과 지지를 주어 내담자의 자신감이 향상되도록 한다.
- 자신의 장점을 잘 찾지 못하는 경우, 상담사가 내담자의 장점에 대한 구체적인 예를 설명하여 내담자 스스로 장점을 찾을 수 있도록 촉구한다.

[그림 9-5] 내가 잘하는 것(중1, 여, 제목: 연기, 노래)

• 작품 내용: 자신은 사람들 앞에서 노래하는 것이 좋고 잘한다고 하였다. 그래서 학교에서도 밴드부에 들어서 공연을 하고 있으며, 자신은 사람들을 재밌게 하는 것을 잘한다고 하였다. 상담사에게 예쁘고 편안하게 웃고 있는 연예인의 사진을 찾아 달라고 요청하여 상담사가 연예인 사진을 찾아 주었다. 연예인 사진이 자신의 롤모델이라며 자신도 이렇게 유명한 사람이 되고 싶다고 이야기하였다.

• 작품 후 소감: 자신의 장점을 작업으로 표현하는 것을 어려워했으나 상담사가 잘하는 것에 대해 묻자 명확하게 대답하였다. 내담자의 대답과 관련된 사진을 상담사와 함께 찾자 즐겁게 작업을 하였다. 함께 작품을 하고 난 후 자신이 요즘 하고 있는 노력들에 대해 이야기를 하며 자발적인 표현을 하였고, 상담사와 작품을 함께 완성하고 지지를 받은 것에 만족감을 보였다.

6회기: 나의 성격은?

- **목표**: 자신의 성격 특성을 탐색할 수 있다. 성격의 장점과 단점을 이해하여 자신에게 적합한 진로를 결정할 수 있다.

- **기법**: 콜라주 상자

- **준비물**: 워크시트에 다양한 인물 사진이 포함된 콜라주 상자, 4절 도화지, 풀, 가위, 연필, 지우개, 사인펜 및 채색도구

- **절차**
① 지난 한 주간 경험한 것이나 최근 근황을 이야기 나눈다.
② '나의 성격은?'이라는 주제에 대해 상담사와 간단하게 이야기 나눈다.
③ 콜라주 상자에서 자신과 성격이 비슷해 보이는 인물 사진 조각을 찾아 종이에 붙이도록 교시한다.
④ 워크시트를 활용하여 내담자가 작품에 표현된 인물 사진들이 자신의 성격과 어떤 점에서 비슷한지 작성해 보도록 하고, 그것에 대해 이야기한다. 또한 자기 성격의 장점과 단점을 적어 보고 이야기하게 한다.
⑤ 내담자와 상담사가 작업 중 느낀 점, 완성 후 소감에 대해 서로 이야기 나누고 종료한다.

유의점

- 콜라주 상자 작업 시 자른 사진을 그대로 붙여도 되고, 원하는 모양으로 잘라 붙이는 것도 가능하다고 안내한다.
- 작업 후 상담사는 내담자의 성격 특성 및 장점을 격려·지지해 준다.
- 인물이 아닌 사물을 찾아도 무방하다.

[그림 9-6] 나의 성격은?(고1, 여, 제목: 나의 성격)

- 작품 내용: 자신의 성격은 조용해 보이는데 독하다고 이야기하였다. 수애가 부드러워 보이지만 사실은 엄청 강하다고 하며 자신은 작품 상단에 있는 라푼젤 공주 같은 모습이 많다고 하였다. 그리고 하단에 붙은 여자는 자신과 얼굴이 닮아서 붙였다고 하였다. 나머지 조각들은 그냥 눈에 띄어서 붙였다고 하였다.

- 작품 후 소감: 연예인 수애를 예로 들며 자신의 성격에 대해 이야기했고, 사진을 붙이고 보니 평소 TV를 보면서 자신의 성격에 대해 이야기한 적이 많았다고 하였다. 작업 후 강인하고 열정이 있는 자신의 성격적 장점에 대해 구체적으로 알아 가는 모습을 보였다. 상담사에게 자신이 어떻게 보이냐고 묻는 등 적극적으로 자신의 모습과 성격에 대한 피드백을 듣고 싶어 하며 자기 자신을 탐색하는 데 집중하는 모습을 보였다.

워크시트 1

● 나의 성격은?

자신의 성격과 행동에 맞는 단어를 찾아 동그라미를 쳐 보세요.

긍정적이다	신중하다	섬세하다
분석적이다	침착하다	감수성이 좋다
생각이 많다	적극적이다	감정 표현을 잘한다
합리적이다	행동이 빠르다	온순하다
계획적이다	활발하다	성실하다
융통성이 있다	순발력이 있다	순종적이다
창의적이다	부지런하다	배려를 잘한다
수용적이다	여유롭다	겸손하다
공감을 잘한다	솔직하다	의사표현을 잘한다
독립적이다	책임감이 강하다	호기심이 많다
사교적이다	인내심이 있다	규칙을 잘 지킨다
낙천적이다	밝다	판단력이 빠르다
체계적이다	도전적이다	따뜻하다
정리정돈을 잘한다	열정적이다	리더십이 있다
협동심이 좋다	소신이 있다	씩씩하다

워크시트 2

● 나의 성격은?

작품에 표현된 인물의 성격과 자신의 성격의 장단점을 적어 봅시다.

• 작품에 표현된 인물(사물)은 누구인가요?

• 작품에 표현된 인물(사물)의 성격은 어떤가요?

• 작품에 표현된 인물(사물)의 성격과 내 성격의 닮은 점은?

나의 성격의 장점

나의 성격에서 보완할 점

7회기: 내가 원하는 일, 직업

- 목표: 자신이 미래에 원하는 직업에 대해 구체적으로 탐색할 수 있다. 그 직업을 갖고 싶은 이유와 갖게 되었을 때 좋은 점 등에 대해 구체적으로 생각해 보고, 꿈을 이루고 싶은 동기를 강화할 수 있다.

- 기법: 콜라주 상자

- 준비물: 여러 직업의 사진이 있는 콜라주 상자, 도화지(4절 또는 8절), 풀, 가위, 연필, 지우개, 사인펜 및 채색도구

- 절차
① 지난 한 주간 경험한 것이나 최근 근황을 이야기 나눈다.
② '내가 원하는 일, 직업' 이라는 주제를 주며 자유롭게 표현하도록 한다.
③ 작업 과정에서 실시 방법은 6회기와 동일하다.
④ 완성 후 내담자가 원하는 직업을 갖고 싶은 이유와 갖게 되었을 때 좋은 점 등에 대해 구체적으로 이야기한다.

유의점

- 콜라주 상자에 다양한 직업의 사진을 미리 준비한다.
- 내담자가 원하는 직업의 사진이 없을 경우 상담사가 잡지에서 함께 찾아 주거나 컴퓨터로 찾아 인쇄해 줄 수 있다.

[그림 9-7] 내가 원하는 일, 직업(고2, 남, 제목: CEO)

• 작품 내용: 미래에 큰 회사의 CEO가 되고 싶다고 하였다. 자신은 다른 사
  람들을 리드해서 조직을 꾸려 나가고 싶으며, 돈을 많이 벌어서 좋은 차
  를 타고, 좋은 양복을 입고 골프도 치고, 좋은 집에서 폼 나게 살 것이라
  고 하였다.

• 작품 후 소감: 작업 전 빌 게이츠나 세계적인 CEO처럼 멋있게 살고 싶다
  고 하여 관련 이미지를 보여 주자 흥미를 갖고 여러 가지 사진을 찾아 작
  업하였다. 미래에 CEO라는 명확한 꿈이 있었으며, 작업을 하면서 자신
  이 원하는 것을 좀 더 이미지화하여 구체적으로 표현하였다.

8회기: 나의 꿈

- **목표**: 미래에 원하는 구체적인 꿈을 탐색할 수 있다. 이를 통해 꿈을 이루어야 하는 동기와 의지를 강화할 수 있다.

- **기법**: 원형 콜라주

- **준비물**: 여러 직업의 사진이 있는 다양한 잡지, 원이 그려져 있는 4절 도화지, 풀, 가위, 연필, 지우개, 사인펜 및 채색도구

- **절차**
① 지난 한 주간 경험한 것이나 최근 근황을 이야기 나눈다.
② 상담사가 원이 그려져 있는 4절 도화지를 내담자에게 준다.
③ '나의 꿈'이라는 주제를 주며 자유롭게 표현하도록 한다.
④ 작업 과정 및 완성 후 실시 방법은 1회기와 동일하다.

유의점

- 내담자가 원형으로 자른 종이를 원할 경우 원형으로 잘라 준다.
- 경우에 따라 원형 가운데 미래의 자신(self)을 먼저 붙이고 실시할 수 있다.
- 상담사가 내담자의 꿈에 대해 적극적인 지지와 칭찬을 하여 꿈을 이루고자 하는 동기가 강화되도록 한다.

[그림 9-8] 나의 꿈(고1, 여, 제목: 10년 후 원하는 모습들)

• 작품 내용: 자신은 선생님이 되고 싶다고 하며 자신의 모습을 붙였다. 10년 뒤에는 옷도 예쁘게 입고, 요리도 하고 싶다고 하였다. 선생님이 되어서 좋은 사람을 만나 결혼도 하고 좋은 가정을 이루면서 살고 싶다고 하였다.

• 작품 후 소감: 자신이 원하는 여러 가지 모습을 담으면서 자신의 미래상과 여러 가지 욕구를 이야기하며 작업하였다. 작업을 하기 전에는 머릿속이 복잡했는데 작업을 하고 나니 머릿속이 정리가 돼서 편안하다고 하였다. 작품을 보면서 구체적으로 미래상을 이야기하는 모습을 보였다. 작품 후 자기표현을 활발히 하였으며, 즐거워하며 작업을 하는 모습을 보였다.

3) 중기: 9~11회기

중기 단계에서의 직업탐색 및 체험활동은 미래에 같은 직업을 희망하는 집단원들과 함께 작업함으로써 꿈에 대한 목표 의식과 의지를 강화시킨다. 또한 꿈을 이루기 위한 계획과 생각 등을 집단원들과 함께 교류함으로써 현재 노력해야 할 것과 갖추어야 할 것 등에 대한 현실 인식을 높인다. 이를 통해 꿈을 이루기 위한 구체적인 노력을 현실에서 실천할 수 있도록 돕는다.

9회기: 나의 미래 직업

- 목표: 집단원과의 작업을 통해 자신이 원하는 직업의 다양한 특성을 이해하고 자신이 그 직업을 갖기 위해 갖추어야 할 것들에 대해 탐색함으로써 자기이해 및 꿈에 대한 의지를 강화한다.

- 기법: 집단집단법

- 준비물: 다양한 직업 사진이 있는 잡지, 전지 크기 도화지, 풀, 가위, 연필, 지우개, 사인펜 및 채색도구

- 절차
① 군인, 교사, 연예인 등 전문 직업을 집단별로 나눈다.
② 각 집단에 원형이 그려져 있는 전지 크기 도화지를 나눠 준다.
③ 전문 직업으로서 각 직업이 하는 일을 잡지에서 찾아 원형 안에 붙이도록 한다.
④ 원형 밖에는 직업을 갖기 위해 현재 자신이 갖추어야 할 것들을 붙이도록 한다.
⑤ 작품을 완성하면 각 집단별로 제목을 붙이도록 한다.
⑥ 집단별로 발표를 하며 작업 과정에서 느낀 점, 기분 등을 이야기한다.

유의점

- 집단별 직업은 집단원의 특성에 따라 달라질 수 있다.
- 한 집단의 인원은 5~6명으로 하고, 같은 직업에 인원이 많을 경우 집단을 나눠서 작업을 실시한다.
- 집단의 응집력이 필요할 경우 원형이 그려져 있지 않은 용지를 나눠 줘서 집단원들이 함께 그리도록 할 수 있다.
- 작업이 원활하지 않은 집단이 있을 경우 상담사가 리더 역할을 잘할 수 있는 집단원을 촉진하여 원활한 작업을 할 수 있도록 한다.

[그림 9-9] 우리의 미래 직업-교사 (고1, 여, 제목: We Love)

• 작품 내용: 원형 안에 교사의 역할을 표현하면서 학생들에게 꿈과 희망을 주는 것이 중요하다고 하였다. 각자 다른 색깔을 가진 학생들의 개성을 존중해 주고, 학생이 가진 장점을 잘 이끌어 주는 것이 교사의 역할이라고 하였다. 원형 밖에는 교사가 갖추어야 할 것들을 표현하였다. 교사가 되어서도 늘 즐겁게 공부하는 자세, 자신의 몸과 마음을 잘 관리하는 것, 모든 학생을 편애하지 않고 공평하게 대하는 자세 등이 필요하다고 하였다.

• 작품 후 소감: 막연히 교사가 되고 싶었는데 같은 꿈을 가진 친구들과 함께 작업하고 이야기 나누면서 교사가 하는 일과 갖추어야 할 조건 등 교사에 대한 다양한 부분을 이해하게 되었다고 하였다. 꿈을 이루기 위해서는 지금부터 많은 노력을 해야겠고, 같은 꿈을 가진 친구들과 서로 도와 가면서 열심히 했으면 좋겠다고 하였다.

10회기: 전문가가 된 나

- **목표**: 자신이 원하는 직업에 필요한 품성, 조건 등의 구체적인 직업적 특성을 이해하고, 그 직업을 가지기 위해 자신이 노력해야 할 것들에 대해 인식할 수 있다. 이를 통해 자신이 노력해야 할 구체적인 계획을 현실 속에서 실천할 수 있다.

- **기법**: 집단집단법

- **준비물**: 다양한 직업 사진이 있는 잡지, 엽서 크기 도화지, 풀, 가위, 연필, 지우개, 사인펜 및 채색도구

- **절차**

① 군인, 교사, 연예인 등의 전문 직업을 집단별로 나눈다.

② 각 집단에 원형이 그려져 있는 전지 크기 도화지를 나눠 준다.

③ 원형 가운데 직업의 모습을 대표하는 인물 사진을 붙이도록 한다.

④ 원형 안 인물 사진 주변에 그 사람이 하루 동안 만나는 사람, 업무 등 하루 일과를 붙이도록 한다.

⑤ 원형 밖에는 그 직업에 필요한 품성, 조건 등을 붙이도록 한다.

⑥ 작품을 완성하면 집단별로 제목을 붙이도록 한다.

⑦ 개별로 엽서 크기 용지에 그 직업을 갖기 위해 현재 자신이 해야 할 것들을 구체적으로 붙이도록 한다.

⑧ 집단별로 발표를 하며 작업 과정에서 느낀 점, 기분 등을 이야기한다.

유의점

- 자신이 원하는 직업을 갖기 위해 현재 노력해야 할 것들을 표현할 때 최대한 구체적으로 표현할 수 있도록 한다(예: "낯을 많이 가리기 때문에 처음 만나는 사람과 인사를 하겠다." 등).
- 시간이 부족할 경우 엽서 콜라주를 대신하여 A4 용지에 글로 작성할 수 있다.
- 그 외의 유의점은 9회기와 동일하다.

[그림 9-10] 전문가가 된 나-연예인(중3, 여, 제목: 멋진 가수)

- 작품 내용: 원형 가운데는 자신감 있고 당당한 연예인의 모습을 표현했고
그 주변에는 화장하고, 운동하고, 공연하는 연예인의 바쁜 일상생활을
표현했다고 하였다. 연예인을 하면 사인회 등에서 많은 팬을 만나게 되
고, 외국으로 출국할 때 공항패션도 늘 관심을 받게 되는 일상이 재밌을
것 같다고 하였다. 원형 밖에는 자기관리를 위해 늘 부지런해야 하고, 날
씬한 몸매를 위해 먹는 것도 자제해야 한다고 하며 관련 사진을 붙였다.
그리고 다양한 일을 해야 하기 때문에 책도 많이 보고, 악기와 춤 등 다재
다능한 재능을 갖추어야 한다고 하였다. 무엇보다 가장 중요한 것은 자신
만의 독특한 색깔과 힘든 일에도 포기하지 않는 정신력이라고 하였다.

- 작품 후 소감: 친구들과 함께 작업하니 정말로 연예인이 된 것 같고, 많은
부분에서 노력이 필요하다는 생각이 들었다고 하였다. 꿈을 이루기 위해
서는 춤 연습과 노래 연습도 중요하지만, 남들 앞에서 부끄러움을 많이
타는 성격을 바꿔서 무대 위에서 공연하는 연습을 많이 해야겠다는 생각
이 들었다고 하였다. 요즘에는 어린 나이에 데뷔하는 경우가 많아 공부
를 못하게 되는 경우도 많은데, 똑똑하게 연예인 생활을 오랫동안 하려
면 공부도 포기하지 않아야겠다는 생각이 들었다고 하였다.

11회기: Dreams come true!

- **목표:** 미래 자신의 모습을 구체적으로 표현해 보고 꿈을 이뤘을 때 기분을 느껴 봄으로써 꿈을 이루고자 하는 목표의식과 동기를 강화할 수 있다. 꿈을 이루기 위해 현재 노력해야 할 점과 계획들을 일상생활에서 실천할 수 있다.

- **기법:** 집단개별법

- **준비물:** 워크시트 1, 워크시트 2, 잡지, 8절 도화지, 크레파스, 풀, 가위, 연필, 지우개, 사인펜 및 채색도구

- **절차**
① 자신이 원하는 미래 직업을 선택한다.
② 워크시트 1에 제시된 얼굴 도안에서 미래 직업에 적합한 얼굴을 선택하여 붙인다.
③ 그 외 신체 부분과 복장을 그려서 미래 자신의 모습을 나타내는 인물상을 표현한다.
④ 인물상 주변에 미래 직업에 필요한 소품, 부가물 등을 꾸며 작품을 완성하도록 한다.
⑤ 작품을 완성하면 제목을 붙이도록 한다.
⑥ 워크시트 2에 꿈을 이루기 위한 현재의 목표와 세부 계획을 기입하도록 한다.
⑦ 한 사람씩 돌아가며 작품과 계획을 발표하고 작업 과정에서의 느낀 점, 기분 등을 이야기한다.

유의점

- 프로그램 시작 전에 워크시트 1을 준비하고, 크기는 축소 또는 확대 복사하여 사용할 수 있다.
- 얼굴 외 몸통, 복장 등 다른 부분의 도안을 제시하여 응용해서 실시할 수 있다.
- 제시된 도안에서 마음에 드는 그림을 찾지 못할 경우 잡지에서 찾거나 직접 그릴 수도 있다.
- 워크시트 2는 기간, 목표 등을 구체적으로 작성할 수 있도록 안내한다(예: 이번 중간고사에서 수학점수를 10점 이상 향상시킨다 등).

구분	목표	구체적인 계획
학교	• 이번 중간고사에서 반 석차를 3등 이상 높인다. • 숙제, 준비물을 빠트리지 않는다.	• 수업시간에 졸지 않는다. • 모르는 내용은 수업 후 선생님이나 친구에게 물어서 이해하고 넘어간다. • 배운 내용을 휴식시간과 점심시간에 다시 읽어 본다. • 수업시간에 집중해서 듣고, 숙제와 준비물을 수첩에 잘 기록한다.
가정	• 아침 7시에 일어난다. • 집에서 공부하는 습관을 기른다.	• 밤 11시 전에 잔다. • 잠자기 전에 1시간씩 복습을 한다. • 과외 숙제를 빠지지 않고 한다. • 음악을 들으면서 공부하지 않는다.
일상 생활	• 체력관리와 건강관리를 한다. • 핸드폰 만지는 시간을 줄인다.	• 하루에 30분씩 걷기와 줄넘기 등의 운동을 한다. • 편식을 하지 않고 골고루 먹는다. • 핸드폰을 하루에 30분 이상 보지 않는다. 게임을 하나만 남기고 지운다.

[그림 9-11] Dreams come true!-간호사(중2, 여, 제목: 간호사)

• 작품 내용: 어릴 때부터 꿈이었던 간호사가 된 모습을 꾸며 보았다고 하였다. 간호사가 되려면 먼저 의학적인 지식이 많아야 하고, 치료를 잘해야 하기 때문에 주사기와 거즈, 소독약을 붙였다고 하였다. 또한 예쁜 간호사가 되면 환자들이 좋아하기 때문에 화장도 하고, 은은하게 향수도 뿌리고 다니면서 예쁘고 밝은 모습을 갖고 싶다고 하였다. 무엇보다 환자들이 무서워하는 병원에서 자신이 편안함과 안심감을 주고 싶다고 하였다.

• 작품 후 소감: 간호사가 된 모습을 만들면서 상상해 보니 너무 행복하고, 꼭 꿈을 이루고 싶다고 하였다. 계획표를 작성하면서 현재 자신의 성적으로는 간호학과에 가기 어려울 수 있는데, 아직 대학입학까지 시간이 많이 남아 있으므로 차근차근 성적을 올려야겠다고 하였다. 이번 중간고

사부터 반 석차를 3등 이상 올리는 것을 목표로 잘못된 공부 습관을 고쳐야겠다고 하였다. 막연히 '공부해야지' 라고 생각했는데, 오늘 계획표를 작성하면서 구체적으로 계획을 세우니 정말 할 수 있을 것 같은 자신감이 들었다고 하였다.

워크시트 1

● 나의 미래 직업에 어울리는 얼굴을 잘라서 종이에 꾸며 주세요.

워크시트 2

● 미래의 꿈을 이루기 위한 현재의 목표와 구체적인 계획을 작성해 보세요.

구분	목표	구체적인 계획
학교	· ·	· · ·
가정	· ·	· · ·
일상 생활	· ·	· · ·

4) 후기: 12~16 회기

후기 단계에서는 자신의 장점, 자기이해, 직업탐색을 바탕으로 구체적인 꿈과 미래를 설계하도록 한다. 꿈을 이루기 위해 현재 노력해야 하는 것들과 앞으로의 계획을 구체적으로 세울 수 있도록 한다. 또한 꿈을 이룰 수 있다는 자신감과 확신을 가질 수 있도록 한다.

12회기: 현재의 나, 내가 바라는 나

- 목표: 현재의 내 모습과 내가 바라는 내 모습에 대해 탐색할 수 있다. 내가 바라는 내 모습을 갖기 위해 현재 노력해야 하는 부분과 앞으로 해야 할 것들에는 어떤 것이 있는지 구체화할 수 있다.

- 기법: 엽서 콜라주

- 준비물: 다양한 잡지, 엽서 크기 종이, 풀, 가위, 연필, 지우개, 사인펜 및 채색도구

- 절차
① 지난 한 주간 경험한 것이나 최근 근황을 이야기 나눈다.
② 엽서 크기 종이 두 장을 주며 한 장에는 현재의 나, 다른 한 장에는 내가 바라는 나를 표현하도록 주제를 준다.
③ 완성 후 현재의 나와 내가 바라는 나의 모습이 어떻게 다른지 이야기한다.
④ 워크시트에 내가 바라는 나의 모습을 갖기 위해 현재 노력해야 하는 부분과 앞으로 해야 할 것에는 어떤 것이 있는지 구체적으로 작성한 후 이야기한다.

> **유의점**
>
> • 엽서의 앞면을 완성한 후 남은 사진 조각이 있을 때 엽서 뒷면에도 붙이게 한다.
> • 워크시트에 잡지 사진을 활용해도 무방하다.

[그림 9-12] 현재의 나, 내가 바라는 나(중3, 남, 제목: 현재의 나, 미래의 나의 것)

• 작품 내용: 현재의 자신은 중학생이고 학교를 가야 하고 공부를 해야 하지만 미래에는 멋진 자동차를 타고 최고급 집에서 출퇴근하는 근사한 사람이 되고 싶다고 하였다. 이 모습을 가지려면 우선 공부를 해야 하고, 공부를 하기 위해서는 잘 먹어야 한다고 하였다.

• 작품 후 소감: 자신의 작품이 마음에 든다고 이야기하며, 자신의 꿈과 미래 모습에 대해 만족해하였다. 자신의 미래에 대해 이야기하면서 현재 공부를 해야 나중에 멋진 모습이 될 수 있을 것이라고 이야기하였다. 현재 생활을 점검하고, 해야 할 것을 인지하는 모습을 보였다.

워크시트

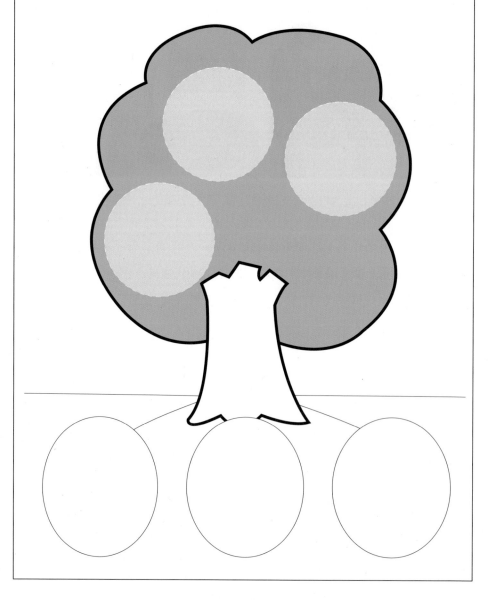

13회기: 미래의 하루

- **목표**: 구체적인 미래의 하루를 설정하여 하루 동안 일어날 일들과 생활 모습을 자세하고 생생하게 떠올릴 수 있다. 이를 통해 꿈을 이루고 싶은 동기를 강화하고, 목표를 뚜렷하게 가질 수 있다.

- **기법**: 잡지그림 콜라주

- **준비물**: 워크시트, 다양한 잡지, A4 용지, 풀, 가위, 연필, 지우개, 사인펜 및 채색도구

- **절차**
① 지난 한 주간 경험한 것이나 최근 근황을 이야기 나눈다.
② '미래의 하루'라는 주제를 주며, 미래의 하루 일과와 생활 모습을 표현하도록 한다.
③ 완성 후 작품을 보며 미래의 하루 일기를 상세하게 기술하도록 한다(워크시트 참조).
④ 작성 후 작품 설명을 먼저 하고 하루 일기를 읽도록 한다.
⑤ 내담자와 상담사가 서로 작업 중 느낀 점, 완성 후 소감에 대해 이야기 나누고 종료한다.

유의점

- 하루 일기를 쓸 때 하루 일과를 시간대별로 상세하게 기술하고, 느낌, 기분, 생각 등을 생생하게 작성하여 그날의 감정을 느껴 보도록 한다.

[그림 9-13] 미래의 하루(고1, 남, 제목: 미래에 사용하고 있을 것들)

• 제목: 미래에 사용하고 있을 것들

• 직업: CEO
• 날짜(미래의 하루): 2024년 3월 8일 6시

아침에 일어나 눈을 뜨니 메시지로 오늘 일정이 와 있었다. 나의 비서가 보낸 것이다. 나는 일어나 부엌으로 가서 빵을 먹었다. 냉장고에는 내 약혼자가 보낸 샌드위치가 있었다. 아침 준비를 하고 아파트를 나왔더니 비서가 대기하고 있었다. 차를 타고 가는 도중 오늘 업무에 대해 들었다. 오늘은 미팅이 두 건, 계약이 한 건 그리고 외부방문이 한 건 있다. 특히 오늘 계약은 3년 동안 심혈을 기울여 작업하였던 계약을 딴 것으로 회사는 앞으로 더욱 번창할 수 있을 것이다. 미팅 두 건과 계약을 체결하고 외부 현장방문을 한 후 가볍게 골프를 치고 운동을 하고 약혼자를 만났다. 약혼자와 저녁을 먹으면서 이야기한 후 집으로 돌아와 하루를 마무리한다. 멋진 하루다.

• 작품 내용: 미래에 자신이 꿈을 이룬 뒤 사용하고 있을 물건들에 대해 작품을 만든 후 일기를 써서 완성하였다. 자신은 회사의 CEO가 되어 있을 것이고, 아침에 일어나서 빵을 먹고 차를 타고 출근하여 업무를 보고 집으로 들어오는 멋진 하루를 보낼 것이라고 하였다.

• 작품 후 소감: 작품을 하고 글까지 쓰니 작품이 좀 더 명확해지는 것 같다고 하였다. 멋진 미래의 하루를 상상한 만큼 꼭 이루고 싶다고 하였다. 처음에는 꿈에 대해 구체화하지 않고 그냥 멋있는 모습으로 살고 싶다고 했으나 글을 쓰면서 미래를 구체적으로 설계하는 모습을 보였다.

워크시트

● 미래의 하루

작성한 콜라주 작품을 본 후, 미래의 하루 일과를 구체적으로 작성해 보세요.
그날의 기분, 느낌, 생각 등을 생생하게 느끼며 상세하게 표현해 주세요.

• 제목:	
• 직업:	
• 날짜(미래의 하루): 년 월 일 시	

"꿈은 꾸는 자만이 이룰 수 있다. 꿈은 이루어진다!"

14회기: 나의 꿈 실천과제

- **목표**: 꿈을 이루기 위해 앞으로 실천할 것들에 대해 구체적으로 계획할 수 있다. 또한 계획을 실천하기 위한 방법들을 탐색할 수 있다.

- **기법**: 콜라주 상자

- **준비물**: 워크시트, 콜라주 상자, 풀, 가위, 연필, 지우개, 사인펜 및 채색 도구

- **절차**
① 지난 한 주간 경험한 것이나 최근 근황을 이야기 나눈다.
② '나의 꿈 실천과제' 라는 주제로 상담사와 간단하게 이야기 나눈다.
③ 워크시트에 각 항목마다 사진을 찾아 붙인다.
④ 완성 후 내담자가 각 항목에 대한 작품 설명 및 생각을 이야기한다.
⑤ 내담자와 상담사가 서로 작업 중 느낀 점, 완성 후 소감에 대해 이야기 나누고 종료한다.

유의점

- 워크시트에 기재되어 있는 각 항목은 내담자의 특성에 따라 다르게 제시될 수 있다.
- 질문과 대화를 통해 내담자의 계획이 구체화되어 내담자가 그것을 실천할 수 있도록 촉진한다.

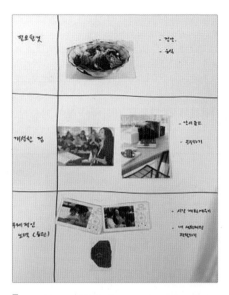

[그림 9-14] 나의 꿈 실천과제(고2, 여, 제목: 내가 해야 할 것들)

• 작품 내용: 대학을 가고 공부를 하려면 건강과 영양이 무엇보다 중요하므로 음식과 영양이 필요하다고 하였다. 개선할 점은 학원에 가서 졸지 않고 책상에 앉아서 공부하기 등이고, 구체적인 노력으로는 자신의 생활 패턴을 잘 관찰하여 시간 계획을 세워 실천하는 것이라고 하였다.

• 작품 후 소감: 작성을 하면서 지금 해야 할 구체적인 방법이 떠올랐다고 하였다. 상담사가 지지해 주자 자신이 실천을 하면서 걸림돌이었던 것과 실천하기가 어려웠던 점들을 어떻게 하면 좋을지 상의하는 모습을 보였다. 내담자는 상담사에게 꿈을 이루기 위한 구체적인 방법을 물어보며 실천 의지를 강하게 보였다.

워크시트

● 나의 꿈 실천과제

나의 꿈을 이루기 위해 실천해야 할 것들을 잡지에서 찾아 다음의 각 항목에 해당하는 사진을 붙이세요.

필요한 것	
개선할 점	
구체적인 방법	

15회기: 희망나무 꾸미기

- **목표**: 자신의 인생에서 꼭 이루고 싶은 소원과 희망에 대해 생각해 볼 수 있다. 소원과 희망을 이루기 위해 자신이 세운 계획을 잘 실천해 나갈 수 있도록 다짐하는 시간을 갖는다.

- **기법**: 잡지그림 콜라주

- **준비물**: 다양한 잡지, 4절 도화지, A4 용지, 풀, 가위, 연필, 지우개, 사인펜 및 채색도구

- **절차**
① 지난 한 주간 경험한 것이나 최근 근황을 이야기 나눈다.
② 상담사가 4절 도화지에 미리 그려 놓은 나무그림 용지를 내담자에게 건넨다.
③ '희망나무 꾸미기'라는 주제를 주며 자유롭게 표현하도록 한다.
④ 완성 후 자신의 희망에 대해 구체적으로 이야기한다.
⑤ 프로그램을 종결하면서 그동안 작업을 통해 느낀 점과 앞으로의 다짐 등을 이야기 나눈다.

유의점

- 그리기를 좋아하고 그림 표현을 잘하는 내담자의 경우에는 나무 그림을 직접 그리게 한다.
- 앞으로 내담자가 꿈을 이루기 위해 스스로 잘해 나갈 수 있다는 믿음을 가질 수 있도록 적극적인 지지와 격려를 한다.
- 종결 이후에도 도움이 필요할 경우 언제든지 상담을 받을 수 있음을 알려 주어 내담자가 안심감을 갖도록 한다.

[그림 9-15] 희망나무 꾸미기(중3, 남, 제목: 희망나무)

• 작품 내용: 희망나무를 만들어 자신이 이루고 싶고, 갖고 싶고, 원하는 것들을 모두 나무에 붙였으며, 이 나무에 붙인 꿈이 모두 이루어질 수 있을 것 같다고 하였다. 자신은 나중에 의사가 되고 싶고, 멋진 집, 차를 사고 싶으며, 예쁜 여자와 결혼하고 싶다고 하였다. 그러기 위해 현재는 공부를 열심히 하고, 또 잘 하고 싶다고 하였다.

• 작품 후 소감: 꿈을 다짐하고 꿈에 대한 실천 의지와 희망을 표현하였다. 사진을 붙이며 미래에 원하는 삶에 대한 이야기를 자발적으로 하는 모습을 보였다.

16회기: 작품감상회 및 소감 나누기

- **목표**: 프로그램을 진행하면서 작업한 자신의 작품을 감상함으로써 자기 이해를 통한 자기인식을 하고 스스로의 변화된 모습을 이해한다. 이를 통해 앞으로의 계획과 각오를 다져 자신의 꿈과 목표를 이룰 수 있도록 돕는다.

- **준비물**: 워크시트, 연필, 지우개

- **절차**
① 지난 한 주간 경험한 것이나 최근 근황을 이야기 나눈다.
② 각자 자신의 콜라주 작품을 감상하도록 한다.
③ 프로그램을 진행하면서 변화한 점과 느낀 점, 앞으로의 각오 등을 자유롭게 이야기하도록 한다.
④ 소감 나누기 후 상담사가 느낀 점을 말한 후 프로그램을 종료한다.

유의점

- 벽에 붙일 공간이 있을 경우 벽에 붙이거나 바닥 혹은 책상 등을 이용하여 작품을 한눈에 볼 수 있도록 한다.
- 작품을 감상하며 느낀 점을 글로 작성하게 할 수도 있다.
- 그동안의 작품을 책자로 만들었을 경우 책자를 나눠 주고 서로 소감을 나누도록 한다.

워크시트

● 프로그램을 진행하면서 느낀 점과 소감을 작성해 주세요.

• 별 칭:

제10장

콜라주 진로상담
집단 프로그램

"내게 승리는 중요하다.
그러나 내게 진정한 기쁨을 가져다주는 것은
어떤 일이든 하는 일에 완벽하게 열중하는 경험이다."

– 필 잭슨–

콜라주 진로상담 프로그램은 개인뿐만 아니라 집단으로도 실시될 수 있다. 집단원의 특성과 수준에 따라 콜라주 기법을 다양하게 활용하여 프로그램을 구성할 수 있다. 이에 이 장에서는 콜라주 진로상담 집단 프로그램을 구조적으로 제시함으로써 상담사가 상담현장에서 쉽게 응용 · 활용할 수 있도록 도움을 주고자 한다.

▌1▐ 프로그램 구성

콜라주 진로상담 집단 프로그램은 다양한 콜라주 유형 및 제작 방법을 활용하여 대상자들이 자신의 진로를 탐색함으로써 미래를 설계할 수 있도록 총 16회기로 구성되었다. 프로그램은 초기, 중기, 후기 3단계로 나누어 초기에는 친밀감 형성 및 욕구 표출, 중기에는 자기이해, 타인이해와 진로탐색, 후기에는 꿈 · 미래 설계로 치료 목표를 설정하였다.

프로그램을 진행함에 있어서는 집단원들이 편안하고 허용적인 분위기에서 자신을 표현하도록 하며, 집단원 간에 적극적인 상호작용을 할 수 있도록 한다. 또한 집단원 간에 솔직하고 긍정적인 피드백을 통해 꿈을 확장하고, 목표에 대한 확신과 자신감을 향상시킬 수 있도록 한다. 구체적인 프로그램 구성은 〈표 10-1〉과 같다.

〈표 10-1〉 콜라주 진로상담 집단 프로그램

단계	목표	회기	프로그램	유형 및 제작 방법
초기	친밀감 형성 및 욕구 표출	1	자기소개 및 나를 광고하기	집단개별법
		2	내가 좋아하는 것	집단개별법
		3	내가 원하는 생활	집단개별법
중기	자기이해 및 진로탐색	4	내가 100% 몰입할 수 있는 것	집단개별법
		5	내가 잘하는 것	집단개별법
		6	나의 성격은?	콜라주 상자
		7	내가 원하는 일, 직업	집단화답 콜라주
		8	10년 뒤 내 모습	화답 콜라주
	직업탐색 및 체험활동	9	우리의 미래 직업	집단개별법
		10	전문가가 된 나	집단개별법
		11	Dreams come true!	집단개별법
후기	꿈 · 미래 설계	12	우리의 꿈	집단원형 콜라주
		13	미래의 하루	잡지그림 콜라주
		14	나의 꿈 실천과제	콜라주 상자
		15	희망나무 꾸미기	잡지그림 콜라주
		16	작품감상회 및 소감 나누기	–

2 프로그램 내용

1) 초기: 1~3 회기

초기 단계는 집단 구성원 간의 친밀감 및 신뢰감을 형성하는 것을 목표로 한다. 또한 콜라주 작업을 통해 쌓여 있던 욕구를 해소시켜 흥미를 유발하도록 한다. 집단원 간의 규칙을 정하여 이를 숙지하고 규칙을 준수하도록 하며, 매 회기마다 제시된 주제에 대해 자유롭게 표현하도록 촉진한다.

1회기: 자기소개 및 나를 광고하기

- **목표**: 콜라주 기법을 통해 집단에 대한 흥미를 유발하고, 긴장감을 해소할 수 있다. 또한 첫 만남에서 자신을 소개하며 구성원들과 친밀감 및 신뢰감을 형성하여 집단에 대한 소속감을 가질 수 있다.

- **기법**: 집단개별법

- **준비물**: 다양한 잡지, 4절 도화지, 풀, 가위, 연필, 지우개, 사인펜 및 채색 도구

- **절차**
① 상담사는 집단 구성원들에게 집단의 목적과 집단 내에서 지켜야 할 규칙에 대해 알려 주고 서약서를 작성하게 한다(워크시트 1, 워크시트 2 참조).
② 집단 속에서 불리고 싶은 별칭을 각자 정하게 한 뒤 한 사람씩 자신의 별칭 소개를 한다.
③ '나를 광고하기'를 주제로 콜라주 작업을 하게 한다. 자신을 소개할 수 있는 사진이나 그림을 손으로 찢거나 가위로 잘라 종이 위에 붙이도록 한다.
④ 작품을 완성하면 작품에 제목을 붙이고, 콜라주 작품 발표를 통하여 자기소개를 한다.

유의점

- 별칭 짓기와 자기소개가 끝난 후 집단원 간의 친밀감을 향상시키고 긴장을 완화하기 위해 다양한 방법의 별칭 외우기 게임을 응용하여 실시해도 좋다.
- 자기표현을 잘하는 집단원이 있을 경우 먼저 발표를 하게 하여 다른 집단원의 모델링이 되게 한다.

워크시트 1

서약서

나는 본 프로그램에 충실하게 참여하며,
다음의 사항을 지킬 것을 서약합니다.

① 집단 안에서 표현하는 친구들의 어떠한 사소한 이야기라도 집단 밖에서 말하지 않으며,
비밀을 보장하겠습니다.

② 본 프로그램 진행 시 자신의 생각이나 느낌, 감정을 적극적으로 표현하겠습니다.

③ 다른 친구를 비판하거나 불편한 기분을 주는 말 혹은 행동을 하지 않겠습니다.

년   월   일

이름: (서명)

워크시트 2

서약서

나는 본 프로그램에 충실하게 참여하며,
다음의 사항을 지킬 것을 서약합니다.

①

②

③

년   월   일

이름: (서명)

[그림 10-1] 나를 광고하기(고1, 남, 제목: 포스와 귀요미 애교만점 ○○○)

• 작품 설명: 자신의 모습을 광고하며 자신을 소개해 달라고 하자 자신은 음식, 요즘 마음에 드는 옷, 멋있는 남자와 여자 연예인으로 설명할 수 있다고 하였다. 자신의 모습은 멋져 보이는 남자 모습이며, 나머지는 자신이 좋아하는 것들이라고 하였다.

• 작품 후 소감: 자기소개를 하며 현재 관심사, 되고 싶은 모습 등 자연스럽게 자신에 대한 이야기를 하였다. 자신의 이야기를 하면서 집단원 간에 친밀감이 형성되고 빠르게 친해질 수 있는 기회를 가질 수 있었다.

┌───┐
│ **2회기: 내가 좋아하는 것** │
└───┘

- 목표
  - 잡지에서 내가 좋아하는 다양한 것을 찾아 자유롭게 찢고 붙임으로써 스트레스를 해소하고 욕구를 표출할 수 있다.
  - 자신의 관심사와 상대방의 관심사를 이해하며 집단원 간의 친밀감을 향상시킬 수 있다.

- 기법: 집단개별법

- 준비물: 다양한 잡지, 4절 도화지, 풀, 가위, 연필, 지우개, 사인펜 및 채색 도구

- 절차
  ① 지난 한 주간 경험한 것이나 최근 근황을 서로 이야기 나누도록 한다. 상황에 따라 2명씩 짝을 지어 이야기 나눌 수 있다.
  ② '내가 좋아하는 것'이라는 주제를 주며 자유롭게 표현하도록 한다.
  ③ 작품을 완성하면 작품에 제목을 붙이도록 한다.
  ④ 작업 과정에서 느낀 감정과 실시 후의 느낌, 통찰한 부분 등을 한 사람씩 발표한다.
  ⑤ 모든 집단원의 발표가 끝나면 상담사와 집단원은 그날 작업의 소감을 서로 나누고 종료한다.

┌───┐
│ **유의점** │
│ - 자기표현을 잘하는 집단원에게 먼저 발표를 시켜 다른 집단원의 모델링이 되게 한다. │
│ - 자기표현을 잘 못하는 집단원에게는 상담사가 "재미있었어요." 등으로 모델링을 보여 주며 따라 말하게 한다. │
└───┘

[그림 10-2] 내가 좋아하는 것(중1, 여, 제목: 꼬르륵)

• 작품 내용: 자신이 좋아하는 것들을 붙이며 작업하였다. 자신은 학교에
가면 항상 배가 고프다고 먹는 생각밖에 나지 않는다며 먹는 사진을 붙
였다. 그리고 사진과 같은 바다에 놀러 가고 싶으며, 멋진 백을 들고, 좋
은 신발을 신고, 맛있는 것들을 먹고 싶은 마음을 작품으로 표현했다고
하였다.

• 작품 후 소감: 먹을 것을 좋아한다고 또렷한 목소리로 발표했으며, 자신이
좋아하는 것들을 친구들에게 보여 주었다. 좋아하는 것을 붙이면서 프로
그램에 차츰 흥미를 갖게 되었다며 친구들에게 편하게 표현하였다. 자신
이 좋아하는 것을 집단원에게 표현함으로써 집단원 간에 서로를 이해하
고 친밀감을 형성하는 데 도움이 되었다.

3회기: 내가 원하는 생활

• 목표

　- 내가 원하는 생활과 관련하여 잡지를 자유롭게 찢고 붙임으로써 스트레스를 해소하고 욕구를 표출할 수 있다.

　- 자신이 원하는 삶에 대해 탐색할 수 있다.

• 기법: 집단개별법

• 준비물: 다양한 잡지, 4절 도화지, 풀, 가위, 연필, 지우개, 사인펜 및 채색도구

• 절차

① 지난 한 주간 경험한 것이나 최근 근황을 이야기 나눈다.

② '내가 원하는 생활' 이라는 주제를 주며 "오늘은 여러분이 바라는 생활, 원하는 생활에 대한 바람을 표현해 보는 시간을 갖겠습니다."라고 교시하고 콜라주 작업을 하게 한다.

③ 작업 과정 및 작품 완성 후 실시 방법은 1회기와 동일하다.

[그림 10-3] 내가 원하는 삶(고2, 남, 제목: 내 미래)

• 작품 내용: 자신이 살고 싶은 노후의 모습을 표현하였다. 미래에 멋진 옷을 입고, 좋은 차를 타고, 좋은 레스토랑에 다니며 세계여행을 하러 돌아다니는 것이 자신의 꿈이라고 이야기하였다.

• 작품 후 소감: 자신이 원하는 미래 삶에 대해 잘 몰랐으나 작업을 통해 자신이 원하는 삶이 무엇인지 알게 되었다고 하였다. 친구들과 비교해서 자신은 더 풍요로운 삶을 살기 원하는 것을 알게 되었고, 그만큼 더 열심히 살아야겠다고 하였다.

2) 중기: 4~8 회기

중기 단계는 내면을 탐색할 수 있는 다양한 주제를 통해 자기이해 및 진로 탐색을 하는 것을 목표로 한다. 이를 통해 자신의 성향, 특징, 장단점 등을 파악하여 자신에게 적합한 진로를 탐색하도록 한다. 또한 자신과 다른 집단원의 모습을 통해 타인을 이해하고, 다양한 생각을 교류하면서 자신의 진로, 꿈 등에 대한 시야를 확장하도록 한다.

> 4회기: 내가 100% 몰입할 수 있는 것

- **목표**: 자신이 흥미로워 하고 집중할 수 있는 것들에 대해 탐색할 수 있다. 이를 통해 다른 사람과 다른 자신만의 강점, 특성을 이해할 수 있다.

- **기법**: 집단개별법

※ 준비물, 절차, 유의점은 '제9장. 콜라주 진로상담 개별 프로그램' 4회기와 동일함

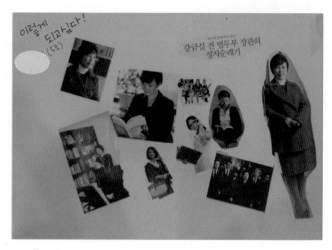

[그림 10-4] 내가 100% 몰입할 수 있는 것(중1, 여, 제목: 이렇게 되고 싶다!)

- 작품 내용: 자신은 멋진 커리어우먼이 되고 싶다고 하였다. 전문직일 수도 있고, 정치인일 수도 있고, 정확한 직업은 정하지 못했지만 기업 CEO나 여성 최초 법무부장관처럼 멋진 커리어를 가진 여성이 되고 싶다고 하였다.

- 작품 후 소감: 작품을 만들며 자신이 커리어우먼처럼 성공하고 싶어 한다는 것을 알게 되었다고 하였다. 작품을 하기 전보다 작품을 마치고 발표를 할 때 목소리도 커지고 밝은 표정으로 꿈을 이야기하는 모습을 보였다. 또한 집단원들의 긍정적인 피드백으로 기뻐했으며, 작품을 가지고 집단원과 이야기하는 등 서로 교류하는 모습을 보였다.

5회기: 내가 잘하는 것

• 목표

- 학업, 취미, 대인관계 등 다양한 영역에서 자신이 잘할 수 있는 것들에 대해 탐색하여 자신의 장점을 인식할 수 있다.
- 집단원들의 긍정적인 피드백을 들으며 자신감을 향상시키고, 긍정적인 자아상을 가질 수 있다.

• 기법: 집단개별법

• 준비물: 다양한 잡지, 4절 도화지, 풀, 가위, 연필, 지우개, 사인펜 및 채색 도구

• 절차
① 지난 한 주간 경험한 것이나 최근 근황을 이야기 나눈다.
② '내가 잘하는 것'이라는 주제를 주며 자유롭게 표현하도록 한다.
③ 작업 과정에서 실시 방법은 1회기와 동일하다.

유의점

• 자신의 장점을 잘 찾지 못하는 집단원이 있을 경우, 다른 집단원들과 상담사가 도와서 스스로의 장점을 찾을 수 있도록 촉구한다.
• 개별 발표 후 집단원들과 상담사가 생각하는 발표자의 장점을 알려 준다.

[그림 10-5] 내가 잘하는 것(중3, 남, 제목: 내가 잘하는 것)

• 작품 내용: 자신이 잘하는 것은 현재는 운동이지만 과거에는 술, 담배였
  다고 하였다. 지금은 요리하는 것이 재미있어서 요리 쪽으로 진로를 선
  택하려고 생각하고 있다고 하였다.

• 작품 후 소감: 작품을 한 후 자신이 앞으로 잘하고 싶은 것을 생각하게 되
  었다고 하였다. 처음에는 자기개방을 어려워하며 표현을 하지 않았으나
  상담사가 함께 촉진하여 작업하자 자기표현을 잘하였고, 자신이 잘하는
  것을 알고 탐색하는 적극적인 모습을 보였다.

6회기: 나의 성격은?

- 목표: 자신의 성격 특성을 탐색할 수 있다. 성격의 장점과 단점 등을 이해할 수 있으며, 자신에게 적합한 진로를 결정할 수 있다. 또한 집단원들이 이야기해 주는 자신의 성격의 장점을 들음으로써 다양한 자신의 장점을 인식하고, 자신감을 향상시킬 수 있다.

- 기법: 콜라주 상자

- 준비물: 워크시트 1, 워크시트 2('제9장. 콜라주 진로상담 개별 프로그램' 6회기 참조), 다양한 인물 사진이 포함된 콜라주 상자, 4절 도화지, 풀, 가위, 연필, 지우개, 사인펜 및 채색도구

- 절차
① 지난 한 주간 경험한 것이나 최근 근황을 이야기 나눈다.
② '나의 성격은?'이라는 주제를 가지고 집단원들이 간단하게 서로 이야기 나눈다.
③ 콜라주 상자에서 내 성격과 비슷해 보이는 인물 사진 조각을 찾아 종이에 붙이도록 교시한다.
④ 워크시트 2를 활용하여 내담자가 작품에서 표현한 인물 사진들이 자신의 성격과 어떤 점에서 비슷한지 이야기한다.
⑤ 집단원과 자신의 성격에는 어떤 차이가 있으며, 자기 성격의 장점과 단점은 무엇인지 이야기하도록 한다.
⑥ 내담자와 상담사가 서로 작업 중 느낀 점, 작품 완성 후 소감에 대해 이야기 나누고 종료한다.

유의점

- 콜라주 상자 작업 시 자른 사진을 그대로 붙여도 되고, 원하는 모양으로 잘라 붙이는 것도 가능하다고 안내한다.
- 작업 후 상담사는 내담자의 성격에 대한 특성 및 장점을 격려·지지해 준다.
- 인물이 아닌 사물을 찾아도 무방하다.
- 저학년이거나 자기표현을 잘 하지 않는 경우에는 워크시트 1을 도입한 후 그대로 실행한다.

[그림 10-6] 나의 성격은?(중1, 남, 제목: 장점)

- 작품 내용: 자신은 활발한 편이고 사람들을 좋아한다고 하였다. 사진의 연예인은 성격을 모르겠지만 저 멋진 운동선수와 자신의 성격은 닮은 것 같다고 하였다. 사람을 만나고 함께 운동하는 것을 좋아하며, 친구들과 활달하게 잘 지내는 것이 자기 성격 중 가장 큰 장점이라고 하였다.

- 작품 후 소감: 자신의 성격에 대해 잘 모르겠다고 하며 작업을 어려워했으나 함께 작업한 집단원들이 자신의 장점과 성격에 대해 알려 줘서 작업할 수 있었다고 하였다. 집단원들이 긍정적인 피드백을 해 주자 긍정적인 자기표현을 하는 모습을 보였다.

7회기: 내가 원하는 일, 직업

- 목표: 미래 자신이 원하는 직업에 대해 구체적으로 탐색할 수 있다. 집단원들과 함께 작업함으로써 직업에 대한 생각을 확장할 수 있으며, 자신이 원하는 직업에 대한 목표를 뚜렷하게 가질 수 있다.

- 기법: 집단화답 콜라주

- 준비물: 여러 직업의 사진이 있는 다양한 잡지, 4절 도화지, 풀, 가위, 연필, 지우개, 사인펜 및 채색도구

- 절차
① 지난 한 주간 경험한 것이나 최근 근황을 이야기 나눈다.
② 도화지 뒷면에 자신의 이름을 쓴다.
③ 잡지에서 미래 직업상을 찾아 붙이고, 위쪽에 자신의 미래 직업을 쓴다.
④ 사진이 붙어 있는 도화지를 집단원들에게 돌리고, 집단원들은 붙어 있는 직업과 관련하여 연상되는 사진을 찾아 붙인다.
⑤ 모든 집단원의 차례를 거쳐 자신이 돌려받아 본 후 느낀 점을 이야기 나눈다.

유의점

- 집단원의 작품에 사진을 붙일 때 작성자의 성격 특성과 직업 등을 고려하여 붙이도록 한다.

[그림 10-7] 내가 원하는 일, 직업(고1, 여, 제목: 사회복지사)

• 작품 내용: 자신은 사회복지사에 대한 단편적인 모습을 상상했는데 여러 가지 모습을 알게 되었다고 하였다. 하는 일에 대해서도 명확하게 알지 못했는데, 집단원들이 여러 가지 일을 하는 모습을 붙여 줘 직업에 대해 깊이 있게 탐색할 수 있었다고 하였다.

• 작품 후 소감: 여러 가지 사진이 있어 더 많은 생각을 할 수 있게 되었다고 하였다. 자신이 생각한 것보다 더 다양한 사진이 있어 안심이 되었으며, 자신의 꿈을 응원해 주는 기분이라고 표현하였다. 집단원들에게 지지를 받아 즐겁게 웃으며 작업하는 모습을 보였다.

8회기: 10년 뒤 내 모습

- 목표: 10년 뒤 내 모습에 대해 구체적으로 탐색한다. 화답 콜라주로 진행
  함으로써 미래 모습에 대한 생각을 확장해 주고, 목표를 뚜렷하게 해 준
  다. 또한 상대방에게 맞는 적절한 화답을 해야 하기 때문에 타인을 이해
  하는 능력을 향상시킨다.

- 기법: 화답 콜라주

- 준비물: 여러 직업의 사진이 있는 다양한 잡지, 엽서 크기 도화지, A4 용
  지, 풀, 가위, 연필, 지우개, 사인펜 및 채색도구

- 절차
① 지난 한 주간 경험한 것이나 최근 근황을 이야기 나눈다.
② '10년 뒤 내 모습'이라는 주제를 주며 엽서 크기 도화지에 표현하도록
  한다.
③ 2인 1조가 되어 서로 작품을 설명한 후 교환한다.
④ 상대방의 작품을 A4 용지에 붙인 후 주변에 사진을 붙여 화답한다.
⑤ 완성 후 상대방의 작품에 붙인 사진의 의미를 각자 설명하고, 서로 느낀
  점과 통찰한 것을 교류한다.

유의점

- 화답 콜라주를 작성할 때는 상대방 작품의 의미를 충분히 고려하여 답하도록
  한다.

| 엽서에 작업한 작품 | 상대방과 교류한 후 작품 |

[그림 10-8] 10년 뒤 내 모습(중1, 여)

• 작품 내용: 선생님이 되고 싶어서 선생님이 된 모습을 표현했다. 상대방
  에게서 받은 사진은 선생님이 된 후의 다양한 모습과 가르치는 아이들을
  표현해 준 것이었다.

• 작품 후 소감: 상대방의 콜라주를 받아 응원을 받는 기분이어서 좋았다고
  표현하였다. 작업 후 서로에게 좋은 이야기를 하고 칭찬하는 등 긍정적
  인 상호작용이 활발해졌다. 자신의 꿈에 대한 희망을 가지고 집단원의
  꿈을 지지하는 모습을 보였다.

3) 중기: 9~11 회기

중기 단계에서의 직업탐색 및 체험활동은 미래에 같은 직업을 희망하는 집단원들과 함께 작업함으로써 꿈에 대한 목표 의식과 의지를 강화한다. 또한 꿈을 이루기 위한 계획과 생각 등을 집단원들과 함께 교류함으로써 현재 노력해야 할 것과 갖추어야 할 것 등에 대해 이해하도록 하여 현실 인식을 높인다. 이를 통해 꿈을 이루기 위한 구체적인 노력을 현실 속에서 실천할 수 있도록 돕는다.

9회기: 우리의 미래 직업

- **목표**: 집단원과의 작업을 통해 자신이 원하는 직업의 다양한 특성을 이해하고 자신이 그 직업을 갖기 위해 갖추어야 할 것들에 대해 탐색함으로써 자기이해 및 꿈에 대한 의지를 강화한다.

- **기법**: 집단집단법

※ 준비물, 절차, 유의점은 '제9장. 콜라주 진로상담 개별 프로그램' 9회기와 동일함

10회기: 전문가가 된 나

• 목표: 자신이 원하는 직업에 필요한 품성, 조건 등 구체적인 직업적 특성을 이해하고, 그 직업을 얻기 위해 자신이 노력해야 할 것들에 대해 인식할 수 있다. 이를 통해 자신이 노력해야 할 구체적인 계획을 현실 속에서 실천할 수 있다.

• 기법: 집단집단법

※ 준비물, 절차, 유의점은 '제9장. 콜라주 진로상담 개별 프로그램' 10회기와 동일함

11회기: Dreams come true!

• 목표: 미래 자신의 모습을 구체적으로 표현해 보고 꿈을 이뤘을 때 기분을 느껴 보게 함으로써 꿈을 이루고자 하는 목표의식과 동기를 강화할 수 있다. 꿈을 이루기 위해 현재 노력해야 할 점과 계획을 일상생활에서 실천할 수 있다.

• 기법: 집단개별법

※ 준비물, 절차, 유의점은 '제9장. 콜라주 진로상담 개별 프로그램' 11회기와 동일함

4) 후기: 12~16 회기

후기 단계는 꿈과 구체적인 미래 모습을 설계하는 것을 목표로 한다. 꿈을 이루기 위해 현재 노력해야 하는 것들과 앞으로의 계획을 구체적으로 세울 수 있도록 한다. 또한 집단원들 간의 교류와 지지를 통해 목표에 대한 확신을 갖고, 꿈을 이룰 수 있다는 자신감과 확신을 갖도록 한다.

12회기: 우리의 꿈

- 목표: 집단원들과 꿈에 대한 여러 가지 생각을 교류하면서 생각의 확장을 돕고, 꿈의 소중함을 인식하는 기회를 가질 수 있다. 또한 집단원들과 함께하는 공동 작업을 통해 자신의 의사소통 방식을 이해하고, 자기표현력 및 대인관계 능력을 향상시킬 수 있다.

- 기법: 집단원형 콜라주

- 준비물: 다양한 잡지, 전지 크기 도화지, 풀, 가위, 연필, 지우개, 사인펜 및 채색도구

- 절차
① 지난 한 주간 경험한 것이나 최근 근황을 이야기 나눈다.
② 상담사는 전지에 원을 그린 후 그대로 주거나 원형으로 오려서 집단원들에게 준다(집단원이 직접 할 수도 있다).
③ '우리의 꿈'이라는 주제를 주고 원 안에 집단원들이 함께 콜라주를 실시하도록 한다.
④ 완성되면 잡단원들이 작품의 제목을 지은 후 작품에 대한 느낀 점, 작업 과정에서 느낀 점, 통찰한 점 등을 이야기 나눈다.

[그림 10-9] 우리의 꿈(고1, 남 · 여, 제목: 우리의 미래)

• 작품 내용: 우리의 미래 · 꿈을 작업하였다. 미래에 되고 싶은 것들인 선생님, 기술자, 강사, 연구원, 연예인 및 취업, 예쁜 아내와의 결혼 등의 꿈을 붙여서 작업하였다.

• 작품 후 소감: 우리의 미래에 대해 집단원들이 함께 작업하여 재미있었다고 했으며 나의 꿈과 다른 사람의 꿈을 함께 보면서 소망을 빌 수 있어서 좋았다고 하였다. 꿈과 미래를 작업하자 진지하게 작업에 임했으며, 발표 시 모든 집단원이 함께 나와서 이야기를 하는 등 집단의 응집력과 역동성을 보여 주었다.

13회기: 미래의 하루

- **목표**: 구체적인 미래의 하루를 설정하여 하루 동안 일어날 일들과 생활 모습을 자세하고 생생하게 떠올려 본 후, 이를 통해 꿈을 이루고 싶은 동기를 강화하고, 목표를 뚜렷하게 가질 수 있다.

- **기법**: 잡지그림 콜라주

※ 준비물, 절차, 유의점은 '제9장. 콜라주 진로상담 개별 프로그램' 13회기와 동일함

14회기: 나의 꿈 실천과제

- **목표**: 꿈을 이루기 위해 앞으로 실천할 것들에 대해 구체적으로 계획하고 실천하기 위한 방법을 탐색할 수 있다.

- **기법**: 콜라주 상자

※ 준비물, 절차, 유의점은 '제9장. 콜라주 진로상담 개별 프로그램' 14회기와 동일함

15회기: 희망나무 꾸미기

- **목표**: 자신의 인생에서 꼭 이루고 싶은 소원·희망에 대해 생각해 보고 집단원들이 생각하는 다양한 소원과 희망에 대해 이해함으로써 앞으로 해 나가야 할 것들을 다짐하는 시간을 가질 수 있다. 이를 통해 자신의 꿈과 목표가 더욱 확실해질 수 있다.

- **기법**: 잡지그림 콜라주

※ 준비물, 절차, 유의점은 '제9장. 콜라주 진로상담 개별 프로그램' 15회
기와 동일함

16회기: 작품감상회 및 소감 나누기

• **목표**: 프로그램을 진행하면서 작업한 자신의 작품을 감상함으로써 자기
이해를 통한 자기인식과 자신의 변화된 모습을 이해한다. 이를 통해 앞
으로의 계획과 각오를 다져 자신의 꿈과 목표를 이룰 수 있도록 돕는다.

※ 준비물, 절차, 유의점은 '제9장. 콜라주 진로상담 개별 프로그램' 16회
기와 동일함

제11장

콜라주 진로 영역별 프로그램

"일을 긍정적으로 생각하며
어떤 상황에서도 현실을 즐길 수 있는 사람,
그런 사람이 찬스를 잡을 수 있다."

– 우에다 마사야–

이 장에서는 진로상담에서 아주 중요한 영역을 차지하는 대인관계 능력의 다섯 가지 하위 요소를 바탕으로 한 대인관계 능력 향상을 위한 구조적인 콜라주 진로상담 프로그램을 제시하고자 한다. 또한 진로 의사결정을 위해 요구되는 조건을 바탕으로 의사결정 능력 향상을 위한 구조적인 콜라주 진로상담 프로그램을 구체적으로 제시하여 상담현장에서 쉽게 활용할 수 있도록 할 것이다.

1 대인관계 능력 향상 프로그램

우리는 이 세상에 태어나면서부터 관계를 갖게 된다. 이 관계성에 따라서 사람이 느끼는 행복감과 만족감이 다르다고 할 수 있다. 이러한 인간의 관계성 중에서 가장 중요한 것이 사람과의 관계에 해당하는 대인관계다. 대인관계의 사전적 정의는 사람들 사이의 관계, 그리고 타인과의 관계다. 즉, 대인관계란 두 사람 이상의 관계에서 나타나는 다양한 상황, 환경 또는 과제에 대해 상호의존적인 행동을 함으로써 형성되는 연계를 의미한다(천부경, 2012 재인용). 인간은 태어나면서부터 생애 전반에 걸쳐 다른 사람들과 관계를 하며 살아가는 존재로, 타인과의 관계를 떠나서는 살아갈 수가 없다. 따라서 대인관계는 우리가 살아가는 데 매우 중요한 요소로, 이러한 대인관계를 통해 우리는 한 사회의 구성원으로 성장·발전해 나갈 수 있다.

대인관계성이 왕성하게 발달하는 청소년의 경우 급격한 신체적·정신적·심리적 발달로 많은 스트레스와 불안, 갈등을 경험하게 된다. 이러한 혼란스러운 시기에 자신과 유사한 갈등을 겪고 있는 또래집단을 통해서 정서적 안정감과 해소를 경험하며, 부모에게 의존하던 관계를 벗어나 독립을 원하게 되면서 또래 중심의 대인관계가 확대된다. 이처럼 청소년기는 대부분의 대인관계가 친구, 이성, 가족을 중심으로 이루어지기 때문에 가정, 학교 등에서

유대감이 약화될 경우 다양한 문제행동이 나타날 수 있다. 청소년기의 긍정
적인 대인관계 경험은 건전한 인격발달 및 정체감 형성에 도움을 주지만 부
정적인 대인관계 경험은 대인관계에서 다양한 문제행동을 일으키게 한다. 때
문에 청소년기의 효율적이고 적절한 대인관계는 성인기 대인관계를 형성하
는 기초가 되며, 건강한 자기상을 만드는 데 중요한 요인이 된다.

　이러한 대인관계는 복잡하고 다양한 심리적 특성을 지닌 상호작용의 과정
으로, 어떤 생각이나 행동방식을 취하는가에 따라 대인관계의 질이 결정된다
(김춘경 외, 2006). 대인관계 능력은 대인기술이라고도 하며, 다른 사람과 효과
적으로 관계를 형성하도록 하는 개인의 능력을 말한다. 이와 같은 대인관계
능력은 다양한 위기나 스트레스 상황을 극복하도록 돕고, 안전한 사회관계
속에서 지지를 얻도록 돕기 때문에 심리적·사회적 적응을 위한 필수 요소가
된다. 대인관계 능력의 하위 요소는 학자에 따라 다양한 의견이 있지만, 일반
적으로 처음 관계 맺기, 타인에 대한 불쾌감 주장, 자기개방, 정서적 지지 및
조언, 대인 갈등 다루기 등 다섯 가지의 하위 요소가 제시되고 있다(박주연,
2013 재인용).

　대인관계 능력은 진로 의사결정 후 적응의 문제, 직업 기초 능력, 학교적응
등에 지대한 영향을 미치고 있기 때문에 진로상담 과정에서 중요하게 다루어
야 한다.

1) 대인관계 능력의 하위 요소

(1) 처음 관계 맺기

　새로운 관계를 형성하는 데 필요한 것으로 타인과의 상호작용을 처음 시작
하는 능력을 말한다. 처음 만남에서 좋은 인상을 주고, 만남 혹은 모임에 참
여하거나 그곳에서 제안하는 것이다. 이 능력은 한 개인이 타인과 새로운 관
계를 형성하는 것으로, 성인기의 사회생활을 준비하는 기반이 된다.

(2) 타인에 대한 불쾌감 주장

불합리한 상황에 대해 자신의 권리나 불쾌감을 적절하게 표현하고 주장하는 능력으로 권리주장이라고도 한다. 이러한 주장은 불합리한 상황에서 자신의 권리를 현명하고 적절하게 지키는 것을 말한다. 이 능력은 적응적인 관계 유지를 위해 필요하다.

(3) 자기개방

자신의 정보를 개방할 적절한 시기에 타인에게 자신을 개방하는 능력을 말한다. 이 능력은 심리적 정화를 촉진하여 심리적 건강을 유지하게 하며, 자기개방을 통해 타인과의 의사소통을 원활하게 한다. 자기개방을 많이 할수록 친밀한 관계가 형성되며, 친밀한 관계일수록 자기개방을 많이 하게 된다. 상대방이 자기개방을 잘하면 상대방의 생각과 행동을 예측할 수 있게 되어 편안함을 느끼게 되고 자연스럽게 친밀감과 신뢰감을 갖게 된다. 하지만 이러한 자기개방은 대상과 시기, 내용 면에서 적절하고 신중하게 표현되어야 한다.

(4) 정서적 지지 및 조언

타인을 정서적으로 지지하고, 이해와 공감을 표현하는 능력을 말한다. 정서적 지지는 인간이 가진 기본적인 욕구로, 지지와 공감을 받음으로써 스트레스를 감소시키고 정서적 편안함과 안정감을 가질 수 있다. 타인을 지지하는 능력은 대인관계에서 친밀한 관계를 형성하도록 돕고, 대인관계 능력을 향상시키는 역할을 하게 된다.

(5) 대인 갈등 다루기

대인 갈등은 타인과의 관계에서 빈번하게 나타날 수 있는 문제로, 목표, 기대, 바람의 불일치 등으로 발생한다. 대인 갈등 다루기는 이러한 타인과의 갈등을 관리하는 능력으로 대인관계 갈등 상황에서의 인지적 문제해결 능력을 말한다. 이 능력은 사회적 관계에서 필연적으로 발생하는 갈등을 해결하는 방식으로 관계 만족도와 관련된다. 갈등을 다루고 해결하는 방식과 만족도에 따라 상대방과의 관계에 대한 깊이가 결정된다.

이와 같은 대인관계 능력은 두 사람 이상의 관계에서 발생하는 여러 가지 문제와 복잡한 상황에 대처하기 위한 생각 및 행동양식으로서 누구나 보편적으로 갖는 심리 행동적 경향성이다.

청소년기에 형성된 대인관계 방식과 경험은 성인기까지 영향을 미치고, 청소년을 대상으로 한 효과적인 대인관계 습득을 위한 다양한 경험이 진로상담 과정에서 다양하게 진행되어야 하기 때문에 청소년을 대상으로 대인관계 능력 향상 프로그램을 제공하는 것은 필요하다.

2) 대인관계 능력 향상을 위한 콜라주 진로상담 프로그램

(1) 프로그램 구성

대인관계 능력 향상을 위한 콜라주 진로상담 프로그램은 대상자가 자신의 대인관계 방법을 이해하여 더 효과적인 대인관계 방법을 습득할 수 있도록 총 6회기로 구성하였다. 프로그램은 초기, 중기, 후기 3단계로 나누어 초기에는 처음 관계 맺기 및 정서적 지지, 중기에는 자기개방 및 타인에 대한 불쾌감 주장, 후기에는 대인 갈등 해결 및 조언으로 프로그램을 구성하였다. 이 프로그램은 대인관계 능력 향상을 위해 대상에 맞게 응용하여 실시할 수 있다. 구체적인 프로그램 구성은 〈표 11-1〉과 같다.

〈표 11-1〉 대인관계 능력 향상 프로그램 구성

단계	목표	회기	프로그램	유형 및 제작 방법
초기	처음 관계 맺기 및 정서적 지지	1	나 이런 사람이야!	잡지그림 콜라주
		2	나의 든든한 조력자	잡지그림 콜라주
중기	자기개방 및 타인에 대한 불쾌감 주장	3	나를 만든 세 가지 사건(사람)	잡지그림 콜라주
		4	불쾌, 상쾌, 마인드 업!	엽서 콜라주
후기	대인 갈등 해결 및 조언	5	입장 바꿔 생각해	잡지그림 콜라주
		6	120% 나 만들기	화답 콜라주

(2) 프로그램 내용

초기: 1~2회기

초기 단계에서는 집단 구성원 간의 친밀감 및 신뢰감을 형성한다. 또한 대인관계에서 자신을 지지해 주는 사람을 탐색해 봄으로써 대인관계에서의 친밀감과 긍정적인 경험을 인식시키도록 한다.

1회기: 나 이런 사람이야!

• 목표: 집단에 대한 흥미를 유발하고 긴장감을 해소한다. 첫 만남에서 자신을 소개하고 구성원들과 친밀감 및 신뢰감을 형성하여 집단에 대한 소속감을 갖도록 한다.

• 기법: 잡지그림 콜라주

• 준비물: 워크시트, 다양한 잡지, 4절 도화지, 풀, 가위, 연필, 사인펜 및 채색도구

• 절차

① 상담사는 집단 구성원들에게 집단의 목적과 집단 내에서 지켜야 할 규칙에 대해 알려 주고 규칙을 준수하도록 한다.

② 한 사람씩 자신의 별칭과 간단한 자기소개를 한다.

③ 워크시트에 기재되어 있는 네 가지 항목(내가 좋아하는 것, 내가 좋아하는 사람, 나의 취미생활, 나를 행복하게 하는 것)에 대해 잡지를 이용하여 자유롭게 붙이도록 한다.

④ 새로운 워크시트를 나누어 주고 완성된 워크시트 내용을 중심으로 글로 작성해 보게 한다.

⑤ 작업하는 과정에서 느낀 감정과 실시 후의 느낌, 통찰한 부분 등을 한 사람씩 발표한다. 자기표현을 잘하는 집단원이 있을 경우 먼저 발표를 시켜 모델링을 보여 줄 수 있다.

⑥ 모든 집단원의 발표가 끝나면 집단원과 상담사가 오늘 작업에 대한 소감을 이야기 나누고 종료한다.

유의점

• 집단 내 규칙은 프로그램을 진행함에 있어 꼭 필요한 사항이어야 하며, 강제적이지 않아야 한다.

• 별칭 짓기와 자기소개가 끝난 후 집단원 간의 친밀감을 향상하고 긴장을 완화하기 위해 다양한 방법의 별칭 외우기 게임을 응용하여 실시해도 좋다.

• 워크시트 용지가 작을 경우 8절 또는 4절 도화지를 사용할 수 있다.

• 집단원의 발표를 들으며 느껴지는 것들을 자유롭게 피드백할 수 있도록 촉진한다.

• 피드백은 긍정적이고 지지하는 표현을 사용하도록 한다.

워크시트

나 이런 사람이야!

내가 좋아하는 것

내가 좋아하는 사람

나의 취미생활

나를 행복하게 하는 것

> ## 2회기: 나의 든든한 조력자

- **목표**: 나를 지원해 주고 도와주는 주변인을 탐색해 봄으로써 대인관계 속에서의 긍정적인 경험을 인식시킨다.

- **기법**: 잡지그림 콜라주

- **준비물**: 워크시트 1, 워크시트 2, 다양한 잡지, 4절 도화지, 풀, 가위, 연필, 사인펜 및 채색도구

- **절차**
① 지난 한 주간 경험한 것이나 최근 근황을 서로 이야기 나누도록 한다. 상황에 따라 2명씩 짝을 지어 이야기 나눌 수 있다.
② 워크시트 1(나의 든든한 조력자)에 기재되어 있는 세 가지 항목(행복하게 해 주는 사람, 힘이 되어 주는 사람, 고마운 사람)을 잡지에서 찾아 용지에 붙이도록 한다.
③ 작품을 완성하면 제목을 붙이도록 한다.
④ 워크시트 2(주변인에게 감사하기)에 감사의 말을 쓰게 한다.
⑤ 작품 소개 및 작업하는 과정에서 느껴진 감정과 실시 후의 느낌, 통찰한 것을 한 사람씩 이야기한다.
⑥ 모든 집단원의 발표가 끝나면 집단원과 상담사가 오늘 작업의 소감을 이야기 나누고 종료한다.

유의점

- 워크시트 용지가 작을 경우 8절 또는 4절 도화지를 사용할 수 있다.

워크시트 1

나의 든든한 조력자

행복하게 해 주는 사람

힘이 되어 주는 사람

고마운 사람

워크시트 2

주변인에게 감사하기

□ 감사한 사람을 정해서 감사한 말을 써 보세요.
(할아버지, 할머니, 아빠, 엄마, 누나/언니, 형/오빠, 삼촌, 이모, 고모, 담임선생님, 상담선생님, 학원선생님, 친구, 이성친구 등)

중기: 3~4회기

　중기 단계에서는 적절한 자기개방을 실천해 보고 타인에 대한 불쾌한 감정 및 생각을 효과적으로 표현하는 방법을 이해하게 한다. 이를 통해 적절한 대인관계 방법을 습득하도록 한다.

3회기: 나를 만든 세 가지 사건(사람)

- 목표: 현재 자신의 성격과 가치관을 만들게 한 사건이나 사람을 탐색해 보고, 집단원에게 표현해 봄으로써 자기개방을 촉진한다.

- 기법: 잡지그림 콜라주

- 준비물: 다양한 잡지, 4절 도화지, 풀, 가위, 연필, 사인펜 및 채색도구

- 절차
① 지난 한 주간 경험한 것이나 최근 근황을 이야기 나눈다.
② '현재의 나를 만든 세 가지 사건이나 사람' 이라는 주제를 주고 자유롭게 붙이도록 한다.
③ 작품을 완성하면 제목을 짓도록 한다.
④ 작품 소개 및 작업하는 과정에서 느낀 감정과 실시 후의 느낌, 통찰한 것을 한 사람씩 이야기한다
⑤ 모든 집단원의 발표가 끝나면 집단원들과 상담사가 오늘 작업의 소감을 이야기 나누고 종료한다.

유의점
- 작업을 어려워하거나 사진을 찾지 못하는 집단원이 있을 경우 상담사가 구체적인 예를 들어 설명한다(예: 늘 산만하다고 혼났는데, 5학년 때 담임선생님이 창의적이라고 칭찬하여 자신감이 많이 생겼다 등).
- 부정적인 영향을 준 사건이나 사람을 표현했을 경우 온전히 수용하고, 적극적인 공감과 지지를 표현한다.

4회기: 불쾌, 상쾌, 마인드 업!

- 목표: 타인에게 불쾌한 일을 당했을 때를 탐색해 보고, 이러한 상황을 현명하게 극복할 수 있는 방법을 탐색해 본다.

- 기법: 엽서 콜라주

- 준비물: 워크시트, 다양한 잡지, 엽서 크기 도화지, 풀, 가위, 연필, 사인펜 및 채색도구

- 절차
① 지난 한 주간 경험한 것이나 최근 근황을 이야기 나눈다.
② 엽서 크기 도화지 3장을 주며, '불쾌한 일(부당한 일)을 당했을 때의 모습, 불쾌한 상황을 극복할 때 필요한 것, 불쾌한 상황을 극복했을 때의 모습'을 각 장에 표현하도록 한다.
③ 작품을 완성하면 제목을 붙이도록 한다.
④ 워크시트에 작품에 대한 설명과 추후 같은 상황에 처할 경우의 대처방안을 작성하도록 한다.
⑤ 작품 소개 및 워크시트 내용, 느낀 점, 통찰한 것을 한 사람씩 이야기한다.
⑥ 모든 집단원의 발표가 끝나면 집단원들과 상담사가 오늘 작업의 소감을 이야기 나누고 종료한다.

유의점

- 불쾌한 상황을 극복할 때 필요한 것에 대해 집단원들이 자유롭게 자신의 의견을 낼 수 있도록 촉진한다.
- 극복한 모습에 대해 적극적인 지지 표현을 한다.

워크시트

불쾌, 상쾌, 마인드 업!

불쾌한 일 (부당한 일)을 당했을 때의 모습	· · ·
불쾌한 상황을 극복할 때 필요한 것	· · ·
다음에 같은 상황에 처했을 때 나의 행동은?	· · ·

후기: 5~6회기

후기 단계에서는 자신이 겪고 있는 갈등 상황을 효과적으로 해결하는 방법을 이해하고, 자신의 대인관계 능력을 향상시키기 위한 구체적인 실천방안을 모색하도록 한다. 이를 통해 현실생활에서 대인관계 능력을 향상시킨다.

5회기: 입장 바꿔 생각해

- **목표**: 자신과 갈등을 일으킨 대상 및 상황을 탐색해 보고, 상대방 입장에서의 기분과 생각을 느껴 보도록 한다. 이를 통해 대인관계 갈등을 완화하도록 한다.

- **기법**: 잡지그림 콜라주

- **준비물**: 워크시트, 다양한 잡지, 4절 도화지, 풀, 가위, 연필, 사인펜 및 채색도구

- **절차**
① 지난 한 주간 경험한 것이나 최근 근황을 이야기 나눈다.
② 최근 자신과 갈등을 겪는 인물을 떠올려 보도록 한다.
③ 워크시트에 갈등을 일으키는 대상과 상황, 기분 등을 작성하도록 한다.
④ 작품 앞면에는 갈등을 일으킨 상황에 대해 자신의 입장에서 작품을 구성하고, 작품 뒷면에는 상대방 입장에서 작품을 구성하도록 한다.
⑤ 워크시트 내용 및 작품 소개, 느낀 점, 통찰한 것을 한 사람씩 이야기한다.
⑥ 모든 집단원의 발표가 끝나면 집단원들과 상담사가 오늘 작업의 소감을 이야기 나누고 종료한다.

유의점

- 집단원에게 8절 또는 4절 도화지를 선택하여 작업하게 할 수 있다.
- 갈등 상황을 구체적으로 떠올릴 수 있도록 상담사가 예를 들어 설명한다.

워크시트

나의 갈등 상황

● 갈등을 일으키는 대상

_____
_____
_____
_____
_____
_____

● 갈등을 일으키는 상황

_____
_____
_____
_____
_____
_____
_____

● 갈등 상황에서의 기분과 하고 싶은 말

_____
_____
_____
_____
_____
_____
_____

6회기: 120% 나 만들기

- 목표: 대인관계 능력 향상을 위해 자신에게 필요한 행동, 생각 등을 구체적으로 인식하고, 현실생활에서 적용하도록 한다.

- 기법: 화답 콜라주

- 준비물: 워크시트, 다양한 잡지, 엽서 크기 도화지, A4 용지, 풀, 가위, 연필, 사인펜 및 채색도구

- 절차
① 지난 한 주간 경험한 것이나 최근 근황을 이야기 나눈다.
② 원만한 대인관계를 위해 자신에게 필요한 것을 엽서 크기 도화지에 작성하도록 한다.
③ 2명씩 짝을 지은 후 상대방에게 자신의 작품을 설명한다.
④ 서로의 작품을 교환하여 받은 후 A4 용지에 붙인다.
⑤ 원만한 대인관계를 위해 상대방에게 필요한 것(행동, 생각 등)을 잡지에서 찾아 A4 용지에 붙인다.
⑥ 완성 후 상대방에게 자신이 붙인 사진의 내용과 의미를 이야기한다.
⑦ 워크시트에 자신의 대인관계에서 필요한 것과 개선해야 할 것을 구체적으로 작성하도록 한다.
⑧ 작품 소개, 느낀 점, 통찰한 것을 한 사람씩 이야기한다.
⑨ 모든 집단원의 발표가 끝나면 집단원들과 상담사가 이 프로그램을 함께한 소감을 이야기 나누고 종료한다.

유의점

- 대인관계를 위해 필요한 것을 붙일 때 구체적으로 작성하도록 안내한다(예: 친구에게 먼저 인사를 하지 않았는데, 먼저 인사를 해야겠다 등).
- 상대방에게 필요한 것을 붙일 때 성격, 특징 등 상대방의 입장을 충분히 고려하여 붙이도록 한다.

워크시트

나의 대인관계

자신의 현재 대인관계	자신이 원하는 대인관계

➡

대인관계 능력 향상을 위해 개선할 점

● 행동:

● 생각:

● 기타:

② 의사결정 능력 향상 프로그램

인간은 일상생활에서 늘 선택의 상황에 놓여 있으며, 하루에도 수없이 많은 결정을 내리면서 생활하고 있다. 이러한 선택은 가장 효과적이고 바람직한 방향이어야 하며, 이때 필요한 것이 의사결정 능력이다. 즉, 어떤 행동과 결정을 하기 전에 결과를 예측해 보는 과정이라고 할 수 있다. 의사결정의 사전적 정의는 특정한 목적을 달성하기 위해 몇 개의 행동 집합에서 특정 행동을 선택하는 과정이다. 학자에 따라 의사결정 능력에 대한 다양한 정의를 제시했는데, Cassidy와 Kurfman(1977)은 의사결정 능력이란 여러 가지 대안 중에서 적절한 정보와 의사결정자의 가치를 토대로 이성적인 의사결정을 할 수 있는 능력을 뜻한다고 하였다.

그중 진로 의사결정 능력은 의사결정 능력에서 나온 개념으로서, 의사결정 능력 중에서도 진로를 결정하는 부분을 말한다. 자신의 진로를 현명하게 선택하는 데는 적절한 정보, 결정의 우선순위 등의 이해를 바탕으로 수준 높은 의사결정 능력이 요구된다. Parsons(1990)는 직업선택은 각 직업이 요구하는 특성을 파악하고, 개인의 적성, 흥미, 능력 등을 고려하여 직업을 선택하는 것이라고 하였다.

Harren(1979)에 따르면, 진로 의사결정 유형에는 합리적 의사결정, 직관적 의사결정, 의존적 의사결정 유형이 있다. 합리적 유형은 의사결정 과정에 논리적이고 체계적으로 접근하는 유형으로 현재의 결정이 미래의 결과에 미칠 영향을 고려하고, 자신이 결정한 결과에 대한 책임을 지고 그것을 받아들인다. 또한 직관적 유형은 합리적 과정을 거치지 않고 자신의 직관력이나 순간의 상황에 따라 결정하는 유형으로, 결정에 대한 책임은 수용하지만 적합한 진로 의사결정을 하기는 어려운 유형이다. 마지막으로 의존적 유형은 결정에 대한 책임을 가족, 친구 등 주변인에게 전가하고, 결정에 대한 책임을 거부하며 타인에게 의존하는 유형이다.

따라서 진로 의사결정을 할 때는 합리적 유형이 직관적 유형이나 의존적 유형보다 효과적이다. 합리적 유형이 되기 위해서는 발달단계상 청소년기의 생활이 중요하다. 청소년기는 가정과 부모로부터 벗어나 스스로의 삶을 개척하기 위해 끊임없이 주위를 탐색하는 시기다. 또한 진로발달 과정 중 준비 및 탐색 단계로서, 이 시기의 적절한 발달 과업 수행은 미래의 진로계획 및 진로의식을 확립하는 데 중요한 부분을 차지한다. 때문에 진로 의사결정을 잘 하기 위해서는 청소년기에 학교적응을 잘 해야 하며, 직업계획 및 진로확신을 가지고 있어야 한다(이현림, 천미숙, 2004).

진로상담 과정에서는 내담자의 진로 의사결정 유형을 확인하고, 그에 따라 진로 의사결정을 증진시키기 위한 전략이나 기법을 다양하게 적용해야 한다.

1) 진로 의사결정을 위해 필요한 조건

(1) 학교적응력 향상

학교생활 적응이란 학교생활을 하면서 접하게 되는 여러 가지 교육적 환경을 자신에 맞게 적절하게 변화시키거나 수용하는 것을 말한다. 학교생활에 잘 적응하는 학생은 학교에서의 태도가 긍정적이기 때문에 교사와 또래관계 등 대인관계가 원만하며, 사회적 규범과 도덕 같은 행동 특성이 바람직하게 형성된다. 또한 성격을 형성하고 진로탐색을 활발하게 한다.

(2) 진로계획 및 실천

진로계획이란 진로발달의 과정에서 진로에 대한 기초 소양과 지식을 토대로 자신의 적성 및 능력, 관심 분야 등을 고려하여 효율적으로 진로를 선택하기 위한 지침을 세우는 것을 말한다. 이는 진학계획과 직업계획을 포함하는 것으로서 자신에 대한 객관적인 이해와 탐색 과정을 통해 이루어진다. 진로계획은 직업을 어떤 방식으로 선택할 것인가에 대한 사전 수립 계획으로서 적절하고 효과적으로 계획되어야 하며, 계획을 세운 이후에도 지속적으로 수정·보완되어야 한다.

(3) 진로의식

진로의식이란 진로발달 과정에서 진로선택의 근거와 직업의 가치를 이해하고 다양한 직업적 소양을 갖는 것을 말한다. 이것은 평생 자신의 진로에 대해 인식하고 탐색하며, 진로를 선택하고 결정해 나가는 것이다. 이러한 진로의식은 사회문화적 요인, 교육환경적 요인, 개인적 요인 등 주변의 여러 환경적 요인의 영향을 받으며 성장·발달해 나간다.

진로를 결정하는 일은 평생에 걸쳐 해야 할 수많은 결정 가운데 매우 중요한 부분을 차지한다. 그러나 불합리한 과정이나 편견 등으로 불합리한 결정을 내리는 경우가 많기 때문에 청소년기에 올바른 진로 의사결정을 할 수 있도록 다양한 경험을 제공해야 한다.

청소년기에는 진로발달 과업상 자신의 진로와 관련한 구체적인 의사결정을 해야 하기 때문에 다양한 방법으로 진로 결정을 경험할 수 있는 기회를 제공하기 위해 콜라주 의사결정 능력 향상 프로그램을 실시한다.

2) 의사결정 능력 향상을 위한 콜라주 진로상담 프로그램

(1) 프로그램 구성

의사결정 능력 향상을 위한 콜라주 진로상담 프로그램은 대상자가 자신의 꿈과 미래에 대한 진로 의사결정의 확신을 가질 수 있도록 총 7회기로 구성하였다. 프로그램은 초기, 중기, 후기 3단계로 나누어 초기에는 학교적응력 향상, 중기에는 진로의식, 후기에는 진로계획 및 실천으로 프로그램을 구성하였다. 이 프로그램은 의사결정 능력 향상을 위해 대상에 맞게 응용하여 실시할 수 있다. 구체적인 프로그램 구성은 〈표 11-2〉와 같다.

〈표 11-2〉 의사결정 능력 향상 프로그램 구성

단계	목표	회기	프로그램	유형 및 제작 방법
초기	학교적응력 향상	1	학교의 의미	집단집단법
		2	공부의 의미	집단원형 콜라주
중기	진로의식	3	내 삶의 내비게이션	집단개별법
		4	Here and Now	원형 콜라주
후기	진로계획 및 실천	5	나의 선택	집단개별법
		6	시크릿	집단개별법
		7	미래에서 온 편지	집단개별법

(2) 프로그램 내용

초기: 1~2회기

초기 단계에서는 학교와 공부에 대한 다양한 의미를 탐색하여 그 중요성을 인식하도록 한다. 이를 통해 학교적응력을 향상시키도록 한다.

1회기: 학교의 의미

• 목표: 학교에 대한 다양한 의미를 탐색하여 학교의 중요성을 인식하도록 한다. 이를 통해 학교적응력을 향상시키도록 한다.

• 기법: 집단집단법

• 준비물: 다양한 잡지, 전지 크기 도화지, 풀, 가위, 연필, 사인펜 및 채색도구

• 절차

① 상담사는 학교가 가지는 다양한 의미를 예를 들어(친구들과 만나는 즐거움의 장소, 배움의 장소 등) 설명한다.

② '학교의 의미'라는 주제를 주고, 집단원들이 함께 전지 크기 도화지에 작품을 구성하도록 한다.

③ 작품을 완성하면 제목을 붙이도록 한다.

④ 작업 과정에서의 느낀 점, 집단원들의 생각과 다른 점, 통찰한 것을 한 사람씩 이야기한다.

⑤ 모든 집단원의 발표가 끝나면 집단원들과 상담사가 오늘 작업의 소감을 이야기 나누고 종료한다.

유의점

• 집단원들이 처음 만난 상황이라면 별칭 짓기 및 자기소개를 도입에 실시한다.
• 각자 자신이 생각하는 학교의 의미를 찾을 수 있도록 자유롭고 편안한 분위기를 만든다.
• 학교에 대한 부정적인 의미가 나올 경우 자연스럽게 수용한다.

2회기: 공부의 의미

- **목표**: 공부에 대한 다양한 의미를 탐색하여 공부의 중요성을 인식하도록 한다. 이를 통해 학교적응력을 향상시키도록 한다.

- **기법**: 집단원형 콜라주

- **준비물**: 워크시트, 다양한 잡지, 원형이 그려진 전지 크기 도화지, 풀, 가위, 연필, 사인펜 및 채색도구

- **절차**
① 지난 한 주간 경험한 것이나 최근 근황을 이야기 나눈다.
② 상담사는 공부가 가지는 다양한 의미를 예를 들어(꿈을 이룰 수 있는 것, 주변 사람에게 인정을 받는 것 등) 설명한다.
③ 자신이 공부를 하는 이유를 찾아보고 워크시트에 쓰게 한다.
④ '공부의 의미'라는 주제를 주고, 원형이 그려진 전지 크기 도화지에 집단원들이 함께 작품을 구성하도록 한다.
⑤ 작업 과정 및 작품 완성 후의 실시 방법은 1회기와 동일하다.

유의점
- 집단의 응집력을 향상해야 할 경우 원형이 그려져 있지 않은 도화지를 줄 수 있다.

워크시트

내가 공부를 하는 이유는

다음 칸에서 내가 공부를 하는 이유를 찾아 동그라미를 쳐 보고 글로 써 보세요.

나는 자유롭게 살고 싶어요	나는 즐겁게 살고 싶어요	나는 성공하고 싶어요	나는 부자가 되고 싶어요	나는 사회의 지도자가 되고 싶어요
나는 아픈 사람을 도와주고 싶어요	나는 우리나라를 지키고 싶어요	나는 웃음을 주는 사람이 되고 싶어요	나는 맛있는 음식을 만드는 사람이 되고 싶어요	나는 멋있는 옷을 만드는 사람이 되고 싶어요
나는 건강하게 살고 싶어요	나는 칭찬받는 사람이 되고 싶어요	나는 교육자가 되고 싶어요	나는 CEO가 되고 싶어요	나는 억울한 사람을 도와주고 싶어요

중기: 3~4회기

중기 단계는 자신의 롤모델을 탐색하고, 롤모델의 모습을 갖추기 위해 현재 개선해야 할 점들을 인식하도록 한다. 이를 통해 자신의 진로를 계획하고, 개선할 부분에 대한 실천의지를 강화하도록 한다.

3회기: 내 삶의 내비게이션

- 목표: 롤모델의 다양한 부분을 탐색하여 자신의 진로를 계획할 수 있도록 한다.

- 기법: 집단개별법

- 준비물: 워크시트, 다양한 잡지, 4절 도화지, 풀, 가위, 연필, 사인펜 및 채색도구

- 절차
① 지난 한 주간 경험한 것이나 최근 근황을 이야기 나눈다.
② 잡지에서 자신의 롤모델 및 롤모델과 관련된 것들을 찾아 붙이도록 한다.
③ 작품을 완성하면 제목을 짓도록 한다.
④ 워크시트에 롤모델의 강점, 닮고 싶은 점 등을 구체적으로 작성하도록 한다.
⑤ 작품 설명과 워크시트 내용, 작품 과정에서 느낀 점, 통찰한 것을 한 사람씩 이야기한다.
⑥ 모든 집단원의 발표가 끝나면 집단원들과 상담사가 오늘 작업의 소감을 이야기 나누고 종료한다.

유의점

- 여러 직업의 사람, 유명인 등 다양한 인물 사진을 준비하여 제공한다.
- 워크시트를 구체적으로 작성할 수 있도록 예를 들어 설명한다.

워크시트

나의 롤모델

1. 나의 롤모델은?

2. 나의 롤모델이 된 이유는?

3. 롤모델의 강점은?

4. 롤모델에게서 닮고 싶은 점은?

5. 내가 롤모델처럼 되기 위해서 노력해야 할 점은?

4회기: Here and Now

- **목표**: 자신의 하루 일과를 탐색해 봄으로써 현재 생활에서 개선해야 할 부분을 인식하고, 개선할 부분에 대한 실천의지를 강화하도록 한다.

- **기법**: 원형 콜라주

- **준비물**: 워크시트, 다양한 잡지, 원형이 그려진 4절 도화지, 풀, 가위, 연필, 사인펜 및 채색도구

- **절차**
① 지난 한 주간 경험한 것이나 최근 근황을 이야기 나눈다.
② 원형이 그려진 4절 도화지에 하루 일과에 해당하는 사진을 잡지에서 잘라 붙이도록 한다.
③ 작품을 완성하면 제목을 짓도록 한다.
④ 워크시트에 하루의 일과를 구체적으로 작성하도록 한다.
⑤ 작품 설명과 워크시트 내용, 작품 과정에서 느낀 점, 통찰한 것을 한 사람씩 이야기한다.
⑥ 모든 집단원의 발표가 끝나면 집단원들과 상담사가 오늘 작업의 소감을 이야기 나누고 종료한다.

유의점

- 현재의 하루 일과를 솔직하고 구체적으로 작성하도록 한다.
- 워크시트 작성 후 앞으로의 다짐에 대해 적극적인 칭찬과 지지를 하여 실전동기가 향상될 수 있도록 촉진한다.

워크시트

나의 하루

시간	하는 일	생각과 기분
~		
~		
~		
~		
~		
~		
~		
~		
~		

● 나의 하루를 작성해 보고 느낀 점

● 앞으로의 다짐

후기: 5~7회기

　후기 단계에서는 자신의 꿈을 이루어 가는 과정과 꿈을 이뤘을 때의 기분 및 느낌 등을 체험해 봄으로써 꿈을 이루고 싶은 동기와 진로에 대한 확신을 가질 수 있도록 한다.

5회기: 나의 선택

- 목표: 진로 의사결정의 세 가지 유형인 합리적 유형, 직관적 유형, 의존적 유형을 구분함으로써 자신의 진로 의사결정 능력을 향상시킬 수 있게 한다.

- 기법: 집단개별법

- 준비물: 워크시트, 다양한 잡지, 4절 도화지, 풀, 가위, 연필, 사인펜 및 채색도구

- 절차
① 지난 한 주간 경험한 것이나 최근 근황을 이야기 나눈다.
② 자신에게 정말 필요한 것은 무엇이 있는지 잡지에서 찾아 표현하도록 한다.
③ 자신이 선택한 것에는 무엇이 있는지 워크시트에 적어 보게 한다.
④ 진로 의사결정 유형 세 가지에 대해 설명하고, 자신의 진로 의사결정 능력을 보완하기 위해 어떻게 해야 할지 생각해 보도록 한다.
⑤ 작품 설명과 작품 과정에서 느낀 점, 통찰한 것을 한 사람씩 이야기한다.
⑥ 모든 집단원의 발표가 끝나면 집단원들과 상담사가 오늘 작업의 소감을 이야기 나누고 종료한다.

유의점

- 워크시트 작성에 어려움이 있는 경우 상담사가 예를 들어 설명하여 작성할 수 있도록 돕는다.
- 자신의 의사결정 능력을 보완하고 합리적 진로 의사결정을 할 수 있도록 안내한다.

워크시트

나의 선택

나에게 논리적으로 필요한 것	
몸과 느낌으로 선택한 것	
부모님이 내가 선택하기를 바라는 것	
세 가지 중 지금 이 순간 선택하기를 바라는 것	

6회기: 시크릿

- **목표**: 자신의 꿈을 이루어 가는 과정을 상상해 봄으로써 꿈에 대한 확신 과 꿈을 이루고자 하는 동기를 강화한다.

- **기법**: 집단개별법

- **준비물**: 워크시트, 다양한 잡지, 4절 도화지, 풀, 가위, 연필, 사인펜 및 채 색도구

- **절차**
① 지난 한 주간 경험한 것이나 최근 근황을 이야기 나눈다.
② 꿈을 꾸고 이룰 수 있다고 믿는 사람은 반드시 그 꿈을 이룰 수 있다는 이야기를 한다(책 『시크릿』[2007, 살림biz] 내용 참조).
③ 꿈에 도달해 가는 과정을 잡지에서 찾아 워크시트에 표현하도록 한다.
④ 작품 설명과 작품 과정에서 느낀 점, 통찰한 것을 한 사람씩 이야기한다.
⑤ 모든 집단원의 발표가 끝나면 집단원들과 상담사가 오늘 작업의 소감을 이야기 나누고 종료한다.

유의점

- 워크시트 용지가 작을 경우 4절 도화지에 그려서 응용하여 실시할 수 있다.
- 작품의 여백 또는 별도 용지에 각 사진에 대한 설명을 작성할 수도 있다.

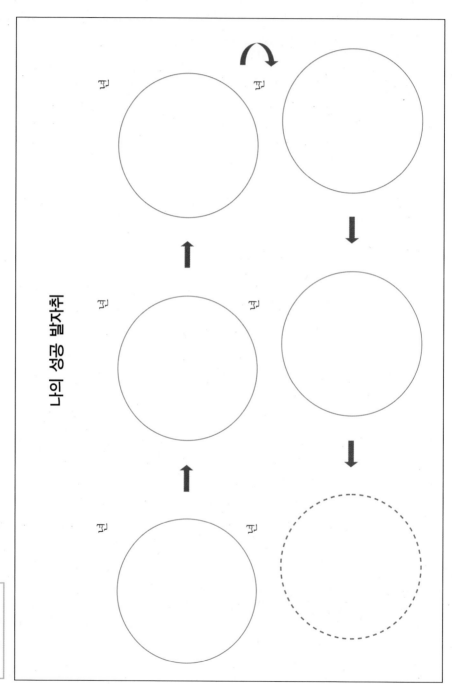

나의 성공 발자취

7회기: 미래에서 온 편지

- **목표**: 꿈을 이뤘을 때의 기분과 느낌 등을 체험해 봄으로써 자신의 꿈을 이루고 싶은 동기와 진로에 대한 확신을 가질 수 있도록 한다.

- **기법**: 집단개별법

- **준비물**: 워크시트, 다양한 잡지, 4절 도화지, 풀, 가위, 연필, 사인펜 및 채색도구

- **절차**
① 지난 한 주간 경험한 것이나 최근 근황을 이야기 나눈다.
② 꿈을 이룬 미래의 내가 현재의 나에게 보내는 작품을 구성하도록 한다.
③ 워크시트에 미래의 내가 현재의 나에게 보내는 편지를 작성하도록 한다.
④ 작품 설명과 편지 내용, 느낀 점, 통찰한 것을 한 사람씩 이야기한다.
⑤ 모든 집단원의 발표가 끝나면 집단원들과 상담사가 이 프로그램에 함께 한 소감을 이야기 나누고 종료한다.

유의점

- 작품은 형식에 관계없이 자유롭게 구성하도록 한다(예: 선물 형식).

워크시트

미래에서 온 편지

가　　　　　에게

제12장

사례연구

"주변 환경이 어떻든지 간에
인간은 자신의 장점을 찾기 위해 힘써야 한다.
행복은 바로 그러한 노력 속에 존재한다."

– 디오게네스 –

이 장에서는 콜라주 미술치료의 다양한 사례를 소개하고자 한다. 실제 상담현장에서 진행한 사례를 초등학생, 청소년(고등학생), 대학생으로 나눠 각 대상에 따른 효과적인 적용 방법을 살펴봄으로써 상담사가 상담현장에서 콜라주 미술치료를 쉽게 적용할 수 있도록 하였으며, 해당 사례를 상담현장에서 유용하게 활용할 수 있도록 실제적인 도움을 주고자 하였다. 더불어 장 마지막에 부록으로 성인 계열 분석 사례도 함께 수록하였다.

1 초등학생 진로상담 사례

1) 연구 대상

이 연구의 대상아동은 만 9세 7개월 된 초등학교 3학년 남아로, 지능지수는 104이며 성적은 평균 64점, 학급 석차는 38명 중 35등으로 학습부진아에 해당하는 아동이다.

(1) 가족 배경

대상아동의 가족은 아버지, 어머니, 아동의 3인 가족이고, 할아버지 댁 2층에서 세를 내며 살고 있다. 아버지는 현재 무직으로 가정에서 주로 컴퓨터 게임을 하고 지내며, 아동에게 "공부 못하는 건 시킬 필요도 없다."라고 말하는 등 성적이 저조한 아동에게 화를 내고 무시하는 표현을 자주 한다고 하였다. 어머니는 가정주부로 경제활동을 하지 않는 남편과의 갈등이 심하다고 하였다. 또한 아동이 또래와 같은 학습 수준을 보일 수 있게 하기 위해 하교 후 공부와 숙제를 하도록 지시하고, 아동이 좋아하는 게임과 축구 등은 하지 못하게 통제한다고 하였다.

(2) 생육사 및 의뢰 사유

대상아동의 부모님은 양가 부모님의 심한 결혼 반대가 있었으나 대상아동을 임신해 결혼했다고 하였다. 아동은 외동아들로 태어나 10개월에 초어를 하고 12개월에 걷는 등 발달에는 특별한 이상 없이 성장했다. 하지만 유치원 때부터 공동생활에서 산만한 모습을 보였고, 한글 및 숫자 습득이 또래보다 늦어 초등학교 입학 시 한글의 약 50%만을 이해했다고 한다. 아동의 학습능력을 우려한 어머니는 1학년 때부터 6과목의 학습지를 시켰고, 아동은 학습지가 하기 싫어 짜증을 내며 자리에서 이탈하는 등 산만한 모습을 보였으며, 이러한 아동의 태도에 어머니는 화를 내거나 반복적으로 체벌을 가했다고 한다. 학교에 입학한 후부터는 학년이 올라갈수록 모든 과목에서 학습 성적이 저조했고, 학습을 거부하고 의욕을 보이지 않는 등 무기력한 모습을 보였다. 또한 수업 중 산만한 태도로 선생님에게 반복적으로 지적을 받았으며, 같은 학년의 친구들과 어울리기보다는 2~3세 어린 친구들과 주로 놀이를 한다고 하였다. 이러한 아동의 낮은 학업 성적과 또래관계에서의 어려움을 우려한 어머니가 상담을 의뢰하였다.

(3) 연구 시작 당시 아동의 행동 특성

아동은 상담사와 첫 면접을 할 때 장난감 로봇을 가지고 혼잣말을 하고 놀았으며, 상담사의 질문에 반응을 보이지 않거나 질문과는 다른 대답을 하는 모습을 보였다. 또한 상담사가 과제를 제시할 때 수업과 관계없는 이야기를 하거나 만화, 게임 등에 관한 이야기를 반복해서 하였다. 더불어 작업 도중에 자리에서 일어나 교실 내 여러 재료에 관심을 보이거나 갑자기 교실을 이탈하여 화장실에 가는 등의 행동도 보였다.

연구 시작 당시 대상아동의 행동 특성을 정리해 보면 〈표 12-1〉과 같다.

〈표 12-1〉 대상아동의 행동 특성

영역	행동 특성
정서	• 짜증과 신경질을 잘 낸다. • 눈빛의 초점이 고정되지 않고 주변을 두리번거린다. • 자신감이 부족하여 "싫어요." "못해요." 등의 부정적인 표현을 많이 사용한다.
대인관계	• 늘 장난감을 가지고 다닌다. • 친구들에 대해 욕을 하며 부정적인 이야기를 한다. • 친구들에게 따돌림을 당한다. • 타인의 질문에 대답하지 않고, 자신이 하고 싶은 이야기만 한다. • 대화를 할 때는 여러 가지 내용이 섞여 있거나 이야기의 순서가 맞지 않다. • 주로 자신보다 2~3세 어린 친구들과 어울려 논다.
학습	• 학교 수업 장면에서 자리에서 일어나 돌아다니는 경우가 있다. • 자신의 물건 또는 준비물을 챙기지 않는다. • 수업 시간에 혼잣말을 하거나 옆 친구에게 큰 목소리로 말을 건다. • 가정에서 숙제를 하지 않으려고 한다. • 10분 이상 앉아서 하는 과제를 수행하기 어렵다.

2) 측정 도구

(1) 아동 · 청소년 행동 평가척도 검사

대상아동의 문제행동을 살펴보기 위해 Achenbach과 Edelbrock(1983)이 개발한 CBCL을 우리나라의 오경자, 이혜련, 홍강의, 하은혜(1997)가 번역하여 표준화한 아동 · 청소년 행동 평가척도 검사(Korea-child behavior checklist: K-CBCL)를 실시하였다.

K-CBCL은 사회능력 척도와 문제행동 증후군 척도로 구성되며, 문제행동 증후군 척도는 다시 위축, 신체 증상, 우울/불안, 사회적 미성숙, 내재화 문제, 외현화 문제, 사고의 문제, 주의집중 문제, 비행, 공격성의 10개 하위 척도와 특수 척도인 성문제 및 정서불안정 척도 등으로 구성된다. 문항 형식은 3점 Likert식 평정 척도로 '자주 있다'(2점), '가끔 있다'(1점), '전혀 없다'(0점) 순이며, 점수가 높을수록 아동 및 청소년의 문제행동이 높은 것을 의미한다.

백분위 점수 90, T점수 63T 이상이면 임상 범주에 해당하며, 70T 이상이면 문제행동 처치 범위로 중재가 바로 필요함을 뜻한다.

대상아동의 경우 K-CBCL 검사 결과, 문제행동 증후군 척도에서 내재화 문제 T점수는 62T, 외현화 문제 T점수는 72T, 총 문제행동 척도 T점수는 66T로 나타났다. 여기서 총 문제행동 척도 T점수 66T는 임상 범주에 속하였으며, 영역별로는 위축, 사회적 미성숙, 주의집중 문제, 공격성 영역이 임상 범주에 속하였다. 대상아동의 K-CBCL 사전 검사 결과는 〈표 12-2〉와 같다.

〈표 12-2〉 K-CBCL 사전 검사 결과

영역	T점수	영역	T점수
위축	63T	사고의 문제	59T
신체증상	52T	주의집중 문제	72T
우울/불안	58T	비행	62T
사회적 미성숙	66T	공격성	69T
내재화 문제	62T	총 문제행동 척도	66T
외현화 문제	72T		

(2) 학습동기 척도

학습동기 척도는 김용래(2000)가 학습자들의 학습동기 상태를 측정하기 위해 제작한 도구다. 학습동기에 대한 4개의 하위 요인으로는 수업동기, 계속동기, 외적동기, 내적동기가 있으며, 각각 7문항, 6문항, 6문항, 6문항의 총 25개 문항으로 구성되어 있다.

문항 형식은 5점 Likert식 평정 척도로, '전혀 그렇지 않다'(1점)부터 '매우 그렇다'(5점)까지 1~5점으로 채점한다. 따라서 전체 문항의 점수가 높을수록 학습동기가 높음을 의미한다. 검사 신뢰도는 .88이다.

대상아동의 학습동기 사전 검사 결과는 〈표 12-3〉과 같다.

〈표 12-3〉 학습동기 사전 검사 결과

	수업동기	계속동기	외적동기	내적동기	총 점
점수	14	12	12	12	50

3) 연구 절차

매 회기는 주 1회 50분씩 총 8회기를 실시하였고, 치료 장소는 미술치료실이었다. 이 프로그램은 3단계로 나누어 실시했는데, 청소년 대상의 콜라주 집단미술치료 프로그램을 실시하여 효과가 검증된 연구(김미애, 2010; 김민경, 2011)를 바탕으로 대상아동에 맞게 콜라주 프로그램을 재구성하였고, 프로그램은 구조화하여 실시했으며, 초기에는 친밀감 형성 및 욕구 표출, 중기에는 자기이해 및 진로탐색, 후기에는 꿈·진로 설계를 목표로 진행하였다.

구체적인 콜라주 미술치료 프로그램의 절차는 〈표 12-4〉와 같다.

〈표 12-4〉 콜라주 미술치료 프로그램

단계	회기	목표	프로그램
초기	1	친밀감 형성 및 욕구 표출	내가 마음에 드는 것
	2		좋아하는 것
	3		나는 누구?
중기	4	자기이해 및 진로탐색	나의 장점
	5		내가 닮고 싶은 사람
	6		내가 원하는 것(미래)
후기	7	꿈·진로 설계	미래 직업
	8		나의 소원

4) 연구 결과

대상아동의 저조한 학업 성적을 비롯한 문제행동은 학업에 대해 부정적으로 표현하는 아버지와 일방적으로 학습을 지시하는 어머니로 인해 학습에 흥미를 잃고 그에 대한 자신감도 낮아졌기 때문인 것으로 간주되었다. 또한 대상아동은 학습하고자 하는 스스로의 목표나 꿈이 없어, 학습에 대한 동기가 낮은 것으로 보였다. 따라서 이 연구에서는 아동이 원하는 꿈과 미래 목표를 설정할 수 있게 도움으로써 아동에게 스스로 학습하고자 하는 동기를 부여하고자 했다.

(1) 회기별 진행 과정 및 결과

① 초기(1~3회기)

1회기에서는 상담사가 인사하자 부정확한 발음으로 다른 곳을 바라보며 인사하였다. 학교생활이 재밌는지 묻자 가지고 온 장난감 로봇을 보여 주고는 "이거 이렇게 변신도 해요." 하면서 질문에 관계없는 이야기를 하였다. 잡지를 주며 마음에 드는 것을 찾아보자고 하자 흥미를 보였으며, 만화가 그려져 있는 사진을 보고 큰 목소리로 만화 캐릭터에 대해 설명하는 모습을 보였다. 상담사의 질문이나 반응에 상관없이 자신이 하고 싶은 이야기를 했으며, 주로 만화와 로봇에 관한 이야기를 작업 중 반복적으로 하였다. 또한 총 3회 자리를 이탈하여 교실 내 다른 매체에 관심을 보이거나 화장실에 가는 행동을 하였다.

2회기에는 집에서 만든 종이칼을 가지고 입실했으며 상담사에게 "이거 만드는 거 알려 줄까요?"라고 말하면서 종이칼 만드는 방법에 대해 설명하는 모습을 보였다. 상담사가 도입 시 착석하여 인사를 하자 아동도 인사하는 모습을 보였다. 잡지에서 좋아하는 것을 찾아보자고 하자 집중하는 모습을 보였으며 만화 캐릭터, 컴퓨터, 게임기, 동물 등 다양한 사진을 4절 도화지 앞뒷면에 붙였다. 완성 후에는 작품을 전시하고 싶다고 하며 자신이 원하는 위치에 작품을 전시하고 귀가하였다.

3회기에서는 상담사가 먼저 인사하자 아동이 상담사를 바라보며 인사하는 모습을 보였다. 상담사는 1주일간 전시한 작품에 대해 친구들과 선생님들이 칭찬을 많이 했다고 전하며 지지해 준 후, '나는 누구인가?' 라는 주제로 자신을 소개해 보게 했다. 그러자 아동은 이전 회기들에 비해 말없이 집중하며 작업하는 모습을 보였다. 아동은 장난감, 자동차, 동물 등을 붙이면서 이렇게 멋있는 것을 어른이 되면 다 갖고 싶다고 하였다. 작업 중 1회 자리를 이탈했으며, 어머니는 상담에서 아동의 가정 내 산만행동이 감소했다고 보고했다.

② 중기(4~6회기)

4회기에서 아동은 상담 시작 이후 처음으로 장난감을 가지고 오지 않았다. '나의 장점' 이라는 주제로 작업을 하자 성인 남성, 자동차, 운동선수 등을 붙이면서 자신은 멋있고, 축구를 잘하며, 성격이 좋다고 하는 등 자신의 장점에 대해 자랑스럽게 큰 소리로 말하는 모습을 보였다. 상담사의 질문에도 적절한 대답을 하는 모습을 보였으며, 학교에서 선생님 말씀을 잘 들어 칭찬을 받았다고 자랑하는 모습을 보였다.

5회기에서 아동은 입실하자마자 "선생님이 친구들 앞에서 저처럼 열심히 해 보라고 했어요." 라고 말하며 자신이 최근 수업 시간에 집중을 잘하고 수업에 잘 따라 오는 모습을 보여서 선생님이 칭찬해 주셨다고 하였다. 다른 친구들은 왜 자기처럼 하지 못하는지 이상하다고 하면서 수업 시간에 장난치는 친구를 '바보' 라고 표현하며 비난하는 모습을 보였다. '내가 닮고 싶은 사람' 을 주제로 콜라주 작업을 하게 하자 축구선수, 연예인, 선생님 등을 붙인 후, 축구선수 박지성처럼 돈을 많이 벌고 축구도 잘하고, 연예인처럼 유명한 사람이 되고 싶다고 하였다. 그리고 자신은 할 수 있다고 말하며 자신감 있는 모습을 보였다.

6회기에서는 '내가 원하는 것(미래)' 을 주제로 콜라주 작업을 실시하였는데, 비싼 자동차, 비싼 집 등을 붙이며 미래에 돈을 많이 벌어서 고모네 집에서 살지 않고 좋은 집으로 이사를 가고 싶다고 하였다. 장난감과 로봇에 대한 이야기는 더 이상 하지 않고, 친구들과 하교 후 축구를 한 이야기를 하며 자신이 학교에서 열심히 해서 친구들에게 인기가 많아졌다고 하였다.

③ 후기(7~8회기)

7회기에서는 다른 상담사들에게 먼저 인사하는 모습을 보였다. '미래 직업'을 주제로 콜라주 작업을 하자 책상, 동화책 등을 붙이며 나중에는 반에서 1등을 하겠다고 하였다. 1등이 되면 친구들에게 인기가 많아지고, 선생님과 엄마가 칭찬을 해 주며, 경찰이 될 수도 있다고 하였다. 경찰이 돼서 도둑도 잡고 나쁜 사람들도 혼내 주겠다고 하였다. 어머니와의 상담에서는 아동이 가정에서 학습지를 풀 때 집중력이 좋아졌고, 학교에서도 아동의 학습태도가 좋아졌다고 하였다.

8회기는 마지막 시간임을 공지한 후, 수업을 하며 어땠는지 묻자 재밌고 똑똑해지는 것 같아서 좋았다고 하면서 계속하면 안 되는지 질문하였다. 마지막으로 '나의 소원'이라는 주제로 작업을 하자 돈, 자동차, 책, 의사 등을 붙였다. 나중에는 돈을 많이 벌어서 비싼 집도 사고 TV에 나오는 유명한 경찰이 돼서 나쁜 사람들을 다 혼내 주겠다고 하였다. 상담사는 아동이 수업을 하면서 열심히 한 것, 약속을 잘 지킨 것, 재밌게 한 것 등 달라진 점들에 대해 칭찬한 후, 멋진 경찰이 될 수 있을 것이라고 지지하면서 회기를 종결하였다.

(2) 아동·청소년 행동 평가척도 검사 결과

대상아동에게 콜라주 미술치료를 진행한 후 실시한 K-CBCL 검사 결과를 살펴보면, 내재화 문제, 외현화 문제, 총 문제행동 척도 T점수가 모두 감소한 것으로 나타났다. 구체적으로 살펴보면, 총 문제행동 척도 T점수가 66T에서 50T로 감소했고, 임상 영역 범위에 속했던 위축, 사회적 미성숙, 주의집중 문제, 공격성 영역 중 사회적 미성숙 영역을 제외하면 모두 정상 범위로 변화한 것으로 나타났다.

대상아동의 구체적인 K-CBCL 사전·사후 검사 결과는 〈표 12-5〉, [그림 12-1]과 같다.

〈표 12-5〉 K-CBCL 사전·사후 검사 결과

	사전 T점수	사후 T점수
위축	63T	52T
신체 증상	52T	51T
우울/불안	58T	54T
사회적 미성숙	66T	65T
사고의 문제	59T	63T
주의집중 문제	72T	57T
비행	62T	52T
공격성	69T	52T
내재화 문제	62T	52T
외현화 문제	72T	61T
총 문제행동 척도	66T	50T

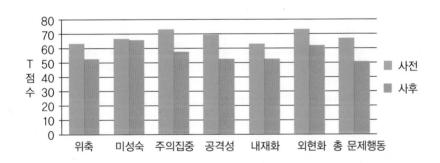

[그림 12-1] K-CBCL 사전·사후 검사 결과

(3) 학습동기 척도 검사 결과

대상아동에게 콜라주 미술치료를 진행한 후 실시한 학습동기 척도를 살펴보면, 총점은 50점에서 96점으로 상승했고 학습동기의 네 가지 척도에서 모두 긍정적인 변화가 나타났다. 그중 수업동기가 14점에서 27점으로 가장 많이 상승했으며, 내적동기가 12점에서 21점으로 가장 낮게 상승하였다. 이는 학습을 계속하고자 하는 스스로의 학습 의욕이 상승했고, 어머니와 선생님

등 주변 사람들의 칭찬이나 선물 등의 강화물을 통해 내적동기보다는 외적동기가 상승한 것으로 판단된다.

　대상아동의 구체적인 학습동기 척도 사전·사후 검사 결과는 〈표 12-6〉, [그림 12-2]와 같다.

〈표 12-6〉 학습동기 척도 사전·사후 검사 결과

	수업동기	계속동기	외적동기	내적동기	총점
사전 점수	14	12	12	12	50
사후 점수	27	24	24	21	96

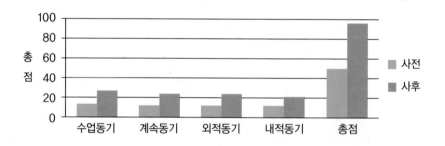

[그림 12-2] 학습동기 척도 사전·사후 검사 결과

(4) 상담사의 관찰 및 부모면담을 통한 행동 특성

　대상아동에게 콜라주 기법을 활용하여 진로상담을 실시한 결과, 정서, 대인관계, 학습 등의 행동 특성에서 긍정적인 효과가 나타났다. 구체적인 행동 특성의 사전·사후 검사 결과를 살펴보면 〈표 12-7〉과 같다.

〈표 12-7〉 행동 특성 사전 · 사후 검사 결과

영역	사전 검사 결과	사후 검사 결과
정서	• 짜증과 신경질을 잘 낸다. • 눈빛의 초점이 고정되지 않고 주변을 두리번거린다. • 자신감이 부족하여 "싫어요." "못해요." 등의 부정적인 표현을 많이 사용한다.	• 짜증이 날 때는 짜증이 난 이유를 설명한다. • 타인과 눈 맞춤을 한다. • 자신감이 향상되어 "나 이거 잘해요." "재밌어요." 등 긍정적인 표현이 증가하였다.
대인관계	• 늘 장난감을 가지고 다닌다. • 친구들에 대해 욕을 하며 부정적인 이야기를 한다. • 친구들에게 따돌림을 당한다. • 타인의 질문에 대답하지 않고, 자신이 하고 싶은 이야기만 한다. • 대화를 할 때는 여러 가지 내용이 섞여 있거나 이야기의 순서가 맞지 않다. • 주로 자신보다 2~3세 어린 친구들과 어울려 논다.	• 장난감을 가끔씩만 가지고 다니며, 수업 시간엔 장난감을 따로 보관한다. • 친구들과 재밌게 놀았던 이야기를 하며, 자신이 친구들보다 잘한 점을 이야기한다. • 함께 어울리는 같은 반 친구들이 생겼다. • 타인의 질문에 대답한 후 자신이 하고 싶은 이야기를 한다. • 하나의 이야기가 끝나면 다른 이야기를 한다. • 어린 동생들과 어울리기는 하나 학교에서는 같은 반 친구들과 어울려 논다.
학습	• 학교 수업 장면에서 자리에서 일어나 돌아다니는 경우가 있다. • 자신의 물건 또는 준비물을 챙기지 않는다. • 수업 시간에 혼잣말을 하거나 옆 친구에게 큰 목소리로 말을 건다. • 가정에서 숙제를 하지 않으려고 한다. • 10분 이상 앉아서 하는 과제를 수행하기 어렵다.	• 학교 수업 시 착석을 유지한다. • 자신의 물건 또는 준비물을 챙기려고 노력한다. • 수업 시간에 혼잣말을 하거나 옆 친구에게 말을 거는 행동이 거의 없다. • 숙제할 시간을 어머니와 약속하고 그것을 지키려고 한다. • 한 과제를 30분 이상 지속한다.

5) 결론 및 제언

이 연구에서는 학습부진이 있는 초등학교 3학년 남자 아동을 대상으로 콜라주 미술치료 프로그램을 실시하였다. 대상아동은 부모님에게 학습에 대한 부정적인 이야기를 듣고 강압적인 방식으로 교육을 받아 학습에 대한 무력감과 부정적인 인식을 지니고 있었다. 또한 꿈과 미래 진로에 대한 목표가 없어 스스로 학습하고자 하는 학습동기 및 의지도 부족하였다.

따라서 대상아동의 꿈·진로 설정 및 학습동기 향상을 위해 콜라주를 중심으로 한 진로상담 프로그램을 총 8회기 실시하였다.

이 연구에서 얻은 결과는 다음과 같다. 첫째, 대상아동의 위축, 주의집중 문제 등의 문제행동이 감소하였다. K-CBCL 검사 결과를 살펴보면, 내재화 문제, 외현화 문제, 총 문제행동 척도 모두 감소한 것으로 나타났다. 대상아동은 자신감이 없어 위축된 모습이었으나, 프로그램을 진행한 후 자신감이 향상되어 긍정적인 표현의 사용이 증가하였다. 또한 주의가 산만하여 학습 시 10분 이상 집중하지 못했으나, 학습에 대한 동기가 향상되면서 30분 이상 착석을 유지하는 등 주의집중이 향상되었다.

둘째, 스스로 학습을 하고자 하는 학습동기가 향상되었다. 학습을 통해 공부를 잘해서 경찰이 되고 싶은 꿈을 찾았고, 내적동기가 강화되었다. 또한 수업 태도가 좋아지면서 어머니와 선생님에게 칭찬이나 선물 등의 강화물을 받으며 외적동기도 강화되었다.

셋째, 행동 특성 중 정서, 대인관계, 학습적인 면에서 긍정적인 효과가 나타났다. 짜증을 내는 횟수가 줄었으며, 자신은 잘하는 것이 많다고 표현하는 등 자신감이 향상된 모습을 보였다. 이전에는 또래 친구들과 어울리지 못하고 어린 동생들과만 어울렸으나 이제 같은 반 친구들과도 축구를 하는 등 또래관계가 향상된 모습을 보였다. 또한 수업 시간에 혼잣말을 하거나 옆 친구에게 말을 거는 행동이 거의 없어졌으며, 학습할 시간을 어머니와 계획한 후 지키려고 노력하였다.

이와 같은 콜라주 기법을 활용한 진로상담 프로그램을 통해 대상아동의 문제행동이 감소하고 학습동기가 향상되었으며, 정서, 대인관계, 학습 등의 행동 특성에 긍정적인 효과가 나타난 것을 알 수 있다.

그러나 이 연구는 콜라주 기법을 진로상담에 적용한 선행연구를 참고하지 못하고 실시한 사례라는 한계점을 지니고 있다. 또한 단일 사례이므로, 학습 부진 아동을 대상으로 하는 콜라주 기법 활용의 진로상담 효과로서 일반화하기에는 다소 제한점이 있는 것으로 사료된다.

앞으로 이 연구를 검증해 줄 수 있는 많은 실천적인 후속 연구와 아울러 체계적이고 다양한 프로그램이 개발되기를 바란다.

2 청소년 진로상담 사례

1) 연구 대상

(1) 가족 배경

대상학생은 만 16세 인문계 고등학교 1학년 남학생으로, 170cm 정도의 키에 약간 통통한 체구를 지녔다. 학생은 현재 50대 아버지와 두 살 터울의 남동생 한 명과 함께 살고 있고, 어머니는 중학교 1학년 때부터 떨어져 살다가 현재 아버지와 이혼 후 별거 중으로, 대상학생과는 1년에 한 번 가량 만난다고 하였다. 아버지는 개인 사업을 하고 있으며, 대상학생이 심리치료를 받으러 올 때 차를 태워 주는 등 지원하고 있지만 집에서 화가 나면 "네가 그러니까 따돌림을 당하지."와 같은 거친 말을 한다고 하였다. 남동생은 중학교 2학년으로 학교 성적이 평균 90점 이상을 웃돌 만큼 공부를 잘한다고 하였으며, 대상학생과 사소한 다툼이 많다고 하였다. 어머니는 집을 나가기 전부터 대상학생에게 밥을 차려 주지 않는 등 적절한 양육을 하지 않았고, 공부를 잘하는 동생과 비교하면서 차별하는 표현을 하였다고 한다.

(2) 생육사 및 의뢰 사유

대상학생은 2남 중 장남으로, 출생 이후 정상발달하였다. 주 양육자는 어머니이지만 양육에 소홀한 편으로, 대상학생을 3세경부터 다른 사람에게 맡기고 외출하는 일이 빈번했다고 한다. 유치원 때는 친척에게 학대당한 경험이 있으며, 친척에게 수시로 놀림을 받고 맞았다고 하였다. 어머니는 대상학생이 중학교 1학년일 때 집을 나가 현재는 이혼한 상태다. 대상학생은 중학교 1학년 때 병원에서 우울 진단을 받고 6개월 동안 약물치료를 하였으며, 중학교 2학년 9월부터 3학년 8월까지 1년 동안 약물치료를 받으면서 미술치료를 병행하였다. 현재는 두통을 이유로 약물복용을 중단한 상태이며, 학교생활 스트레스로 인해 이 상담을 시작하면서 대안학교에 입학하여 3개월째 재학 중이다.

대상학생은 집단 따돌림과 같은 또래관계의 어려움, 두통, 피해의식을 종종 호소하였다고 한다. 대상학생이 자신을 따돌리는 친구들을 경찰에 신고하는 일이 잦자 학교에서 상담을 의뢰하였다.

(3) 연구 시작 당시 학생의 행동 특성

대상학생은 상담사와의 첫 면접 시 주위를 두리번거리며 시선을 고정하지 못하였고, 다리를 떠는 등 다소 불안한 모습을 보였다. 첫 면접 장면에서 나타난 대상학생의 행동 특성을 정리해 보면 다음과 같다.

- 대기실에 앉아 주변 사람들을 계속해서 의식하고 쳐다보았으며, 말을 걸자 의자에서 엉덩이를 들썩거리면서 불안한 모습으로 대답하였다.
- 구부정한 자세로 주위를 두리번거리며 입실하였다.
- 상담사가 인사하자 힐끔힐끔 쳐다보며 눈 맞춤을 하다가 "안녕하세요?"라고 인사하였다.
- 작업에 집중하지 못하고 상담사의 태도를 살피며 작업하였다.
- 이야기를 할 때 상담사의 눈치를 살피면서 이야기하였다.

2) 측정 도구

(1) 아동 · 청소년 행동 평가척도 검사

대상학생의 문제행동을 살펴보기 위해 K-CBCL을 실시하였다. 사전검사에서는 문제행동 증후군 척도 중 우울/불안이 75T, 내재화 문제가 73T로 우울 성향 임상 범위에 속하는 것으로 나타났다.

(2) 자아존중감 척도

이 척도는 Coopersmith(1967)의 연구를 참조하여 최보가와 전귀연(1992)이 우리나라 아동 · 청소년의 자아존중감을 측정할 수 있는 도구로 개발한 것이다. 전체 문항은 총체적 자아존중감 6문항, 사회적 자아존중감 9문항, 가정에서의 자아존중감 9문항, 학교에서의 자아존중감 8문항의 총 32문항으로 구성되어 있다. 문항 형식은 Likert식 5단계 척도로 되어 있고, '전혀 그렇지 않다'(1점)부터 '매우 그렇다'(5점)까지로 채점한다. 각 영역별 최고 점수는 총체적 자아존중감이 25점, 사회적 자아존중감이 45점, 가정에서의 자아존중감이 45점, 학교에서의 자아존중감이 40점, 자아존중감 총 점수의 경우에는 160점으로 110점 이상을 평균으로 본다. 최보가와 전귀연(1992)의 연구에서 하위 척도별로 보았을 때는 총제적 자아존중감 .69, 사회적 자아존중감 .84, 가정에서의 자아존중감 .83, 학교에서의 자아존중감 .72로 나타났다.

이 연구의 대상학생은 사전 검사에서 자아존중감 총점이 52점으로 낮은 범위에 속했다.

(3) 학습동기 척도

대상학생은 사전 검사 시 학습동기 척도 검사 총점이 54점으로 나타났다.

(4) 학교생활관찰지

학교생활관찰지는 학생의 학교생활 적응을 알아보기 위하여 작성한 관찰지다. 매 회기 진행 시 기관에서 대상학생의 아버지에게 작성하도록 하였다. 학교생활관찰지는 임정순(1993)의 '아동의 학교생활 적응에 관한 검사지'의 각 하위요인을 참고하여 교사관계, 교우관계, 학교수업, 학교규칙 등의 내용을 서술형으로 기술하게 함으로써 변화를 파악할 수 있도록 하였다.

3) 연구 절차

이 프로그램은 선행연구(유옥현, 2008; 이근매, 青木智子, 2010)를 바탕으로 하여 프로그램의 연구 목적에 맞게 주제를 바꾸어 재구성하였다.

프로그램은 총 8회기로 1회기당 60분씩이었으며, 상담사가 주제를 제시하면서 구조적으로 진행하였다. 대상학생과의 친밀감 형성 및 소통을 위해 상담사와의 동시제작법으로 실시하였는데, 프로그램은 입실하여 인사를 한 후 10분가량 일상에 대한 이야기를 나누는 것으로 도입했으며, 해당 회기에 다룰 주제를 제시한 후 대상학생의 동의를 받아서 진행하였다. 이후 작업이 마무리되면 대상학생이 자신의 작품에 대해 말하고 상담사는 대상학생의 작품을 칭찬하고 지지와 격려의 피드백을 하였다. 프로그램 초기인 1단계는 자유주제 중심으로 대상학생이 좋아하는 것을 마음껏 허용함으로써 친밀감을 형성하였다. 그리고 중기인 2단계는 욕구를 드러낼 수 있는 자유주제와 현실적인 주제를 주어 작품을 통해 욕구를 표출함으로써 자신의 내면을 드러내고 억압되었던 욕구를 해소하여 정서 안정을 도모할 수 있도록 하였다. 마지막으로 후기인 3단계에는 미래에 대한 모습을 이미지화할 수 있는 주제를 제시하여 긍정적인 미래상을 확립할 수 있게 함으로써 자아존중감을 확립하고 현실적인 학습에 대해 동기부여할 수 있도록 하였다. 구체적인 프로그램을 제시하면 〈표 12-8〉과 같다.

이 연구에서는 우울 성향 청소년의 학교생활 적응을 위한 콜라주 미술치료 프로그램의 효과를 살펴보기 위해 자아존중감 검사와 학습동기 검사를 자기보고식으로 채점하였다. 자아존중감 척도와 학습동기 척도는 사전·사후의

〈표 12-8〉콜라주 미술치료 프로그램

목표	회기	유형 및 제작 방법	프로그램	활동내용
초기: 친밀감 형성	1	콜라주-동시제작법	자유주제(내가 좋아하는 것, 마음에 드는 사진)	자신이 갖고 싶고 마음에 드는 사진을 마음껏 붙임
	2	콜라주-동시제작법	자유주제(내가 갖고 싶은 것)	
중기: 자기표현을 통한 욕구 표출	3	콜라주-동시제작법	자유주제(나를 소개하기)	콜라주로 자신을 소개함
	4	콜라주-동시제작법	자유주제(좋아하는 것)	자신이 좋아하는 것을 붙이고 드러냄
	5	콜라주-동시제작법	주제(공부)	자신의 공부의 의미에 대해 붙이며 표현함
후기: 긍정적인 미래상 형성 및 자존감 향상	6	콜라주-동시제작법	주제(5년 후의 나의 모습)	자신의 미래의 모습을 그리고 작품으로 표현함
	7	점토 만들기	가면 만들기(내가 되고 싶은 모습)	자신이 되고 싶은 모습을 가면에 표현하여 스토리텔링함
	8	콜라주-동시제작법	콜라주(주고 싶은 선물, 받고 싶은 선물)	자신이 가지고 싶은 것과 주고 싶은 것을 선택하여 표현함

점수 변화를 비교하여 처리하였고, 회기별 진행 과정에서의 행동 변화를 기술하였으며, 학교생활관찰지는 대상학생 아버지의 보고 형식으로 프로그램 회기별 과정의 변화를 기록하였다. 회기별 과정 변화의 분석은 미술치료 전공 박사 수료자 1명과 미술치료 전공 석사 1명이 회기별 분석 기준에 대한 논의를 거친 후 대상자의 행동 변화와 학교생활관찰지의 일치도 검증을 거쳐서 최종 기록하였다. 콜라주 작품 분석은 이근매와 靑木智子(2010)의 『콜라주 미술치료』를 참고했으며, 양윤정(2012)의 콜라주 작품 분석 기준에 준하여 분석하였다. 그리고 콜라주 작품 분석의 신뢰도를 높이기 위해서는 일본 임상 콜라주 심리치료 슈퍼바이저 2명과 한국미술치료학회 수련감독전문가의 검토를 받았다.

4) 연구 결과

(1) 회기별 진행 과정 및 결과

① 초기: 1~2회기

• 1회기: 여자들의 공간(자유주제)

 대상학생을 상담실로 안내하자 주위를 두리번거리며 어깨를 구부정하게 늘어뜨린 자세로 입실하였다. 그리고는 이내 의자에 앉아 의자를 들썩거리며 주변을 훑어보는 모습을 보였다. 상담사가 인사를 하자 "안녕하세요?"라고 부정확한 발음으로 인사하였다. 눈 맞춤을 하였으나 힐끔힐끔 바라보는 모습

제목	여자들의 공간
형식 분석	앞뒷면으로 작업함 • 앞면: 사각형의 16조각으로 자른 것 10개, 형태대로 오린 것 2개, 전체적으로 고르게 붙임 • 뒷면: 형태대로 오린 조각 9개를 붙임
내용 분석	• 앞면: 상담사가 함께 오린 사진을 붙임. 여자 연예인, 먹을 것, 눈 덮인 풍경 등을 붙임 • 뒷면: 여성 사진만 붙임. 하단에는 상반신 또는 얼굴만 있는 작은 조각을 붙임
종합적 분석	상담사와 좋아하는 것에 대해 이야기를 나누면서 앞면에 사진 조각을 주고받으며 붙임. 조각 수가 많은 편(총 25조각)으로 대상학생의 내면에 에너지와 욕구가 많음. 대상학생이 보다 자유롭게 붙이고 무의식이 드러나게 작업한 뒷면을 이니셜 콜라주로 해석함. 이니셜 콜라주에 전체적으로 여성 사진만 붙인 것으로 보아 대상학생의 관심사가 여성에 다소 고착되어 있다고 볼 수 있음. 어머니의 부재에 따른 모성애에 대한 애착이 작품에서 드러난 것으로 해석됨

이었다. 콜라주 작업을 제안하자 고개를 끄덕였고, 상담사가 제안하는 것은 모두 고개를 끄덕이며 수용하는 모습을 보였다. 자신은 여자 연예인을 좋아한다며 연예인 사진을 오려 붙였다. 작업을 하면서도 상담사를 쳐다보며 반응을 살피는 모습을 보였다. 자신이 예전에 여자친구들에게 인기가 많았다고 하며 여러 명의 여자친구가 고백을 했다고 반복해서 말하는 등 다소 현실감 없는 이야기를 하였다.

• 2회기: 나의 가족(자유주제)

작업을 제시하자 고개를 끄덕이며 수용하는 모습을 보였다. 상담사가 음식과 아이패드 등의 사진을 찾아 주자 상담사에게 친절하다고 말했으며, 상담사가 대상학생의 외모를 칭찬하자 자신이 백옥 피부라고 말하며 옛날에는 더 멋있었다고 이야기하였다. 자신의 이야기를 할 때는 다리를 떨며 이야기하였

제목	나의 가족(My family)
형식 분석	형태대로 오린 20조각을 빽빽하게 붙임
내용 분석	16조각이 여성 사진임. 1조각은 시계, 1조각은 여성 옷, 1조각은 노트북, 1조각은 여성의 다리를 붙임
종합적 분석	20조각 중 16조각이 여성 사진으로 여성성에 대한 애착이 드러났으며, 제목 또한 '나의 가족'으로, 여성, 즉 어머니가 자신의 가족이었으면 하는 욕구가 드러남. 노트북을 여성의 머리에 붙인 것과 여성의 옷, 시계 등을 붙인 것은 시간과 저장, 기억에 관한 상징으로 해석됨. 즉, 어머니와의 추억을 떠올리고, 그것을 좋은 추억으로 머릿속에 기억하고 있다는 의미로 볼 수도 있음

다. 여자 연예인 사진을 가득 붙인 후 이 사람들이 자신의 가족이었으면 좋겠다고 말하며 제목을 '나의 가족(My family)'라고 지었다. 이어서 자신은 눈이 높다며, 여자친구의 외모가 연예인 정도는 되어야 한다고 다소 공상적인 이야기를 하였다. 또한 가정에서 다이어트를 하고 싶다고 이야기하였다.

② 중기: 3~5회기
• 3회기: 포스와 귀요미 애교만점 ○○○, Food 천국(나를 소개하기)
입실하기 전 상담사 옆을 서성이다가 상담사가 인사를 하자 따라서 인사

제목	포스와 귀요미 애교만점 ○○○, Food 천국
형식 분석	두 장을 작업함 첫째 장: 사각형으로 자른 조각 1개, 형태를 따라 자른 조각 17개로 총 18개의 조각을 붙임 둘째 장: 32조각의 사진을 붙임. 많은 조각 수에 여백이 거의 없이 붙임. 음식 사진 아래에 남성상을 중첩하여 붙임
내용 분석	첫째 장: 인테리어, 남성상, 여성상, 옷, 신발, 음식 등을 붙임 둘째 장: 32장 중 23장을 음식 관련 사진으로 붙임. 나머지 조각을 남녀 사진, 인테리어, 건물 등으로 붙임. 멋있어 보이는 남성의 모습이 자신의 모습이라고 하며, 다이어트 중에 먹고 싶은 음식을 모두 표현하였다고 함
종합적 분석	많은 조각 수를 붙이는 것으로 보아 욕구를 더욱 드러내고 자기표현을 하는 것으로 해석됨. 첫째 장에 처음으로 남성상이 등장함. 옷과 인테리어 등 다양한 것을 붙이는 것으로 보아 사고가 한 가지 고착에서 다양하게 확장된 것으로 보이나, 둘째 장에 음식을 가득 붙인 것으로 보아 자신의 애정에 대한 욕구를 표현하는 것으로도 보임

를 하고 입실하였다. '나를 소개하기'라는 주제를 제시하자 담배를 피우는 남성스러운 사진을 찾으며 자신은 이러한 모습이라고 소개하였다. 다이어트 중이라고 말하여 고등학생인데 다이어트를 시도하는 것이 대단하다고 지지하였더니, 자신이 뚱뚱하다고 놀림 받는 것이 싫어서 다이어트를 한다고 하였다. 상담사가 대학에 가고 싶냐고 물어보자 "당연하죠. 한국에서 대학 안 가면 인생 힘들죠."라고 이야기하였으며, 이어서 하버드나 스탠퍼드 대학교를 가고 싶다고 이야기하다가 결국은 C 대학교 수학교육과를 가고 싶다고 이야기하였다.

- 4회기: 수단도 좋아하는 이태석 신부님의 끈끈한 사랑,
　　　 ○○이의 독특한 Story, 심해의 풍경(자유주제)

입실 전 자신이 먼저 인사를 하였다. 좋아하는 것이 어떤 것이냐고 물어보자 자신은 연예인, 키스, 스킨십, 4G가 되는 핸드폰을 좋아한다고 상담사의 눈을 보고 답하였다. 잡지에서 물속 풍경, 여성의 사진, 물속의 고래 등을 골랐고, 자신은 동물을 좋아한다며 5학년 때까지 꿈이 수의사였다고 하였다. 그 이후로는 연예인, 가수, 수학선생님 그리고 의사로 바뀌었다고 이야기하였다. 잡지를 보던 중 이태석 신부님이 수단에서 봉사하고 살고 있으며, 힘들고 못 사는 아이들에게도 애정을 주고 있다고 정말 존경하는 신부님이라고 표현하였다. 작품을 3장 작업하면서 이야기하는 모습을 보였다. 작품 완성 후 자신은 이 작품이 너무 마음에 든다는 말을 반복하며 강조하는 모습을 보였다.

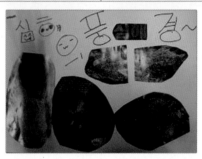

제목	수단도 좋아하는 이태석 신부님의 끈끈한 사랑(왼쪽 위), ○○이의 독특한 Story(오른쪽 위), 심해의 풍경(아래쪽)
형식 분석	3장을 작업함. 총 36장의 조각을 붙임 첫째 장: 9장의 형태대로 자른 조각을 붙임 둘째 장: 11장의 형태대로 자른 조각과 6장의 사각으로 자른 조각을 붙임 셋째 장: 6장의 형태대로 자른 조각을 붙임
내용 분석	분류를 지은 후 3장으로 구분하여 작업함 첫째 장: 전투비행기 5대와 탱크 2대, 지도, 바닷속, 캡션을 붙임. 수단에서 생활하는 이태석 신부님을 존경하는 의미에서 제작했다고 함 둘째 장: 동물, 남녀 사진, 핸드폰 사진 등을 붙임 셋째 장: 바닷속 산호, 바위, 여성 사진, 캡션 등을 붙임
종합적 분석	첫째 장에 수단과 이태석 신부님을 언급하며 탱크, 전투기 등을 붙인 것으로 보아 내면에 있던 공격성이 작품에 드러난 것으로 해석됨. 대상학생이 작품을 만들며 이태석 신부님이 끈끈한 사랑을 주는 것을 존경한다고 언급하였는데, 이는 자기 자신이 사랑과 애정을 받고 싶다는 의미로 해석됨. 둘째 장에는 동물과 핸드폰 등 다양한 사물을 붙였으며, 셋째 장에는 심해의 풍경을 붙였는데 심해라는 상징적인 해석으로 깊은 무의식을 탐색하고 있으며, 여성상이 같이 있는 것으로 보아 무의식에서 어머니에 대한 부분을 탐색하고 있음을 볼 수 있음

• 5회기: ○○'s World

입실하자마자 먼저 이야기를 시작하였다. 일러스트를 보더니 과거 공부하
느라 힘들었던 기억이 생각난다고 하였다. 자신이 초등학교 6학년 때 공부를
정말 열심히 했다고 이야기하며, 그때 공부가 정말 어려웠다고 하였다. 자신
이 다니던 학교에 대한 이야기를 하다가 자신이 친구들에게 괴롭힘을 당했던
이야기를 하였다. 계속해서 엄마와 아빠도 자신을 사랑하지 않았다는 이야기
를 하며 자신이 어렸을 적 학대당했다는 이야기를 쏟아 내듯이 하였다. 이야
기 후에 '공부'라는 주제로 작업을 하였다. 정리된 실내와 높은 탑 등의 사진
을 붙이며 작품을 완성한 후 현재 머릿속이 너무 복잡해서 정리를 하고 싶다
고 하였다. 공부를 해서 돈을 많이 벌고 싶고, 사진 속의 빛처럼 자신의 미래
가 이렇게 밝았으면 좋겠다고 이야기하였다.

제목	○○'s World
형식 분석	13개의 조각을 붙임. 12조각은 사각으로 자르고, 1조각은 원형으로 자름
내용 분석	인테리어 등 실내의 모습을 9조각, 돈을 1조각, 강과 탑이 있는 야경을 3조각 붙임. 인테리어처럼 깔끔하게 머릿속을 정리하고 싶다고 표현함. 탑을 보고 저렇게 미래가 빛났으면 좋겠다고 하며 자신의 소망을 표현함
종합적 분석	인테리어 등 정리된 실내의 모습은 대상학생이 이야기한 것처럼 내면의 정리를 상징하는 것으로 해석됨. 가운데의 탑 사진만 둥글게 오려 강조되어 보이며, 높은 탑은 성장 욕구, 물 위에 반사된 모습은 자신의 모습을 비추어 보고 있음을 암시함. 작품과 설명하는 것이 일치하는 모습을 보임. 대상학생이 평소에 붙였던 여자, 음식 등의 사진이 등장하지 않고 다른 주제의 작품이 등장하였으며, 대상학생 또한 자신의 꿈에 대해 이야기함. 지난 시간 심해 등의 표현으로 무의식을 탐색하였던 것이 이 회기에서 언어로 표현될 수 있었던 것으로 보임

③ 후기: 6~8회기

• 6회기: ○○의 Dream Zone!

밝은 표정으로 입실하여 인사를 한 후 잘 있었냐고 묻자 자신이 일주일 동안 공부를 진짜 열심히 했으며, 게임도 다 끊었다고 거듭 이야기하였다. 정말 대단하다고 지지해 주고 5년 후 모습을 묻자, 대학생이고, 여행도 다니고, 여자친구를 사귀는 등 여러 가지를 하고 있을 것 같다고 하였다. 작업 후 자신이 나중에 이것들을 다 가지고 싶다고 이야기하였다. 또한 여자친구를 사귀고 싶다고 이야기하였다.

제목	○○의 Dream Zone!
형식 분석	23개의 조각을 붙임 첫째 장: 20조각을 붙임. 5조각은 사각으로 자르고, 15조각은 형태대로 자름
내용 분석	5년 후의 자신이 갖고 있고 하고 있을 만한 것을 고름 첫째 장: 컴퓨터, 핸드폰, 여성 사진, 여행지의 건물, 남성용품 등을 붙임. 여섯 가지의 다양한 사물을 붙임. 오른쪽 여자를 미래의 자신의 여자친구라고 표현하며 5년 후에 대학생이 되면 면도도 하고, 컴퓨터도 사고 여행도 갈 것이라고 자신의 소망을 표현함 둘째 장: 남성 사진, 자동차, 동상 등을 붙임. 남성 사진을 자신의 모습이라고 함
종합적 분석	주제에 맞게 자신이 대학에 가서 하고 있을 만한 것들을 골라 붙임. 자신의 소망이 작품에 표현됨. 작품을 구성하는 사물의 수가 다양해진 것으로 보아 사고가 한 가지에 고착된 것에서 다양하게 유연해진 것으로 볼 수 있음. 둘째 장에 표현된 남성상과 자동차 등으로 자신의 남성성을 표현함

• 7회기: CEO(가면 만들기)

입실하여 인사를 한 후 아빠가 자신에게 욕을 했다고 말하며 속상해서 공부가 되지 않는다고 하였다. 자신과 동생이 싸우면 아빠가 자신만 혼내고 동생만 예뻐한다며 너무 서럽다고 하였다. 작업을 제안하자 하겠다고 하였다. 자신이 되고 싶은 모습을 작업하여 60대 CEO를 만들었다. 이 사람은 현재 전 세계를 돌아다니며 비즈니스를 하는 사람이라고 하였다. 자신도 이렇게 세계를 다니며 돈을 벌고 싶다고 하였다. 가면의 머리카락, 눈, 코, 입 등을 정성스럽게 그리며 작업에 집중하였다. 자신이 오늘 시험 관련으로 전에 다니던 학교를 갔는데 친구들이 오랜만이라고 반겨 주어서 좋았다고 하였다. 마무리를 하며 다음 시간이 마지막이라고 아쉽다고 하였다.

제목	CEO
종합적 분석	가면 만들기를 통하여 미래의 자기상을 이미지화하여 작업함 작업하는 자체에 의의를 두며 작품 자체를 분석하지 않음

• 8회기: ○○의 마지막 작품 last 추억 and 작별인사
　　　　(주고 싶은 선물, 받고 싶은 선물)

입실하여 오늘이 마지막 날이라며 너무 아쉽다고 이야기하였다. 받고 싶은 선물과 주고 싶은 선물을 주제로 작업을 하자 지난 시간과 같이 여자친구를 사귀고 싶다며 여자연예인 사진을 찾아 붙였다. 자신을 위해 핸드폰과 오토바이, 커피 등을 받고 싶다고 하였으며, 가운데 집에서 가족이 함께 살고 싶

다고 하였다. 오토바이 두 대 중 한 대는 자신이 가지고 싶고 나머지 한 대는 동생을 주었으면 좋겠다고 하였다. 마지막으로 별자리 운세를 보면서 상담사와 기념으로 나눠 갖자고 하였으며, 상담사의 별자리와 자신의 별자리를 교환하여 작품에 붙였다. 마지막이어서 아쉽고, 상담사에게 자신을 잘 지지해 주어 감사하다고 감사의 표현을 하였다.

제목	○○의 마지막 작품 last 추억 and 작별인사
형식 분석	10조각의 사진을 붙임(사각으로 자른 것 6개, 형태대로 자른 것 6개)
내용 분석	오토바이, 여성 사진, 길거리, 옷, 음료, 휴대폰, 집, 불빛, 별자리 칼럼 등의 사진. 집은 가족과 살고 싶은 집이며, 오토바이는 동생에게 한 대 준다고 함. 상담사에게 자신의 별자리를 선물함
종합적 분석	조각 수가 10조각으로 평균적인 조각 수에 다양한 사물을 붙임. 여성 사진이 오른쪽 아래 반복적으로 나옴으로써 여성에 대한 애착이 표현되고 있으나 고착되어 있지는 않음. 주제에 맞는 작품 구성이 가능하며, 작품에 맞는 설명을 하는 것으로 보아 내담자가 어느 정도 현실감이 있는 것으로 해석됨

지금까지의 회기별 행동 변화 및 학교생활관찰지를 정리해 보면 〈표 12-9〉와 같다.

〈표 12-9〉 회기별 행동 변화 및 학교생활관찰지

단계	회기	회기별 행동 변화	하위 요인	학교생활관찰지
초기	1 회기	• 구부정한 자세로 둘러보며 상담사를 힐끔힐끔 봄 • 상담사를 힐끔거리며 살피고 상담사의 제안에 모두 좋다고 말함 • 상담사의 표정을 살핌 • 자신이 여자들에게 인기가 많으며, 옛날에 여자친구들이 자신에게 고백을 많이 했다고 공상적인 이야기를 함 • 학교에 대해 물어보자 요즘 대안학교를 다니고 있다고 이야기를 하며 긴 이야기를 하지 않음 • 사진을 보다가 약 사진이 나오자 자신은 약을 싫어하고 약을 먹으면 머리가 아프다고 함	교사 관계	• 대안학교를 오기 전 다니던 학교 선생님이 이상하다고 말함 • 대안학교 선생님은 그냥 그렇다고 하며 언급하지 않음
			교우 관계	• 현재 다니고 있는 대안학교 아이들에 대해서 모른다고 하며 이야기하고 싶지 않다고 함
			학교 수업	• 공부에 대해 이야기하자 모른다고 하며 학교에서는 그냥 멍 때리고 앉아 있었다고 함 • 공부를 하지 않고 집에서 게임을 5시간가량 함 • 이 학교는 야자도, 숙제도 없고 친구들도 이상하다며 학교가 이상하다고 함
			학교 규칙	• 쉬는 시간에 잠을 잠 • 학교에 가기 싫어하며 아침에 늦게 일어남 • 머리가 아프고 피곤하다고 이야기하며 조퇴를 하고 싶다고 말함
	2 회기	• 상담사가 인사를 하자 인사를 하고 입실함 • 작업 제안 시 끄덕거리며 답을 함 • 말을 할 때 다리를 떨며 말함 • 자신이 과거에 피부가 좋았다며 백옥 피부라고 말을 함 • 연예인과 결혼하고 싶다며 특히 수준 높은 연예인 정도는 되어야 한다고 다소 공상적으로 말함 • 다이어트를 하고 싶다고 함	교사 관계	• 대안학교 선생님은 친절하다고 말함 • 전 학교 선생님이 자신을 나쁘게 이야기했다며 불만을 토로함
			교우 관계	• 지금 같은 반 애들은 이상하다고 함. 학교를 오고 싶을 때 온다고 솔직히 진짜 이상하다고 함 • 학교에서 친구들과 이야기하지 않음
			학교 수업	• 공부시간에 자고 싶은데 학생이 너무 조금이어서 잘 수가 없고 다른 애들이 다 잔다고 함
			학교 규칙	• 아침에 늦게 일어남 • 학교에 있으면 머리가 아프다고 호소하나 조퇴를 하지는 않음

중기	3 회기	• 상담사가 인사를 하자 인사를 하며 입실함 • 말을 할 때 상담사를 바로 쳐다보고 말함 • '나를 소개하기'라는 주제를 제시하자 자신은 남성스럽다며 남성 사진을 찾아 자기 모습이라고 함 • 뚱뚱하다고 놀림당하기 싫어 다이어트를 하고 있다고 함 • 자신은 대학을 가고 싶으며, 하버드·스탠퍼드 대학교를 이야기하다가 C 대학교 수학교육과를 가고 싶다고 말함 • 집에서 게임을 3~4시간가량 함 • 다이어트를 하기 때문에 운동을 하고 식사량을 조절한다고 함	교사 관계	• 대안학교의 사회복지사 선생님이 조금 좋다고 함
			교우 관계	• 친구들은 별로라고 이야기하며 학교에서 이야기하지 않음 • 쉬는 시간에 잠을 잠
			학교 수업	• 학교 수업 시간에는 일어나서 공부를 함 • 아침에 늦게 일어나 지각을 함
			학교 규칙	• 학교에 있으면 머리가 아프다고 하며 양호실에서 쉼
	4 회기	• 자신이 먼저 인사를 하며 입실함 • 좋아하는 것이 무엇인지 묻자 손으로 꼽아 가며 말함 • 이태석 신부와 수단 이야기를 하며 수단 아이들에게 무조건적인 사랑을 주는 신부님을 존경한다고 함 • 작품을 3장 작업함 • 자신은 이 작품이 너무 마음에 든다고 함 • 집에서 게임을 3시간가량 하여 아버지가 중재함	교사 관계	• 친구들과 학교에서 말을 하지는 않으나 휴대폰에 전화번호는 저장해 놓음
			교우 관계	• 학교 수업 시간에는 일어나서 공부를 함 • 시험공부를 해야 한다고 말함
			학교 수업	• 아침에 늦게 일어나 지각을 함 • 학교에서 머리가 아프다며 쉬는 시간에 잠을 잠
			학교 규칙	• 학교에서 줄을 서지 않아 선생님에게 지적을 받음
	5 회기	• 입실하여 과거 공부의 어려움을 토로함 • 자기 주위의 사람들이 자기를 사랑하지 않는다고 하며 억울하고 분한 감정을 말함 • 과거의 어려웠던 일들을 이야기함 • 머릿속을 정리하고 싶다고 함 • '공부'라는 주제로 작업을 한 후 자신이 나중에 이렇게 빛나게 살고 싶다고 함	교사 관계	• 자신의 휴대폰에 선생님 전화번호를 저장해 두고 메신저를 보냄
			교우 관계	• 학교 쉬는 시간에 친구들과 대화를 함
			학교 수업	• 학교 친구들이 공부를 너무 안 한다며 자신도 공부를 안 해서 불안하다고 함 • 학교 수업 시간에 공부를 함 • 학교 시험공부를 해야 한다고 말하며 30분 정도 책을 보려고 함 • 수업 시간에 자발적으로 질문에 대답하며 발표를 함
			학교 규칙	• 지각을 하지 않고, 조퇴하고 싶다고 하지 않으며, 빨리 집에 가고 싶다고 함

후기	6 회기	• 밝은 표정으로 입실함 • 인사를 한 후 자신이 일주일 동안 공부를 진짜 열심히 하고, 게임도 다 끊었다고 이야기함 • 5년 후에 하고 싶은 것과 모습을 붙임 • 여자친구를 갖고 싶다고 말함 • 자신이 좀 남자다운 모습이었으면 좋겠다고 함 • 컴퓨터 게임을 하루 1시간 이내로 한다고 함	교사 관계	• 자신의 휴대폰에 선생님 전화번호를 저장해 놓음
			교우 관계	• 친구들과 대화를 하고 쉬는 시간에 장난을 침 • 학교에서 친해진 여자친구에 대한 이야기를 집에서 함
			학교 수업	• 학교에서 수업 시간에 집중함 • 학교에서 선생님에게 공부에 대한 질문을 함 • 가정에서 시험공부를 4시간가량 함
			학교 규칙	• 지각을 하지 않음
	7 회기	• 다소 어두운 표정으로 입실함 • 아버지와 다투었다며 속상해서 공부하기 어렵다고 함 • 자신이 오늘 학교를 갔다 왔더니 친구들이 오랜만이라며 반겨 주어서 좋았다고 함 • 작업을 하며 미래의 꿈에 대해 이야기함	교사 관계	• 선생님이 잘 대해 준다고 하며 선생님과 상담을 함
			교우 관계	• 인문계 고등학교 친구들이 반겨 주어서 좋았다고 말을 함
			학교 수업	• 인문계고등학교에서 기말고사 시험을 봄 • 시험기간이라서 스트레스를 많이 받는다고 이야기함 • 시험기간 하루 3시간가량 시험공부를 함
			학교 규칙	• 아침에 일찍 일어나서 등교시간에 학교를 감
	8 회기	• 입실하여 오늘 마지막이라 아쉽다며 상담사에게 선물을 주고 싶다고 먼저 표현함 • 상담사에게 자신을 잘 지지해 주어서 감사하다는 감사 인사를 자발적으로 함 • 자신이 가족에게 주고 싶은 선물을 붙여 작품을 완성함	교사 관계	• 학교 선생님이 자신이 학교에서 제일 열심히 한다고 했다고 말함 • 학교 상담선생님과 친해져 이야기를 함
			교우 관계	• 친구들과 휴대폰 메신저를 주고받음 • 친구와 시험을 못 보았다며, 원래 있던 학교에 가야 하는 것이 불합리하다고 이야기하는 등 공부에 대한 내용을 친구와 나눔
			학교 수업	• 학교 수업 시간에 집중하여 수업을 들음
			학교 규칙	• 조퇴나 지각을 하지 않음

(2) 자아존중감 척도 검사 결과

이 연구에서는 우울 성향 청소년의 학교생활 적응을 살펴보기 위해 자아존
중감 척도 검사를 사전·사후로 실시하였다. 대상학생의 자아존중감 검사의
사전·사후 검사 결과는 〈표 12-10〉과 같다.

〈표 12-10〉 자아존중감 척도 사전·사후 검사 결과

점수/변화치	총체적	사회적	가정	학교	총 점
사전 점수	6	18	16	12	52
사후 점수	17	34	19	18	88
변화치	11	16	3	6	36

〈표 12-10〉의 자아존중감 척도 사전·사후 검사 결과의 변화를 종합하면,
그 결과의 총점은 사전 점수 52점에서 사후 점수 88점으로 36점 상승하는 변
화치를 보였다. 하위 영역별로 살펴보면, 총체적 자아존중감이 6점에서 17점
으로 11점 향상, 사회적 자아존중감이 18점에서 34점으로 16점 향상, 가정에
서의 자아존중감이 16점에서 19점으로 3점 향상, 학교에서의 자아존중감은
12점에서 18점으로 6점 향상되었다. 또한 하위 요인 중 사회적 자아존중감은
16점이 향상되어 가장 큰 변화치를 보였다. 이는 대상학생이 학교에서 적응
을 해 가며 친구들을 사귀는 것에 자신감이 생겼고, 다른 사람들이 자신을 좋
아한다는 등 생각이 변화되어 자아존중감이 향상된 것으로 보인다.

(3) 학습동기 척도 검사 결과

이 연구에서는 우울 성향 청소년의 학교적응력 향상을 보기 위해 학습동기
검사를 사전·사후로 실시하였다. 대상학생의 학습동기 검사의 사전·사후
검사 결과는 〈표 12-11〉과 같다.

〈표 12-11〉의 학습동기 척도 사전·사후 검사 결과의 변화를 종합하면, 총
점은 사전 점수 54점에서 사후 점수 66점으로 총 12점이 향상되었다. 하위 영

〈표 12-11〉 학습동기 척도 사전 · 사후 검사 결과

점수/변화치	수업동기	계속동기	외적동기	내적동기	총 점
사전 점수	21	8	17	8	54
사후 점수	22	10	22	12	66
변화치	1	2	5	4	12

역별로 살펴보면 수업동기 영역이 21점에서 22점으로 1점 향상, 계속동기 영역이 8점에서 10점으로 2점 향상, 외적동기 영역이 17점에서 22점으로 5점 향상, 내적동기 영역이 8점에서 12점으로 4점 향상되었다. 이는 대상학생이 우수한 성적을 받기 위해 공부를 하려고 하는 등 성취지향적인 목표가 생김에 따라 학습에 대한 동기가 향상된 것으로 보인다.

5) 결론 및 제언

이 연구의 목적은 우울 성향 청소년에게 콜라주 미술치료 프로그램을 실시하여 자아존중감과 학습동기를 높이고, 학교생활 적응을 향상시키는 데 효과적인지 여부를 파악하는 것에 있다. 대상학생은 우울 성향을 보이는 고등학교 1학년 남자 청소년으로 회기당 60분씩 총 8회기 프로그램으로 진행하였다. 그 효과성을 검증하기 위한 측정 도구로 자아존중감 척도, 학습동기 척도를 프로그램 사전 · 사후에 실시하여 사전 · 사후 원점수를 비교분석하였다. 또한 회기별 작품 및 행동 변화와 학교생활관찰지의 행동 변화를 질적 분석하였다. 연구 결과, 콜라주 미술치료 프로그램이 우울 성향 청소년의 자아존중감과 학습동기 향상에 효과가 있는 것으로 나타났다. 또한 회기별 작품 및 행동변화와 학교생활관찰지를 분석해 본 결과, 학교적응력에서 긍정적인 변화가 있는 것으로 나타났다.

이 사례의 진행 과정을 통해 얻은 결론을 기술하면 다음과 같다. 첫째, 콜라주 미술치료 프로그램이 우울 성향 청소년의 자아존중감을 향상시켰다. 자

아존중감 검사 결과, 사전 총점 52점에서 사후 88점으로 36점 향상된 변화치를 보였다. 행동관찰에서도 회기가 진행되어 감에 따라 살을 빼야겠다고 말하며 실천하는 등 자신의 외모에 신경을 쓰고 자신이 하고 싶은 일과 자신의 미래상에 대해 긍정적인 말을 하였다. 가정에서도 부정적인 말을 하는 횟수가 줄었으며 짜증내는 일이 줄었다. 이와 같은 결과는 콜라주 집단미술치료를 선택적 함묵증을 지닌 내담자나 저소득층 아동과 군복무 병사에게 실시하여 자아존중감이 향상되었다는 결과와도 일치한다(김석준, 2012; 김지은, 2011; 김지희, 2008; 정지현, 2011).

둘째, 콜라주 미술치료 프로그램을 실시한 결과, 우울 성향 청소년의 학습동기가 향상되었다. 학습동기 사후 척도에서는 총 12점이 향상된 것으로 나타났다. 회기 진행 중에도 공부에 대한 이야기를 언급하며, 자신이 그린 미래상을 이루려면 공부를 해야 한다고 하면서 학습에 대한 의욕을 보였다. 고등학생에게 학습이란 당면한 발달 과제이므로 대상자의 자아존중감이 향상되어 자신감이 생긴 것이 현실생활에서 학습에 의욕을 보이는 모습으로 나타난 것으로 보인다.

셋째, 콜라주 미술치료 프로그램을 실시한 결과, 회기별 진행 과정과 학교생활관찰지를 통한 질적 분석을 살펴보았을 때 교사관계, 교우관계, 학교수업, 학교규칙 등에서 긍정적인 행동 변화가 있는 것으로 나타났다. 치료 초기 단계(1~2회기)에서는 1회기에 구부정한 자세로 둘러보고 상담사의 눈치를 살피는 모습을 보였다. 대안학교에 오기 전 다니던 학교 선생님이 이상하다고 하였고, 학교에 가기 싫어하며 늦게 일어난다고 하였다. 2회기에서는 말을 할 때 다리를 떨었다. 대안학교 선생님이 친절하다고 하였고, 아침에 늦게 일어났다고 하였다. 중기 단계(3~5회기)에서는 3회기에 말을 할 때 상담사를 바로 쳐다보았고, 자신은 대학을 가고 싶다고 하였다. 대안학교 사회복지사 선생님이 조금 좋다고 하였고, 친구들은 별로라고 이야기하며 학교에서 이야기를 하지 않는다고 하였다. 집에서 게임을 3~4시간가량 한다고 하였다. 4회기에 자신이 먼저 인사하며 입실하였고, 좋아하는 것들을 손으로 꼽아 가며 작업을 하였다. 친구들과 말을 하지는 않으나 휴대폰에 전화번호를 저장해 놓았으며, 시험공부를 해야 한다고 말하였고 집에서 게임을 3시간가량 하여 아버지께 혼났다고 하였다. 5회기에 과거의 어려웠던 이야기를 하였고 과거의 어려웠던 일들을 이야기하였다. 자신의 휴대폰에 선생님의 전화번호를 저장하여 메신저를 보내고 있으며 쉬는 시간에 친구들과 대화를 한다고 하였다. 시험공부를 해야 한다며 30분 정도 책을 보려고 노력한다고 하였다. 후기단계(6~8회기)에서는 6회기에 밝은 표정으로 입실하여 일주일 동안 공부를 열심히 하고 게임도 끊었다고 이야기하였다. 수업 시간에 집중하고 학교에서 친해진 여자친구도 있다고 이야기하였다. 컴퓨터 게임을 하루 1시간 이내로 한다고 하였다. 7회기에 아버지와 다투었다며 속상해서 공부하기 어렵다고 하였고, 시험기간에는 하루 3시간가량 시험공부를 한다고 하였다. 8회기에 입실하여 오늘이 마지막이라 아쉽다며 상담사에게 선물을 주고 싶다고 표현하였다. 또한 가족에게 주고 싶은 선물을 붙여 작품을 완성하였다. 친구들과 문자메시지를 주고받고 학교 수업 시간에 집중하여 수업을 들으며 조퇴나 지각을 하지 않는다고 하였다.

이와 같은 결과를 종합하여 보면, 콜라주 미술치료가 우울 성향 청소년의 학교생활 적응에 긍정적인 영향을 주는 것으로 확인되었다. 콜라주 미술치료 프로그램을 실시한 후 자아존중감과 학습동기 척도의 사전·사후검사에서 그 효과가 있음이 증명되었다. 이처럼 콜라주 미술치료는 우울 성향 청소년의 긍정적인 자아개념을 회복시켜 사회성을 돕고, 학습동기를 부여함으로써 학교생활 적응을 향상시키기 위한 긍정적인 효과를 갖는다.

이에 이 연구는 콜라주 미술치료가 학교 현장에서 학교부적응 문제를 경험하고 있는 청소년에게 조기에 개입하고 치료함으로써 그들의 학교생활 적응을 도와 심신이 건강한 청년으로 성장할 수 있도록 토대를 마련해 준다는 데 의의를 지닌다. 더불어 이 연구를 통해 심리적 위기 상황에 처한 청소년에게 도움이 되는 상담 기법으로 활용될 수 있는 기초 자료를 제공하고, 콜라주 미술치료 프로그램의 유용성을 입증하는 계기를 마련하고자 한다.

3 대학생 진로상담 사례

1) 연구 대상

P 대학교 학생생활상담소가 대학생활의 다양한 상황에서 대처능력의 어려움을 겪는 대학생들에게 어려움을 잘 극복하고 자신감 있는 학교생활을 할 수 있도록 도움을 주고자 콜라주 집단미술치료 과정을 개설하여 희망자를 모집하였다. 그중 연구 목적에 부합하는 대학생 6명을 최종 선발하였다. 집단원은 2학년 2명, 4학년 4명 등 모두 6명의 여학생으로 구성되었다.

연구 대상 대학생의 인적사항과 특성은 〈표 12-12〉와 같다.

〈표 12-12〉 집단원의 일반적인 특성

구분	나이	학년	성별	전공 학과	가족 관계	종교	개인적 특성
A	19세	2	여	간호학과	핵가족	없음	• 키가 크고 왜소한 체격을 가짐 • 눈이 나쁘고, 얼굴이 경직됨 • 발표 시 얼굴에 홍조를 띠며 음성이 심하게 떨림
B	22세	4	여	청소년 복지학과	확대 가족	개신교	• 긴 생머리에 여성스러운 인상과 수줍은 미소를 자주 지음 • 매우 조용하고 바른 자세이며 조심성이 많음 • 전공에 대한 자기확신이 없음
C	21세	4	여	사회 복지학과	핵가족	개신교	• 목소리가 아기 같이 어눌하고 애교스럽게 말하며 또박또박 천천히 말함 • 얼굴의 홍조에 타인의 시선에 신경을 많이 씀
D	21세	4	여	사회 복지학과	핵가족	개신교	• 목소리가 크고 바른 자세를 가짐 • 표정이 약간 경직되어 있고 작업 중 가끔 타인의 눈치를 살핌
E	21세	4	여	청소년 복지학과	핵가족	천주교	• 통통한 체격에 꾸미지 않은 수수한 옷차림임 • 얼굴에 홍조를 띠며 목소리가 큼

F	19세	2	여	실용음악과	핵가족	개신교	• 키가 크고 약간 검은 피부이며 긴 생머리를 하고 있음 • 무표정하고 말이 없고 항상 고개를 떨어뜨리고 있으며 행동이 느림

2) 측정 도구

(1) 자아효능감 척도

자기효능감(self-efficacy)을 측정하기 위해서 김아영과 차정은(1996)이 개발하고 김아영(1997)이 수정한 일반적 자기효능감 척도를 사용하였다. 자기효능감은 자신감, 자기조절 효능감, 과제난이도 선호 등의 세 가지 하위 요인을 포함하는 24개 문항으로 되어 있다. 각 문항은 Likert식 5단계 척도로 1점(매우 아니다)에서 5점(매우 그렇다)으로 되어 있으며 부정적으로 진술된 문항은 역채점하였다. 따라서 점수가 높을수록 자기효능감이 높은 것을 의미한다. 김아영(1997)의 연구에서 해당 척도의 Cronbach's α는 .86으로 나타났다.

(2) 사과 따는 사람 그림 검사

이 연구에서는 Gantt와 Tabone이 1998년에 개발한 '사과 따는 사람(person picking an apple from a tree: PPAT) 그림 검사'를 사용하였다. PPAT의 특성은 동작성이 있고, 그린 사람의 문제해결 방식을 볼 수 있다는 점이며, 보다 풍부한 진단적 정보를 제공한다. 이 그림 검사의 준비물로는 8절지와 12색 마커를 사용하며, 지시어는 "사과나무에서 사과를 따는 사람의 그림을 그리시오."다. 각 점수는 0~5점 척도로 채점된다. PPAT의 분석은 형식적인 요소를 분석하는 FEATS(Formal Elements Art Therapy Scale)와 내용적인 요소를 분석하는 내용 분석으로 나누어 평가하나(권아람, 2009), 이 프로그램에서는 PPAT를 통한 자아효능감의 변화를 알아보기 위한 것이므로 형식적인 요소 중 공간 사용 능력과 문제해결력 항목만을 평가하기로 하였다. 구체적인 평가 항목과 채점 기준은 〈표 12-13〉과 같다.

〈표 12-13〉 PPAT의 측정 영역과 채점 기준

영역 / 기준	공간 사용 능력	문제해결력
1점	공간 사용 능력 25% 이하	손이나 땅 혹은 상자에 사과가 없음
2점	공간 사용 능력 25%	손에 사과가 있으나 획득 방법이 안 나타남
3점	공간 사용 능력 50%	사과를 땄으나 해결책이 합리적이지 않음
4점	공간 사용 능력 75%	사람의 손이 사과를 따기 위해 위쪽을 향해 있음
5점	공간 사용 능력 100%	사과를 따는 과정 안에서 손에 사과가 있음

3) 연구 절차

매 회기는 주 1회 90분씩 총 8회기를 실시하였고, 장소는 P시에 위치한 P 대학교 학생생활상담소 집단실이었다. 해당 콜라주 미술치료 프로그램은 집단으로 진행하였는데, 도입 10분은 그동안 있었던 일이나 현재 기분 등을 나누었고, 30~40분 정도는 실행 단계로서 콜라주를 작성하였다. 그리고 종결 단계는 약 30~40분간 작성된 콜라주 작품을 통해 서로 이야기 나누는 시간으로 구성하여 실시하였다. 프로그램이 진행되기 30분 전 사전 검사를 실시하였으며, 프로그램 종결 후 30분 동안 사후 검사를 실시하였다.

이 연구에서 사용한 자아효능감 향상을 위한 콜라주 미술치료 프로그램은 이은림과 이근매(2005)의 자아효능감 향상 미술치료 프로그램을 이 연구에 맞게 재구성하여 사용한 것이다. 전체적으로 구조화 형식으로 프로그램을 구성하여 친밀감 형성, 긴장이완 단계(1~2회기), 자아발견 및 탐색 단계(3~6회기), 통합 및 자기실현 단계(7~8회기)로 진행하였다. 전반적인 치료 목표는 대학생의 자아효능감 향상을 위한 콜라주 집단미술치료 프로그램이다. 프로그램의 구체적인 내용은 〈표 12-14〉와 같다.

이 연구 결과, 콜라주 미술치료 프로그램의 실시 전 · 후 자아효능감 검사 차이를 살펴보기 위해 자기보고식 체크리스트의 각 문항을 점수화하여 원점수 평균치를 비교하였고, PPAT 사전 · 사후 변화를 형식 면과 내용 면으로 분

〈표 12-14〉 콜라주 미술치료 프로그램

단계	회기	주제	기대효과 및 활동내용
도입/ 라포 형성	1	오리엔테이션, 사전 검사, 나를 소개하기	자기소개 및 집단원과의 친밀감을 형성함
	2	내가 좋아하는 것	욕구표현, 자기이해 자신이 좋아하는 것 등을 표현함
탐색/ 자기이해, 타인이해	3	현재의 나, 내가 바라는 나	현재의 나와 내가 진정 바라는 나의 모습은 무엇인지 내면의 욕구를 탐색하여 살펴보고, 자기를 이해하고 타인을 이해함
	4	공부가 내게 주는 의미	공부가 내게 주는 의미를 탐색하고, 나를 이해하여 자기효능감을 향상시킴
	5	내가 잘하는 것(원형 콜라주)	나의 강점을 탐색하고 나를 이해하여 자기효능감을 향상시킴
	6	내가 원하는 직업, 일	내가 진정 원하는 직업이나 일을 탐색하고, 나를 이해하고 타인을 이해하여 자기효능감을 향상시킴. 집단원을 통해 응집력을 향상시킴
통합/ 자기실현	7	10년 후의 내 모습	10년 뒤 나의 긍정적 자기실현을 통해 자기효능감을 향상시킴
	8	소망나무	미래의 긍정적 자기인식 및 자기실현을 통해 자기효능감 및 집단응집력을 향상시킴

석하였으며, 질적 분석을 위해 콜라주 미술치료 프로그램의 회기별 변화 과
정을 관찰하여 분석하였다.

4) 연구 결과

(1) 회기별 진행 과정 및 결과

① 초기(1~2회기)

초기 단계에서는 콜라주 집단미술치료 활동에 대한 흥미 유발과 집단원 간
의 친밀감 및 라포 형성을 목표로 하였다.

• 1회기: 프로그램 소개 및 자기소개하기

첫 회기에서 집단원들은 약간 위축되고 무표정하였으며 서로의 눈치를 보고 있었다. A가 가장 먼저 발표하였고 긴장한 듯 목소리가 무척 떨렸다. 도화지 중앙에 붙인 신발에 대해 설명하며 자신의 발이 250cm로 커서 예쁜 신발을 못 신어 속상하다고 말하자 E가 큰 신발을 파는 인터넷 사이트가 있다고 말하였고, A도 알고는 있지만 너무 비싸서 살 엄두를 못 낸다고 하였다. A의 솔직한 표현에 집단원들은 얼굴에 미소를 띄었다. B가 학교에서 보는 노을이 멋있고 예쁘다고 말하자 집단원들이 모두 공감하였다. D는 졸업반인데 아기를 좋아해 빨리 결혼해서 아기를 갖고 싶다고 표현하였고, C와 F는 회기 종료 시까지 긴장하고 경직된 표정을 보였다([그림 12-3] 참조).

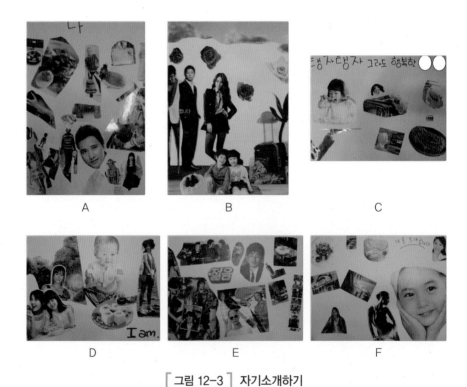

[그림 12-3] 자기소개하기

• 2회기: 내가 좋아하는 것

두 번째 회기에서는 자신이 좋아하는 것을 잡지에서 찾기로 하였고, A는 중앙의 숫자를 보며 담당교수가 생각났는데 숫자처럼 정확한 성향이라고 하였다. D와 E는 바쁜 일상에서 빠져나와 휴식을 취하고 싶다고 하였다. B는 멋진 남자친구와 영화 같은 사랑을 하고 싶다고 했으며, 오른쪽 하단에 검은색의 추상적인 사진을 붙이고 자기 마음속의 어두운 기운이라고 하였다. F는 가위 끝을 이용해 잡지에 구멍을 뚫어 사진을 오려 냈으며, 아주 천천히 작업하여 모든 집단원이 한참을 기다리고 눈치를 주었지만 F는 깨닫지 못하였다. F의 발표내용을 듣고 E가 사진 표현이 독특하고 섬세하다고 말하자 F가 쑥스

A

B

C

D

E

F

[그림 12-4] 내가 좋아하는 것

러워하는 모습을 보였다. C는 자신이 빨간색을 좋아하고, 얼굴에 자주 홍조를 띠어 사람들 앞에서 창피하다고 하였다. D는 뜨거운 온천욕을 하고 싶고 온천욕을 한 후 해산물을 실컷 먹고 싶다고 표현하였다. 모든 집단원이 자신의 이야기만을 전달하였고 E만 피드백을 하였다. 서로의 이야기를 듣고 상대에게 관심을 보이는 회기였다([그림 12-4] 참조).

② 중기(3~6회기)

집단원들이 자신의 내면 욕구를 탐색하고 표출하여 부정적 감정을 해소하였고 자기인식과 타인인식을 도와 자아효능감을 향상시켰다.

• 3회기: 현재의 나, 내가 바라는 나

A는 수업 변경으로 불참하였다. F가 가장 먼저 와서 집단실을 정리하고 방석도 가지런히 펼쳐 놓았으며, 밝은 표정으로 인사하였다. 대부분의 집단원이 '현재의 나'에 대해서는 성장을 위해 고민하고 갈등하는 모습을 표현하였고, '미래의 나'에 대해서는 성공을 바라고 하고 싶은 일을 하는 것, 좋은 엄마가 되는 것, 행복한 가정을 갖는 것, 결혼을 하는 것 등을 표현하였다. B는 현재 자신의 길을 찾는 중이라며, 'GO'라는 문자를 붙여 자신감을 표현하였다. 외모 콤플렉스가 있는 C는 바둑왕 이창호가 결혼한 사진을 붙이고 자신의 얼굴이 이창호를 닮았다고 말하자 집단원들이 모두 동안이라며 긍정적인 피드백을 주었고, C는 이에 대해 감사하다고 답하였다. F는 작은 종이에 표현하였지만 발표를 하면서 점차 웃음을 보이고 목소리가 커졌으며, 종이 모서리를 둥글게 오려서 표현한 것에 대해 집단원들이 E가 섬세하고 표현이 기발하다고 지지하였다. E도 현재 자신이 준비해야 하는 자격증, 스펙 쌓기, 공부, 영어, 어학연수 등을 붙여 집단원들이 공감하였다. 이번 회기는 집단원 간의 피드백이 많아지고, 솔직한 자기표현이 이루어져 자연스러운 공감과 역동이 생겼다([그림 12-5] 참조).

B   C

D   E   F

[그림 12-5] 현재의 나, 내가 바라는 나

• 4회기: 공부가 내게 주는 의미

이번 회기에는 공부에 대한 자신의 생각을 정리해 보는 시간을 가졌다. 자신의 길을 계속 찾고 있는 B는 전공에 대해 지속적인 갈등이 있었으며, 전공이 자기 적성에 맞지 않는 것을 작품을 통해 통찰하였다. 대부분의 집단원이 입시 준비를 할 때 힘들었던 일을 이야기하며 서로 공감하였고, 각자가 공부에 대한 긍정적인 부분을 이야기할 때도 모두 고개를 끄덕이며 비언어적으로 서로 공감하는 모습을 보였다. 집단원들은 공부에 대한 자신감 없는 부분도 솔직하게 드러내는 용기를 보여 주었으며, 대부분이 잡지뿐만 아니라 다른 그리기 도구도 사용하여 도화지를 꾸미면서 작업에 더 적극적인 표현을 하였다([그림 12-6] 참조).

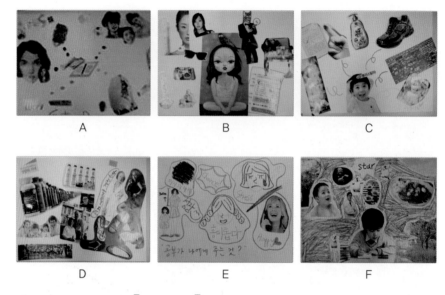

[그림 12-6] 공부가 내게 주는 의미

• 5회기: 내가 잘하는 것(원형 콜라주)

B와 C는 건강상의 문제로 불참하였다. 집단원들은 자신이 잘하는 것을 주제로 작업하였는데, A와 D는 자신이 잘하는 것을 찾기 어렵고 자기 자신을 잘 모르고 있다고 하였다. E는 좋아하는 것은 많은데 잘하는 것이 쉽게 떠오르지 않아 힘들었다고 말했으며, 집단원들의 피드백을 통해 자기 자신의 강점을 잘 모른다는 것에 대해 통찰하였다. 작은 부분들(손 씻기 등)에서 자신의 강점을 의도적으로 찾아 자신감이 조금 향상된 모습을 보였다. F는 작업을 하다 보니 자신의 특기가 많다고 말하며 자신감을 표현하였다. 그동안 집단원들이 F에 대해 끊임 없이 지지하는 모습을 보였는데, 이러한 집단원들의 지지를 통해 내면의 힘이 생긴 것으로 보였다. 집단원들은 스스로에 대한 부정적인 인식을 긍정적인 인식으로 변화시키는 작업을 하며 자신의 강점을 스스로 찾아 나갔다(그림 12-7 참조).

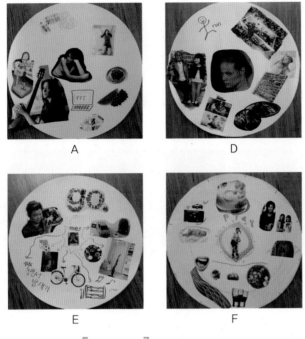

A　　　　　　　　D

E　　　　　　　　F

[그림 12-7] 내가 잘하는 것

• 6회기: 내가 원하는 직업, 일

　　B는 건강상의 문제로 불참했으며, 자신이 원하는 직업에 대한 주제로 작업
하였다. A는 자신이 원하는 직업이 간호사이며, 미래에 교수가 되고 싶고, 실
버타운을 만들어 어려운 사람을 돕고 싶다고 하였다. C는 건강가정사를 하여
폭력 가정에서 아동을 지키고 싶다고 했으며, D는 아동복지사가 되어 아이들
과 소통을 잘하고 싶다고 하였다. E가 원하는 직업은 청소년 지도사이며, 스
스로 민감한 감성을 가지고 있어 청소년들이 일어설 수 있도록 도와주고 청
소년들에게 다가가고 싶다고 하였다. F는 음악으로 무대에 서고 싶다고 하였
다. 모두 자신감 있게 발표했으며, 자신이 원하는 직업을 선택한 이유에 대해
서도 구체적으로 설명하는 모습을 보여 자신감이 향상된 모습을 보였다(그림
12-8) 참조).

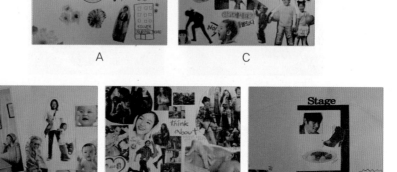

[그림 12-8] 내가 원하는 직업, 일

• 7회기: 10년 후의 내 모습

10년 후 자신의 모습을 표현했으며, 대부분의 집단원이 가정의 행복이 중요하다고 하였다. A와 E는 일과 가정을 병행할 것이라고 하며 잘 해 내고 싶다고 하였다. C는 작품의 제목을 '현모양처 NO, 형모양처 OK'라고 붙인 후 자신의 모습이 현모양처보다는 아이들에게 친구나 형처럼 친근하게 다가가는 모습이었으면 좋겠다고 말하며 긍정적인 미래상을 표현하였다. A가 자신은 일 때문에 자녀는 안 가질 것이라고 하는 말에 집단원들이 당황스러워했으나 각자 자신의 미래 모습을 찾은 것에 대해 스스로 만족해하였고, 자신감 있게 발표를 하여 자기 자신에 대한 효능감이 향상된 것 같아 보였다([그림 12-9] 참조).

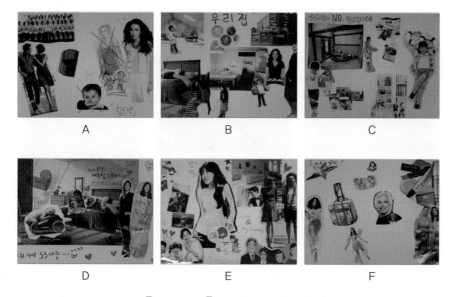

[그림 12-9] 10년 후의 내 모습

• 8회기: 소망나무

모든 집단원이 함께 미래 소망나무를 만들었다. 모두 편안히 눕거나 엎드
려서 작업을 하였고 B가 빨간 색지로 사과 모양을 오려 모두가 사용하도록
준비했으며, D는 잎을 오려 집단원들이 사용할 수 있도록 하였다. C와 E는
나무를 그리고 꾸며 주었다([그림 12-10] 참조). 소감 나누기를 할 때 A와
D는 콜라주를 통해 자기 자신을 더 깊이 있게 알아 가는 소중한 시간이었다
고 하며 타인과 교감하고 공유하는 것이 즐거웠고, 자신이 성장한 것 같다
고 하였다.

작업 종료 후 집단원들은 서로의 일상에 대해 이야기하며 소통하는 모습을
보였다. F는 최근 아르바이트로 피아노 레슨을 시작했다면서 서둘러 가는 모
습을 보여 프로그램 초기 무기력했던 모습에서 자신의 일을 찾아 하며 활력
있고 자신감 있어 하는 모습으로 바뀌었음을 알 수 있었다.

[그림 12-10] 소망나무

(2) 자아효능감 척도 검사 결과

대학생의 자아효능감에 대한 사전·사후 검사 결과는 〈표 12-15〉와 같다. 자신감 영역에서의 집단원 6명의 평균은 사전 24.8점에서 사후 26.7점으로 약 7.4% 증가하였다. 자기조절 효능감 영역의 경우 사전 36.5점에서 사후 40.8점으로 약 11.9% 증가하였고, 과제난이도 영역의 경우 사전 14.2점에서 사후 15.5점으로 약 9.4% 증가하였다. 자신감 영역, 자기조절 효능감 영역 및 과제난이도 영역의 점수를 모두 합한 자아효능감의 평균은 사전 75.5점에서

〈표 12-15〉 대학생 자아효능감의 하위 영역별 사전·사후 검사 결과

구분	자신감			자기조절 효능감			과제난이도			자아효능감		
	사전	사후	변화	사전	사후	변화	사전	사후	변화	사전	사후	변화
A	22	31	+9	40	48	+8	11	13	+2	73	92	+19
B	31	26	-5	41	43	+2	13	17	+4	85	86	+1
C	20	27	+7	30	39	+9	10	12	+2	60	78	+18
D	25	25	0	35	33	-2	20	21	+1	80	79	-1
E	27	29	+2	41	45	+4	14	13	-1	82	87	+5
F	24	22	-2	32	37	+5	17	17	0	73	76	+3
총점	149	160	+11	219	245	+26	85	93	+8	453	498	+45
평균	24.8	26.7	+1.9	36.5	40.8	+4.3	14.2	15.5	+1.3	75.5	83.0	+7.5

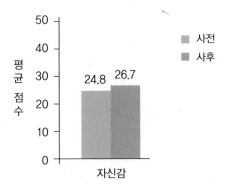

[그림 12-11] 대학생 자아효능감의 하위 영역별 사전·사후 검사 결과

사후 83.0점으로 7.5점이 증가하여, 약 9.9%의 증가폭을 나타내었다. 6명의 집단원 중 4명의 자아효능감 사전·사후 변화는 −1점에서 +5점으로 변화폭이 크지 않았으나 대학생 A와 C의 경우 자아효능감의 점수 변화가 +18, +19점으로 약 30%의 증가폭을 보여 자아효능감이 크게 개선되었음을 알 수 있다.

(3) 사과 따는 사람 그림 검사 결과

PPAT의 형식적 측면인 공간 사용 능력과 문제해결력의 사전·사후 검사 결과는 〈표 12-16〉과 같다. 집단원 6명에 대한 공간 사용 능력 항목의 점수 합계는 사전 23점에서 사후 28점으로 5점이 증가하여 약 21.7%의 증가폭을 나타냈다. 문제해결력 항목의 경우 사전 24점에서 사후 27점으로 3점이 증가하여 약 12.5%의 증가폭을 나타냈다. 이 결과로부터 집단원 전체의 공간 사용 능력과 문제해결력이 향상되었고, 공간 사용 능력이 문제해결력보다 더 크게 개선되었음을 알 수 있다. 집단원 개인별 공간 사용 능력의 경우 2명은 변화가 없거나 감소한 반면, 2명은 1점 증가하였고, A와 D의 경우 2점이 증가하여 공간 사용 능력이 대폭 향상되었다고 평가할 수 있다. 문제해결력의 경우 3명은 변화가 없거나 감소한 반면, 2명은 1점 증가하였고, F의 경우 사전 2점에서 사후 4점으로 문제해결력이 크게 향상되었다고 평가할 수 있다.

〈표 12-16〉 PPAT의 사전 · 사후 검사 결과의 형식적 측면 변화

	공간 사용 능력							문제해결력						
	A	B	C	D	E	F	총점	A	B	C	D	E	F	총점
사전	3	4	4	3	4	5	23	4	5	5	4	4	2	24
사후	5	5	5	5	4	4	28	5	4	5	5	4	4	27
변화	+2	+1	+1	+2	0	-1	+5	+1	-1	0	+1	0	+2	+3

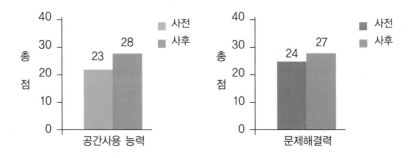

[그림 12-12] PPAT의 사전 · 사후 점수 변화 검사 결과의 형식적 측면 변화

대학생의 PPAT의 내용적 측면인 공간 사용과 문제해결력의 사전 · 사후 검사 결과는 〈표 12-17〉과 같다.

〈표 12-17〉 PPAT의 사전·사후 검사 결과의 내용적 측면 변화

대상	사전	사후
A		
내용 변화	사물의 크기가 작고 바구니에 사과가 없다.	사람의 크기가 커졌고 바구니 안에 사과가 따져 있으며 적극적으로 나뭇가지 위에 올라가서 사과를 따고 있다.
B		
내용 변화	사람 크기가 작고 내용이 단순하다. 사람의 옷을 채색하지 않았다.	가로 방향의 종이이며 인물의 크기가 커졌다. 부가적 첨가가 증가하였고 주로 따뜻한 색을 사용하였다.
C		
내용 변화	나무의 갈색 사용은 우울감을 시사하며(김은경 역, 1996) 불안정한 구도를 표현하였다.	나무가 중앙에 위치하며 자녀가 모두 놀고 있다. 안정된 구도와 자연스러운 가족풍경을 표현하였다.

D		
내용 변화	나무의 크기가 작고 사람이 경직되어 있으며 사과 따는 도구가 부족하다. 채색을 한 부분이 많다.	나무의 크기가 커졌으며 사과 따는 도구가 많아졌다. 첨가물이 다양해졌다.
E		
내용 변화	나무가 작으나 사람이 사과 따는 도구를 가지고 있다.	나무가 크고 중앙에 위치하였으며 사람을 채색하였다. 사과 따는 도구는 없다.
F		
내용 변화	사과가 따져 있으나 누가 땄는지는 불확실하며 앉아서 노래하고 있다.	사람이 큰 가방을 들고 사과를 따고 있다. 사다리를 사용하였다.

5) 결론 및 제언

이 연구는 콜라주 집단미술치료가 대학생의 자아효능감 향상에 미치는 효과를 알아보기 위해 실시하였다. 연구 대상은 P 대학교 학생생활상담소에 의뢰된 대학생 6명이며, 주 1회, 회기당 90분씩 총 8회기로 진행하였다. 측정 도구는 자아효능감 척도와 PPAT를 사용했으며, 정서 변화를 살펴보기 위해 콜라주 집단미술치료를 통한 대학생들의 회기별 변화를 기록하였다. 이 연구를 통해 얻은 결과를 중심으로 논의하면 다음과 같다.

첫째, 콜라주 집단미술치료 프로그램을 실시한 결과, 대학생의 자아효능감이 향상된 것으로 나타났다. 자아효능감을 평가하기 위한 하위 영역은 자신감, 자기조절 효능감, 과제난이도의 총 3개 항목으로 구성되어 있으며, 3개 항목에서 모두 향상된 결과를 나타냈다. 이는 김도연(2012)이 미혼모를 대상으로 자아효능감 향상을 위한 콜라주 집단미술치료를 실시한 결과, 미혼모의 자아효능감이 향상되었다는 연구와도 일치한다.

둘째, 콜라주 집단미술치료가 PPAT에도 긍정적인 결과를 나타냈다. 공간 사용 능력 항목과 문제해결력 항목 모두 점수가 향상되었으며, 특히 공간 사용 능력 항목이 문제해결력 항목보다 더 크게 향상되었다.

셋째, 콜라주 집단미술치료가 회기별 진행 과정에서 대학생의 자아효능감에 긍정적인 영향을 미치는 것으로 나타났다. 집단원들은 프로그램 초기 자기표현에 어려움을 나타내며 서로 눈치를 살피고 소극적인 모습을 보였다. 또한 자신에 대한 이해가 부족하여 스스로의 장점을 잘 알지 못했으며, 자신에 대한 부정적인 인식을 가지고 있었다. 하지만 프로그램이 진행될수록 자신에 대한 깊이 있는 이해를 통해 자신의 장점을 발견하고, 스스로 자신감을 가지며 자아효능감이 향상된 모습을 보였다. 이를 통해 다른 집단원에게도 긍정적인 피드백을 하였고, 소극적인 모습에서 적극적인 모습으로 변화한 모습을 보였다.

이와 같은 결과와 논의를 통해 콜라주 집단미술치료가 대학생의 자아효능감 향상에 효과가 있는 것으로 나타났다. 그러나 이와 같은 연구 결과를 일반화하는 데는 몇 가지 제한점이 있다.

첫째, 이 연구는 대학생을 대상으로 콜라주 기법을 활용해 자아효능감의 효과를 알아보는 시도로는 처음이어서 해당 결과를 일반화하기에는 제한적이다. 이를 보완하기 위한 후속 연구들이 이루어지기를 기대한다. 둘째, 후속 연구로는 추후 검사를 통해 콜라주 집단미술치료 프로그램이 지속적인 효과성이 있는지를 입증할 필요가 있다. 셋째, 이 연구는 단기간 이루어진 치료 과정이므로 추후에는 장기간 프로그램을 도입하여 더 많은 효과성이 입증되어야 할 것이다.

부 록

성인 계열 분석 사례

〈부록〉 성인 계열 분석 사례

계열 분석을 통한 자기 분석의 예를 살펴보면 다음과 같다. 이 사례는 콜라주심리치료연구회(회장: 이근매)에서 상담사의 역량 강화를 위한 콜라주 미술치료 워크숍을 통해 진로탐색을 하게 된 미술상담사의 사례로, 동의를 구한 후 사례로 제시하였다. 진행 방식은 집단개별법이었으며, 콜라주 작업 후 완성된 작품에 제목을 짓고 소집단 구성원과 이야기 나누는 방식으로 진행하였다. 여기서는 각 회기별로 실시한 콜라주 작품에 대해 느낀 점과 계열 분석을 통해 통찰한 부분을 기술하였다.

• 첫 번째 만남(주제: 자유주제)

[그림 1] 제목: 내가 좋아하는 것

– 내용 및 느낀 점

자유주제라 아무 생각 없이 그냥 책장을 넘기다가 내가 마음 가는 대로 오려 붙였다. 내가 좋아하는 아기들 사진이 제일 눈에 띄어서 여러 개 붙였고, 아기 음식들도 같이 붙여 주었다. 나중엔 거실과 침실의 가구 사진들도 마음에 들어서 오른쪽 위아래에 붙여 주었다.

붙이고 나서 아기 사진들을 보고 있으니까 기분이 좋아졌다. 아기들이 너무 귀여워서 마음에 들었고, 가구들도 마음에 들었다. 내가 사는 집도 이런 가구들로 꾸미고 싶다는 생각이 들었다.

• 두 번째 만남(주제: 자유주제)

[그림 2] 제목: 여유

– 내용 및 느낀 점

　오늘따라 자연환경들이 눈에 띄었다. 이런 데서 쉬고 싶다는 생각이 들었다. 가운데 의자 사진도 왠지 눈에 띄었다. 자동차도 갖고 싶다는 생각에 붙였고, 밑에 물약같이 생긴 건 사실 자세히 보면 올리브오일이라고 쓰여 있는데 나는 무슨 물약이나 음료수 같은 느낌이 들어서 왠지 매우 마음에 들었다. 오른쪽 아래 사진은 이런 데서 결혼하고 싶다는 생각이 들어서 붙였다. 맨 위에 튀어 나간 사진은 내가 좋아하는 연예인인데 예뻐서 붙였고, 립글로스 색깔도 마음에 들어서 붙였다.

　붙이고 나서 작품을 보고 있으니까 그동안 내가 이렇게 쉬고 싶었구나 하는 생각이 들었다. 자연 휴식공간들이 너무 마음에 든다. 그리고 내가 원래는 도화지 밖으로 튀어 나가게 사진 붙이는 걸 별로 안 좋아하는데 오려 놓은 사진이 하도 많아서 어디다 붙일까 하다가, 남은 사진 2개는 위로 튀어 나가게 붙였다. 처음엔 도화지 밖으로 튀어 나가게 붙이는 게 신경 쓰이고 마음에 안 들었는데 막상 이렇게 한번 붙여 보니까 생각보다 괜찮은 것 같다.

• 세 번째 만남(주제: 내가 공부하는 이유)

[그림 3] 제목: 꿈

– 내용 및 느낀 점

　가운데 자신감 있는 표정의 여자 모습이 마음에 들었다. 주변에 여러 가지 음식들을 붙였는데 앞으로 내가 만날 사람들에게 필요한 영양소를 공급해 주고 싶다는 생각에서 붙였다. 각각의 내담자에게 맞는 필요한 영양소를 처방해서 주고 싶다. 왼쪽의 젓가락을 들고 있는 연예인 사진은 "뭐가 필요해?"라고 묻는 것 같다. 그 사람에게 필요한 영양소를 골라 집어 주는 듯한 느낌이어서 마음에 들었다. 마지막으로 왠지 모르겠지만 집 안의 가구들 사진이 매우 마음에 들어서 붙였다.

　가운데 자신감 있는 표정의 모습이 정말 마음에 든다. 그런데 오른쪽에 가구 사진들은 왠지 끌려서 붙이기는 했는데 붙이고 나서도 주제에 맞지 않게 왜 붙였는지 잘 모르겠다.

• 네 번째 만남(주제: 꿈)

[그림 4] 제목: 에센스

- 내용 및 느낀 점

앞으로 내가 만날 내담자들에게 영양소를 집중 공급해 주는 에센스 같은
사람이 되고 싶다.

사실 하루 종일 콜라주 연수를 했더니 지치고 의욕이 없어서 사진을 찾는
내내 힘이 없었다. 뭘 찾을까 하는 의욕도 없었는데 책장을 넘기다가 에센스
가 눈에 띄어 붙였다. 사람들에게 필요한 사람이 되고 싶다는 생각이 들었다.

• 다섯 번째 만남(주제: 나를 소개한다면)

[그림 5] 제목: 내가 좋아하는 것들

– 내용 및 느낀 점

　잡지를 넘기다가 아이들이 노는 모습이 보이니까 나도 같이 가서 놀고 싶었다. '플레이타임(키즈카페)에 가서 아이들이랑 놀면 재밌겠다.' 라는 생각이 들었다. 아이들이 노는 모습과 아기들의 모습(가운데)을 붙였다. 맛있는 음식을 좋아해서 맛있는 음식들을 여러 군데 붙였다. 제목을 떠올리면서 '내가 좋아하는 것들을 오려 붙이면 나에 대한 소개가 되겠구나.' 라고 생각했다. 얼굴이 건조해서 올리브오일을 한 방울 얼굴에 떨어뜨리고 싶어 올리브오일도 붙여 봤다.

　나는 맛있는 것들과 같이 놀 수 있는 아이들만 있어도 행복할 것 같다. 먹을 것과 아이들만 있으면 행복한 사람!

• 여섯 번째 만남(주제: 일)

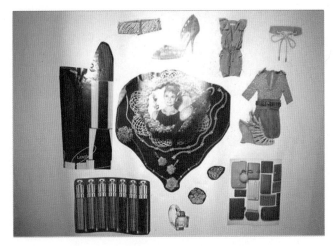

[그림 6] 제목: 나에게 일의 의미

– 내용 및 느낀 점

뭔가 일을 함으로써 사회에 공헌을 하고, 그럼으로써 나를 돋보이게 하는 것 같다(가운데 액세서리들, 명품 옷, 소품들, 붉은 립스틱, 립글로스). 일을 함으로써 힘을 얻는다(지갑들). 나중에 나의 자식들에게 일을 하고 경제활동을 하는 엄마로서의 모습을 보여 주고 싶어서 일을 한다. 일을 함으로써 에너지를 얻을 수 있다고 생각한다.

• 일곱 번째 만남(주제: 자유주제)

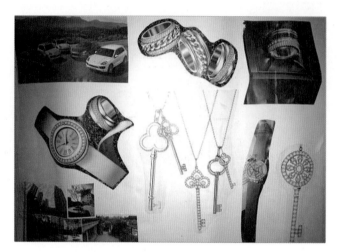

[그림 7] 제목: 만족으로 가는 열쇠

－내용 및 느낀 점

처음 열쇠를 보고 '～으로 가는 열쇠(key)' 라는 생각이 들면서 딱 마음에 꽂혔다. 무엇으로 가는 열쇠일까? 콜라주 작업을 하면서 생각해 봤는데 '행복' 보다는 뭔가 내가 바라보는 것들, 모습, 만족으로 가는 열쇠라는 생각이 들었다. 그리고 도심 속 아파트 단지 정원을 한가로이 거닐면서 여유를 갖고 싶다는 욕구도 생겼다. 그러면서도 시계가 자꾸 꽂히고…… 왠지 잘 모르겠지만 요즘 시계가 자꾸 꽂힌다. 콜라주 할 때마다…… 요즘에 자동차도 매우 갖고 싶다.

하고 나서 작품을 보고 있으니 왠지 내가 바라는 것들을 다 붙인 것 같다는 생각이 들었다.

• 여덟 번째 만남(주제: 자유주제)

(앞면)

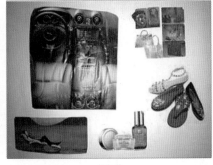
(뒷면)

[그림 8] 제목: 휴식

- 내용 및 느낀 점

싱그러운 포도와 한적한 휴양지 등이 눈에 띄었다. 여유롭게 여행 가고 싶은 마음에 비행기도 붙이고…… 반지와 시계들도 눈에 들어왔다. 자동차 내부(운전하고 싶어서)와 편한 젤리슈즈, 가방들, 수분 크림(시원한 느낌이 들어서)도 붙였다.

오늘 몸이 안 좋아서 의욕이 별로 없었는데 사진을 많이 찾아서 뒷장까지 가득 붙이게 되었다. 앞에 포도와 여행지를 보니 편히 쉬고 싶다는 생각이 들었다. 붙이고 나니 내 욕구가 눈에 명료화되어 보여서 '내가 내 마음을 잘 알고 있구나.' 싶어 안심도 되었다.

• 아홉 번째 만남(주제: 자유주제)

(앞면)

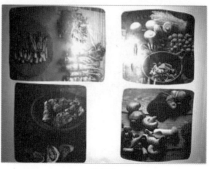
(뒷면)

[그림 9] 제목: 바라고 상상하고 먹고 싶은 것

- 내용 및 느낀 점

교수님이 아침부터 해 주신 이야기를 듣고 마음이 좀 갑갑하였다. 부부와 관련된 이야기들…… 다시 태어나고 싶다는 생각에서 아기가 태어나는 장면, 엄마 젖을 빨고 있는 장면, 순수한 소녀의 모습을 붙였다. 왼쪽 위엔 '저런 집에서 가족과 살았으면 좋겠다.' 란 생각에서……. 자동차는 세워져 있는 장소도 바닷가라 마음에 들고, 내 차를 갖고 바다에 놀러 가고 싶단 생각에서 붙였다. 초콜릿을 보니 먹고 기분이 좋아질 것 같아 붙이고 싶었다. 뒷면엔 내가 좋아하는 자연의 음식들을 붙였다. 먹고 싶다.

뒷면이 아주 마음에 들고, 앞면은 붙이고 나니 좀 혼란스럽고 정리가 안 된 느낌……. 썩 마음에 들지 않아 찝찝하다.

• 열 번째 만남(주제: 자유주제)

[그림 10] 제목: 사랑

– 내용 및 느낀 점

　왼쪽 여자 연예인의 그윽한 눈매와 입술의 화장법이 일단 마음에 들었고 눈을 살짝 내리 깔고 고개를 약간 숙인 모습도 마음에 들었다. 들고 있는 커피잔도…… 뭔가 앞에 있는 남자를 꼬시고 있는 모습인 것 같은 생각이 든다. 오른쪽에 큰 사진은 책장을 넘기다가 '사랑합니다. 당신이니까' 라는 문구가 확 당겼다. 특히 '당신이니까' 라는 말에는 상대방의 있는 그대로, 그러니깐 이는 일부분이 아닌 '전체의 당신을 인정한다.' 라는 의미가 내포되어 있는 것 같아 아주 마음에 들었다. 맨 왼쪽의 작은 알파 그림은 원래 그림 앞에 '무한' 이란 글씨가 쓰여 있었는데 여기서 하나님을 느낀 것 같다. 나에게 무한 사랑을 주시고, 무한 지켜봐 주시고, 무한 치유하시고, 무한 공급해 주시는 하나님.

　상대방의 있는 그대로를 인정하고 봐 주는 사랑을 하고 싶다. 내가 이제 남녀 간의 사랑도 존재한다는 것을 믿는구나라고 느꼈다. 제목도 '사랑' 이라고 적었다. 처음이다. 내가 남녀 간에 느끼는 감정을 '사랑' 이라는 단어로 정의하고 사랑이라고 인정하는 것은…….

• 열한 번째 만남(주제: 자유주제)

[그림 11] 제목: 내 마음

– 내용 및 느낀 점

　　가운데에 붙인 랑콤 폼클렌징은 여성용이 아닌 '남성용'이다. 항상 여자
화장품만 붙였는데 오늘 처음으로 남성용 화장품이 오리고 싶어졌다. 내가
챙겨 주고 싶기도 하고…… 왼쪽에는 겨울 장갑들이…… 오늘따라 왜 한겨울
장갑들이 눈에, 마음에 확! 끌렸는지 모르겠다. 어쨌든 마음따라 마음껏 오려
붙여 봤다. 오른쪽에는 여성스러운 반지들이…… (여성성의 느낌이 들어 붙였
던 것 같음). 여자 얼굴 중 입술이 매력적으로 보여 입술만 오려 붙였다. 아래
쪽에는 화려한 무늬의 플랫슈즈와 꽃무늬의 롱스커트를 오려 붙였다. 붙이면
서 이런 옷 입고 신발 신고 데이트하고 싶다는 생각이 얼핏 들었다.

　　내 작품에 남자를 의식하는 상징물들이 드디어 나오는구나! 예전엔 이런
적이 한 번도 없었다. 내가 사랑을 하고 싶구나…… 그런데 여전히 '장갑'에
대한 의미는 모르겠다.

• 열두 번째 만남(주제: 현실생활)

[그림 12]　제목: 현실과 이상

‑ 내용 및 느낀 점

　가운데의 큰 눈은 제일 먼저 와 닿은 그림. 왠지 내 눈 같다. 내가 날 보는 눈…… 그 눈은 캐리어(여행가방)로, 맨날 짐 싸는 꿈을 꾼다. 위에 붙인 푸른 자연 속으로 매일 다른 곳으로 떠나고 싶다. 오른쪽 아래엔 2백만 원 대 황금색 클러치백을 붙였는데, 이 클러치백이 정말 마음에 든다. 저 작은 것 하나만 손에 딱 들고 있으면 다른 건 필요 없을 것 같은 느낌. 왼쪽 아래엔 붉은 립스틱들.

　내가 지금 이 생활이 답답하구나! 클러치백에는 왠지 '신용카드'가 들어 있을 것 같다. 돈만 있으면 들로 산으로 매일 짐 싸서 놀러 다니고 싶다.

• 열세 번째 만남(주제: 그동안의 작품에서 마음에 걸리는 것)

(앞면)

(뒷면)

[그림 13] 제목: 무제

– 내용 및 느낀 점

전 작품 원형 콜라주를 하면서 내가 그동안 아빠에게 '의지하고 있었구나.' 하는 생각이 들었다. 여행 떠나는 여자의 모습을 보며 '저렇게 하고 싶다. 여행 다니며 맛있는 음식들을 먹고 싶다.', 뒷장엔 '여행 다니다가 저런 남자를 만나도 좋겠다.' 싶어 붙었다.

'내가 아빠에게 경제적으로 많이 의지하고 있었구나! 이제 아빠에게 경제적 의지를 할 수 없으니 남편에게 경제적으로 의지하려 하는 건가?'라는 생각이 들었다. '난 누군가에게 경제적으로 의지하지 않으면 나 혼자선 독립적으로 행복하게 경제생활을 할 수 없는 여자인가?'라는 생각이 들었다.

• 계열 분석을 마치며

　자유주제의 콜라주 작품에서 반복적으로 자기상(self image) 자리에 아기의 모습이 나오는데, 이는 성인이 된 이후에도 내면에 있는 미성숙한 자아의 모습이 반영된 것인 것 같다. 그와 더불어 반복적으로 나오는 많은 종류의 음식들이 애착문제와 함께 지지받고 싶은 욕구도 드러낸 것으로 보인다. 또 작품 사진마다 크고 작은 조각들로 거실, 방 등의 실내 생활공간이 붙여져 있는데 당시에는 "이렇게 집을 꾸미고 싶어서 붙였다."라고 설명하였지만 계열 분석을 하며 다시 보니 가족 간의 교류를 바란다는 의미로 보인다.

　중간에 일이라는 주제와 연결된 작품에서 자기상 자리에 '열쇠 꾸러미'를 붙임으로써 현재의 미성숙한 모습에서 빨리 벗어나 내·외적으로 성장하고자 하는 욕구도 보였으나 다음 '휴식'이라는 제목의 자유주제 작품에서 여전히 음식과 휴식처 등을 붙이며 쉬고 싶은 욕구와 지지 욕구를 보였다. 이 작품에서는 앞장의 왼쪽 면에 '손목시계'들을 많이 붙였는데, 작품 당시에는 의미를 깨닫지 못하였으나 지금에 와서 보니 작품을 한 시점이 석사 4학기차인 때라 한 학기만 있으면 졸업하고 본격적으로 현장에서 내담자들을 많이 만날 텐데 얼마 안 남은 시간 동안 내적으로 빨리 성장하여 준비된 모습으로 나가야 한다는 부담감과 강박이 표현된 것으로 보인다. 이 작품에서는 내가 빨리 성장해야 한다는 것을 알고 있지만 내면에는 여전히 지지받으며 휴식을 취하고 싶은 욕구도 함께 존재함을 드러내었다. 뒷면의 '자동차 내부 사진'과 '가방', '컬러풀한 신발' 사진들은 나의 내면을 정리하여 새롭게 시작하고 싶다는 의미로 해석할 수도 있을 것 같다.

　이전에는 콜라주 작품에서 부모님과 관련된 상징 및 지지 욕구들이 자주 등장하였는데, 이제는 그것에서 벗어난 모습이다. 개인적으로 생활에 많은 변화가 있었는데 가장 큰 변화는 10년만에 소식을 모르고 살던 엄마와 연락이 닿았고, 2012년 여름부터는 내가 오랜 자취생활을 접고 엄마와 같이 살게 되었다는 것이다. 이에 따라 내 생활에 큰 변화가 있었다. 늘 사람들에게 정서적 지지를 갈구했지만 아무리 지지를 받고 또 받아도 항상 목마르고 채워

지지 않던 마음이 엄마와 함께 살게 되면서는 비로소 그 욕구가 채워지고 바로 정서적 안정을 찾을 수 있게 되었던 것 같다.

　수차례의 콜라주 작업과 작품을 통한 계열 분석으로, 그동안 나의 성장 과정을 탐색할 수 있었다. 이로 인하여 나의 인생의 방향을 잡고 청소년 미술상담사가 되기를 진정으로 원한다는 것을 명확히 알 수 있었다.

　이후의 콜라주 작품은 비로소 내 작품에 매번 나오던 애착문제에서 벗어나 타인에 대한 관심이 생긴 것으로 보인다. '현실과 이상'이라는 주제의 작품을 통해서는 클러치백을 보며 이전에 아빠에게 경제적으로 의지한 나의 미성숙한 모습을 통찰했고, 다음 작품에서는 도화지 앞장 왼쪽에 위치한 '음식 사진', 오른쪽에 위치한 '앞으로 가다가 뒤돌아보는 여자의 사진', 뒷장의 '남자 사진' 들이 이제 과거의 애착문제에서 벗어나 나도 새로운 가정을 꾸려 내 인생을 살고자 한다는 의미로 보인다. 이 콜라주 과정은 나의 내면을 통찰하여 내가 더 성숙할 수 있는 기회가 되었다. 또 내가 회복되었던 것처럼 내가 만나는 내담자들도 분명 회복될 것이라는 더 확실한 믿음을 가지게 되었다. 나를 치료한 경험을 바탕으로 앞으로 청소년을 대상으로 한 미술치료전문가가 되어 내담자들에게 더 많은 도움을 주고 싶다.

참고문헌

공정이, 권선진, 이근매(2008). 꼴라쥬 집단미술치료가 생활재활교사 직무스트레스로 인한 분노표현양식에 미치는 효과. 예술치료연구, 4(1), pp. 1-25.

권아람(2009). PPAT 그림검사에 나타난 우울 및 공격성향 아동의 반응연구. 경기대학교 대학원 석사학위논문.

김도연(2012). 청소년 미혼모의 자기효능감 증진을 위한 콜라주 미술치료 사례연구. 평택대학교 사회복지대학원 석사학위논문.

김동연(2002). 아동미술치료. 대구: 중문출판사.

김미애(2010). 콜라주 집단미술치료 프로그램이 대안학교 청소년의 자아존중감에 미치는 효과. 평택대학교 사회복지대학원 석사학위논문.

김미애, 이근매(2012). 콜라주 집단미술치료 프로그램이 대안학교 청소년의 자아존중감에 미치는 영향. 한국미술치료학회 2012년 춘계학술대회 자료집. 미간행 자료.

김민경(2011). 콜라주 집단미술치료가 학교부적응 청소년의 사회성에 미치는 영향. 평택대학교 사회복지대학원 석사학위논문.

김민경, 이근매(2013). 콜라주 집단미술치료가 학교부적응 청소년의 사회성에 미치는 영향. 임상미술심리연구, 3(2), pp. 65-85.

김봉환, 김병석, 정철영(2000). 학교진로상담. 서울: 학지사.

김석준(2012). 콜라주 집단미술치료가 지역아동센터 아동의 자아존중감 및 사회성 향상에 미치는 효과. 공주대학교 대학원 석사학위논문.

김성희 외(2011). 2011년 장애인 실태조사. 보건복지부 한국보건사회연구원.

김순복(2009). 회상기법을 활용한 콜라주집단미술치료 프로그램이 농촌지역 독거노인의 우울 감소에 미치는 효과. 평택대학교 사회복지대학원 석사학위논문.

김아영(1997). 학구적 실패에 대한 내성의 관련 변인연구. 교육심리학, 11(2), pp. 1-19.

김용래(2000). 교육심리학. 서울: 문음사.

김아영, 차정은(1996). 자기효능감과 측정. 1996 산업 및 조직심리학회 동계학술발표대회 논문집, 51-64.

김언아(2000). 장애인 직업상담기법 개발연구. 서울: 한국장애인고용촉진공단 고용개발원.

김인자(1997). 현실요법과 선택이론. 서울: 한국심리상담연구소.

김지은(2011). 집단미술치료가 군복무 부적응 병사의 자살생각, 우울 및 자아존중감에 미치는 영향: 콜라주기법을 중심으로. 한양대학교 산업경영디자인대학원 석사학위논문.

김지희(2008). 꼴라쥬 기법을 이용한 미술치료가 선택적 함묵증 아동의 자아존중감 및 자기표현에 미치는 영향. 사회복지전문연구지 동광, 104, pp. 41-96.

김춘경, 이수연, 이윤주, 정종진, 최웅용(2010). 상담의 이론과 실제. 서울: 학지사.

김춘경, 이수연, 최웅용(2006). 청소년상담. 서울: 학지사.

김충기(1995). 미래를 위한 진로교육. 서울: 양서원.

김현숙(2012). 콜라주 집단미술치료 프로그램이 대학생의 자아정체감 향상에 미치는 효과. 평택대학교 사회복지대학원 석사학위논문.

김현식(1991). 지체장애학생의 성격특성에 관한 연구. 단국대학교 대학원 석사학위논문.

김현정, 김나현(2013). 우울 성향 청소년의 학교생활적응을 위한 콜라주미술치료 사례연구. 임상미술심리연구, 3(2), pp. 77-105.

민가진(2010). 지적장애 청소년의 문제행동 감소를 위한 콜라주 미술치료 사례연구. 평택대학교 사회복지대학원 석사학위논문.

박경애(2013). 인지행동치료. 서울: 학지사.

박성미(1997). 인지적 진로상담의 모형. 한국진로상담, 2(1), pp. 108-128.

박은영(2013). 콜라주 집단 미술치료가 학령기 자녀를 둔 어머니의 양육스트레스에 미치는 영향. 평택대학교 사회복지대학원 석사학위논문.

박자경(2009). 취업장애인과 미취업장애인의 삶의 만족도 영향요인 분석. 한국장애인고용공단.

박정희, 이근매(2012). 학교부적응 청소년과 일반청소년의 콜라주 반응특성 비교연구.

임상미술심리연구, 2(2), pp. 65-84.

박주연(2013). 자기주도학습, 창의성, 대인관계능력이 대학생의 진로결정수준과 진로준비행동에 미치는 영향. 관동대학교 대학원 박사학위논문.

박희찬(1994). 장애인 직업: 정신지체인을 위한 직업프로그램의 구성 및 적용. 서울: 인간과 복지.

변미옥(2013). 콜라주 집단미술치료 프로그램이 취업모 양육스트레스에 미치는 효과. 평택대학교 사회복지대학원 석사학위논문.

설미정, 이근매(2011). 콜라주 미술치료가 청소년의 스트레스에 대한 자율신경계 활동에 미치는 효과. 미술치료연구, 18(6), pp. 1247-1258.

송영혜, 조성재, 이달엽, 김순예, 이경하 역(2008). 재활전문가를 위한 장애인 상담의 이론과 실제[Counseling Theories and Techniques for Rehabilitation Health Professionals]. C. Fong, L. B. Norman, & R. T. Kenneth 저. 서울: 시그마프레스. (원저는 2008년에 출판).

신민섭(2002). 그림을 통한 아동의 진단과 이해. 서울: 학지사.

안원주(2010). 콜라주 집단미술치료가 사무직 근로자의 직무스트레스에 미치는 효과. 평택대학교 사회복지대학원 석사학위논문.

안창규, 박성미(1999). 진로 및 적성탐색검사를 활용한 상담모형. 한국진로상담, 4(1), pp. 21-51.

양윤정(2012). 결혼이주여성의 문화적응스트레스를 위한 콜라주 집단미술치료 프로그램의 효과. 평택대학교 대학원 박사학위논문.

양윤정, 이근매(2013). 콜라주를 활용한 집단미술치료 프로그램이 결혼이주여성의 문화적응스트레스 감소에 미치는 효과. 미술치료연구, 20(6), pp. 1225-1246.

오경자, 이혜련, 홍강의, 하은혜(1997). K-CBCL 아동 · 청소년 행동평정척도. 서울: 중앙적성연구소.

유연욱(2009). 학교부적응 아동과 일반아동의 잡지그림 콜라주 반응특성 비교연구. 평택대학교 사회복지대학원 석사학위논문.

유옥현(2008). 우울성향이 있는 부-자 가정 아버지의 자아존중감 향상을 위한 콜라주 미술치료사례연구. 미술치료연구, 15(3), pp. 513-532.

윤나래(2013). 콜라주 집단미술치료가 장애자녀 어머니의 양육스트레스 감소에 미치는 효과. 평택대학교 상담대학원 석사학위논문.

윤점룡(1982). Burks의 행동평정척도에 의한 정서장애아동의 부적응 행동특성. 대구대학교 대학원 석사학위논문.

이근매(2007). 꼴라쥬 미술치료 워크숍 자료집. 한국꼴라쥬미술치료연구회. 미간행 자료.

이근매(2008). 미술치료 이론과 실제. 파주: 양서원.

이근매(2009). 초등학생의 꼴라쥬 표현에 대한 학년별 형식특성 분석. 미술치료연구, 16(2), pp. 177-188.

이근매(2011). 청소년의 콜라주 표현특성 분석. 정서 · 행동장애연구, 27(4), pp. 231-258.

이근매, 靑木智子(2010). 콜라주 미술치료. 서울: 학지사.

이미정(2009). 시각장애인직업선택의 다양성확보를 위한 제도개선 방안연구. 한국장애인개발원.

이미정, 김영미, 박혜경(2009). 시각장애인 직업선택의 다양성 확보를 위한 제도개선 방안 연구. 한국장애인개발원.

이수나(2013). 청소년의 학교폭력 가해척도 정도에 따른 콜라주 반응특성 비교연구. 평택대학교 상담대학원 석사학위논문.

이윤경(2010). 장애청소년의 진로결정 수준에의 영향요인. 전북대학교 대학원 석사학위논문.

이은림, 이근매(2005). 집단미술치료가 시설 미혼모의 자기효능감에 미치는 효과. 미술치료연구, 12(4), 845-867.

이은형, 이근매, 문종수(2013). 대학생의 자기효능감 향상을 위한 콜라주 집단미술치료 사례연구. 임상미술심리연구, 3(1), pp. 79-102.

이정근(1988). 진로지도의 실제. 서울: 성원사.

이재창(1994). 진로교육발전 방안탐색에 관한 연구. 진로교육연구, 2, pp. 80-119.

이재창, 조붕환, 안희정, 황미구, 임경희, 박미진, 김진희, 최정인, 김수리 공역(2010). 진로발달이론을 적용한 진로상담[Applying career development theory to counseling (4th ed.)]. S. S. Richard 저. 서울: 아카데미프레스. (원저는 2005년에 출판).

이정원(2013). 유아기 어머니의 자아탄력성 회복을 위한 콜라주 집단미술치료 프로그램의 효과. 평택대학교 사회복지대학원 박사학위논문.

이종운(2009). 청각장애인 직업실태와 사례를 통한 직업능력개발 활성화 방안. 한국장애인개발원.

이준우(2009). 청각장애인의 직업적응능력 향상을 위한 지원방안연구. 한국장애인개발원.

이태훈(2005). 시각장애인 재활개론. 서울: 월드사이언스.

이현림, 천미숙(2004). 고등학생의 의사결정능력과 진로결정 자기효능감이 진로의식성숙 수준에 미치는 영향. 진로교육연구, 17(2), 106-128.

이화성, 이근매(2013). 통합적 접근 집단콜라주 미술치료가 중년여성의 우울에 미치는 효과. 한국미술치료학회 2013년 추계학술대회 자료집. 미간행 자료.

임정순(1993). 아동의 의존성과 학교적응과의 관계. 한국교원대학교 대학원 석사학위논문.

장석민(1997). 진로교육의 실천방향과 과제. 청소년 진로상담모형 기본구상. 서울: 청소년 대화의광장, pp. 29-62.

정지현(2011). 꼴라쥬 집단미술치료가 저소득층 아동의 우울과 자아존중감에 미치는 효과. 한양대학교 산업경영디자인대학원 석사학위논문.

정진숙, 이근매(2010). 회상요법을 적용한 집단콜라주 미술치료가 요양시설 치매노인의 문제행동에 미치는 효과. 미술치료연구, 17(1), pp. 131-148.

조성재(2007). 장애인의 심리사회적 적응을 위한 재활상담기법 및 중재방안. 특수교육저널, 8(2), pp. 493-508.

조혜숙(2003). 장애인의 사회적 지지가 생활만족도에 미치는 영향. 경운대학교 산업정보대학원 석사학위논문.

지용근, 김옥희, 양종국(2005). 진로상담의 이해. 서울: 동문사.

천부경(2012). 대학생의 대인관계 능력과 심리적 안녕감: 정서강도, 정서주의, 정서명확성, 정서표현양가성의 군집비교, 경상대학교 대학원 석사학위논문.

최보가, 전귀연(1992). Coopersmith Self-Esteem Inventory(SEI)의 구성타당도 연구. 논문집, 24, pp. 1-15.

최수연(2010). 시각장애학생과 비시각장애학생의 진로장벽과 진로태도성숙도 연구. 숙명여자대학교 대학원 석사학위논문.

한국진로교육학회(2011). 진로교육의 이론과 실제. 서울: 교육과학사.

홍순이(2008). 초등학생의 성격유형별 꼴라쥬 반응특성의 상관연구. 평택대학교 사회복지대학원 석사학위논문.

홍은미, 이근매(2010). 콜라주 집단미술치료가 보육시설장의 직무만족도에 미치는 효과. 미술치료연구, 6(3), pp. 213-231.

Achenbach, T. M. (1991). *Child Behavior Checklist/4-18*. Burlington, VT: Dept. of Psychiatry, University of Vermont.

Achenbach, T. M., & Edelbrock, C. S. (1983). *Manual for the Child Behavior Checklist and Revised Child Behavior Profile*. Burlington, VT: University of Vermont, Department of Psychiatry.

Albrecht, G. L., & Devlieger, P. J. (1999). The disability paradox: High quality of life against all odds. *Social Science and Medicine, 48*, 977-988.

Beck, A. T. (1987). Cognitive therapy. In J. K. Zeig (Ed.), *The Evolution of Psychotherapy*. New York: Brunner/Mazel.

Bailey, L. J., & Stadt, R. (1973). *Career education: New approach to human development.* Bloomington, IL: McNight.

Bandura, A. (1986). *Social foundations of thought and action: A social cognition theory.* Englewood Cliffs, NJ :Pretice Hall.

Bretscher, M., Rummans, T., Sloan, J., Kaur, J., Bartlett, A., Borkenhagen, L., & Loprinzi, C. (1999). Quality of life in hospice patients: A pilot study. *Psychosomatics, 40,* 309-313.

Bozarth, J. D., & Fisher, R. (1990). Person-centered career counseling. In B. Walsh & S. H. Osipow (Eds.), *Career counseling: Contemporary topics in vocational psychology.* Hillsdale, NJ: Erlbaum.

Buck, R., & Probancher, M. A. (1972). Magazine picture collage as an evaluative technique. *The American Journal of Occupational Therapy, 26*(1) 36-39.

Buhramester, D., Furman, W., Wittenberg, M. T., & Reis, H. T. (1988). Five domains of interpersonal competence in peer relationships. *Journal of Personality and Social Psychology, 55*(60), 991-1009.

Cassidy, W., & Kurfman, D. G. (1977). Decision making as purpose and process. In D. G. Kurfman (Ed.). *Developing Decision-Making Skills.* (47th Yearbook). Williamsburg, VA: NCSS.

Chien-Huey, C. (1998). Adolescents with visual impairment and blindness perceptions of social support and career development. Unpublished doctoral dissertation, University of Texas at Austin.

Coopersmith, S. (1967). *The Antecedents of Self-Esteem.* San Francisco, CA: W. H. Freeman and Co.

Crites, J. O. (1981). *Career counseling: Models, methods, and materials.* New York: McGraw-Hill.

Dijkers, M. (1997). Quality of life after spinal cord injury: A meta analysis of the effects of disablement components. *Spinal Cord, 35,* 829-840.

Dorn, F. J. (1990). Career counseling: A social psychological perspective. In W. B. Walsh & S. H. Ospiow (1990), *Career Counseling: Contemporary topics in vocation psychology.* Hillsdale, NJ: Lawrence Erlbaum Associates.

Ellis, A. (1994). *Better, Deeper, and More Enduring Brief Therapy: The rational emotive behavior therapy approach.* New York: Brunner/Mazel.

Ginzberg, E. (1972). Toward a theory of occupational choice: A restatement. *Vocational Guidance Quarterly, 20,* 169-176.

Ginzberg, E., Ginzberg, S. W., Axelrad, S., & Herma, J. (1951). *Occupational choice: An approach to a general Theory.* New York: Columbia University Press.

Glasser, W. (1998). *Choice Theory: A new psychology of personal freedom.* New York: Harper Perennial.

Gottfredson, L. S. (1981). Circumscription and compromise: A developmental theory of occupational aspirations. *Journal of Counseling Psychology, 28,* 545-580.

Harren, V. A. (1979). A model of decision making for college student. *Journal of Vocational Behavior, 14,* 119-133.

Herr, E. L., & Cramer, S. H. (1984). *Career guidance and counseling through the lifespan: Systematic approaches* (2nd ed.). Boston, MA: Little Brown.

Holland, J. L. (1973). *Making vocational choices: A theory of careers.* Englewood Cliff, NJ: Prentice-Hall.

Holland, J. L. (1985). *Manual for the Vocational Preference Inventory.* Odessa, FL: Psychological Assessment Resources.

Holland, J. L. (1987). Current status of Holland's theory of careers: Another perspective. *Career Development Quarterly, 36,* 31-44.

Holland, J. L. (1992). Career counseling: Then, now, and what's next? In J. M. Whiteley & A. Resnikoff (eds.), *Career Counseling.* Pacific grove, CA: Brooks/Cole.

Issacson, L. E. (1985). *Basics of career counseling,* Boston, MA: Allyn & Bacon, 51-53.

Jepsen, D. A. (1990). Development career counseling. In W. B. Walsh & S. H. Osipow (1990), *Career Counseling: Contemporary topics in vocation psychology.* Hillsdale, NJ: Lawrence Erlbaum Associates.

Klein, K. L., & Wiener, Y. (1977). Interest congruency as a moderator of the relationships between job tenure and job satisfaction and mental health. *Journal of Vocational Behavior, 10,* 92-98.

Krumboltz, J. D., & Nichols, C. W. (1990). Integrating The Social Learning Theory of Career Decision Making. In W. B. Walsh & S. H. Osipow (1990), *Career Counseling: Contemporary topics in vocation psychology.* Hillsdale, NJ: Lawrence Erlbaum Associates.

Lent, R. W., Brown, S. D. & Hackett, G. (2002). Social cognitive career theory and adult career development. In S. G. Niles (Ed.), *Adult career development concepts, issues, and practices* (3rd ed., pp. 78-97). Columbus, OH: National Career

Development Association.

Lerner, C., & Ross, G. (1977). The magazine picture collage: Development of an objective scoring system. *American Journals of Occupational Therapy, 31*(3), 156-161.

Lerner, C., & Ross, G. (1979). The magazine picture collage: Its clinical use and validity as an assessment device. *American Journals of Occupational Therapy, 33*(8), 500-504.

Lerner, R. M. (1982). Children and adolescents as producers of their own development. *Developmental Review, 2*, 342-370.

Lofquist, L. H., & Dawis, R. V. (1969). *Adjustment to work: A psychological view of man's problems in a work-oriented society.* New York: Appleton-Century-Crofts.

Miller, S. M. (2005). Factors that influence quality of life in individuals with developmental disabilities: Adaptation of a rehabilitation model, Ph. D. Dissertation, University of Wisconsin at Madison.

Miller, A., & Dishon, S. (2006). Health-related quality of life in multiple sclerosis: The impact of disability, gender and employment status. *Quality of life Research, 15*, 259-271.

Osipow, S. H., & Fitzgerald, L. F. (1996). *Theories of career development* (4th ed.). Needham Heights, MA: Allyn & Bacon.

Parsons, F. (1909). *Choosing a Vocation.* Boston, MA: Houghton Mifflin.

Parsons, F. (1990). *Choosing a Vocation.* Boston, CA: HoughtonMifflin.

Patterson, C. H. (1964). Methods of assessing the vocational adjustment potential of the mentally handicapped. *Training School Bulletin, 61*, 129-152.

Roe, A. (1957). Early determinants of vocational choice. *Journal of Counseling Psychology, 4*(3), 212-217.

Roe, A. (1956). *The psychology of occupations.* New York: Wiley.

Roe, A., & Klos, D. (1972). Classification of occupations. In J. M. Whiteley & A. Resnikoff (Eds.), *Perspectives on Vocational Development.* Washington, DC: American Personnel and Guidance Association, 199-221.

Roe, A., & Lunneborg, P. W. (1990). Personality, development and career choice. In D. Brown, L. Brooks, & Associates (Eds.), *Career Choice and Development* (2nd ed.). San Francisco, CA: Jossey-Bass, 68-101.

Rogers, C. R. (1951). *Client-centered therapy: Its current practice, implications, and theory.* Boston, MA: Houghton Mifflin.

Rosenberg, H. G., & Smith, S. S. (1985). Six strategies for career counseling. *Journal of College Placement, Spring.*

Salomone, P. R. (1996). Tracing Super's theory of vocational development: A 40-year retrospective. *Journal of Career Development, 22,* 167-184.

Seligman, L. (1994). *Developmental Career Counseling Assessment.* Thousand Oaks, CA: Sage.

Spokane, A. R. (1985). A review of research on congruence in Holland's theory of career choice. *Journal of Vocational Behavior, 26,* 306-343.

Super, D. E. (1951). The criteria of vocational success. *Occupations, 30,* 5-8.

Super, D. E. (1953). A theory of vacational development. *American Psychologist, 8,* 185-190.

Super, D. E. (1957). *The Psychology of careers.* New York: Harper and Brothers.

Super, D. E. (1972). Vocational development theory: Persons, positions, processes. In J. M. Whiteley & A. Resnikoff (Eds.), *Perspectives on vocational development* (pp. 13-33). Washington, DC: American Personnel and Guidance Association.

Super, D. E. (1990). A life-span, life-space approach to career development. In D. Brooks & Associates (1990), *Career Choice and Development: Applying contemporary theories to practice* (2nd ed.). San Francisco, CA: Jossey-Bass.

Walsh, W. B., & Osipow, S. H. (1990). *Career Counseling: Contemporary topics in vocation psychology.* Hillsdale, NJ: Lawrence Erlbaum Associates.

Watkins, C. E., & Savickas, M. L. (1990). *Psychodynamic Career Counseling.* Hillsdale, NJ: Lawrence Erlbaum Associates.

Wolffe, K. E. (1997). *Career counseling for people with disabilities.* Austin, TX: PRO-ED.

Wubbolding, R. E. (1991). *Understanding Reality Therapy.* New York: Harper & Row.

Zunker, V. G. (2002). *Career Counseling: Applied concepts of life planning.* Englewood Cliffs, NJ: Prentice-Hall.

近喰ふじ子, 杉浦京子(1994). 不登校兒へ試みたコラージュ療法-母親のコラージュ作品からの内的変化の檢討. 小兒の精神と神経, 33(3-4), 311-326.

今村友木子(2006). コラージュ表現. 東京: 創元社.

大原貢, 山中康裕譯 역(1972). カルフ箱庭療法[Sandspiel: Seine therapeutische wirkung auf die psyche, ernst reinhardt verlag]. D. M. Kalff 저. 東京: 誠信書房. (원저는 1966년에 출판).

森谷寬之(1990). 抑うつ神?症のュラージュ療法. 愛知医科大學基礎科學紀要, 16, 1-14.

杉浦京子(1990). コラージュ療法の事例とその精神分析的解釋の試み. 日本医科大學基礎科學紀要, 11, 47-55.

杉浦京子(1992). コラージュ療法の基礎的研究 I－表現特徵の發達に關するパイロットスタデイ. 日本医科大學基礎科學紀要, 13, 13-38.

杉浦京子(1993). コラージュ療法の基礎的研究 II－表現特徵の發達に關するパイロットスタデイ. 日本医科大學基礎科學紀要, 14, 11-34.

杉浦京子(1994). コラージュ療法. 東京: 川島書店.

杉浦京子(1999). コラージュにおける様々な工夫 グループでの使用 杉浦京子 森谷寬之編 現代のエスプリ. コラージュ療法. 東京: 至文堂, 102-104.

荻野正廣(1999). 自己啓發 自己理解としてのコラージュ体験授業. 兵庫縣立敎育硏修所心の敎育總合センター心の敎育授業實踐硏究第, 1 號, 101-111.

佐藤仁美(1994). さまざまな表現技法を用いた登校拒否兒の心理療法過程. 箱庭療法學研究, 7(2), 45-56.

佐藤靜(2001). コラージュ制作過程の研究. 東北大學 大學院 博士學位論文.

佐佐木由利子(1995). クラブ活動の試練で落ち込んだ女子大學生へのコラージュ療法. 學生相談研究, 16(1), 11-22.

佐佐木一也, 下山壽子(1998). コラージュ療法の解釋學的基礎づけへ向けての一構想. 立敎大學敎育學科研究年報, 41, 17-36.

中山俊昭(2000. 7. 30.). コラージュ療法を取り入れたカウンセリング事例. 月刊生徒指導, 9, 74-77.

中井久未(1976). 芸術療法の有益性と要注意点. 芸術療法誌, 7, 55-61.

中井久未(1993). コラージュ私見 コラージュ療法入門. 東京: 創元社, 137-146.

芝三知世(1999). 新入學兒童の學校適?過程におけるコラージュ活動の試み 森谷寬之 杉浦京子編 現代のエスプリ. コラージュ療法. 東京: 至文堂, 186-193.

青木智子(2002). コラージュ療法. 楡木滿生編, スクールカウンセリングの. 基礎知識. 東京: 新書館, 179-184.

青木智子(2005). コラージュ療法の發展的活用. 東京: 風間書房.

青木智子(2008). 現在・未來の自畵像を明らかにするためのマダラコラージュ. 日本カウンセリング學會 第41回大會發表論文集, 100.

富岡詔子監 역(1996). 精神系作業療法の評価過程－實施技法と開發原理-[*The magazine picture collage*. In B. Hemphill (Ed.), *The Evaluation Process in Psychiatric Occupational Therapy* (pp. 139~154)]. C. J. Lerner 저. 東京: 協同医書出版. (원저는 1982년에 출판).

秋山さと子(1972). 第16回箱庭療法講習會(テキスト)千葉テストセンター.

찾아보기

인 명

내 용

저자
소개

이근매(Lee Geun-mae)
평택대학교 재활복지학과 및 상담대학원 미술치료학과 교수
평택대학교 부설 미술치료상담원장
평택대학교 학생생활상담소 소장
한국예술심리치료학회장
(사)한국미술치료학회 고문
한국콜라주심리치료연구회장

양종국(Yang Jong-kuk)
한국복지대학교 장애상담과 교수
한국진로교육학회 이사
한국학습상담학회 부회장
한국행동심리연구소 상임연구위원장
한국상담학회 수련감독
정신보건상담사 1급(한국상담심리학회, 한국상담학회)

콜라주 진로상담
Collage Career Counseling

2015년 5월 11일 1판 1쇄 인쇄
2015년 5월 21일 1판 1쇄 발행

지은이 • 이근매 · 양종국
펴낸이 • 김진환
펴낸곳 • (주) **학지사**

121-838 서울특별시 마포구 양화로 15길 20 마인드월드빌딩
대표전화 • 02)330-5114　　팩스 • 02)324-2345
등록번호 • 제313-2006-000265호

홈페이지 • http://www.hakjisa.co.kr
커뮤니티 • http://cafe.naver.com/hakjisa

ISBN 978-89-997-0687-5 93180

정가 20,000원

인터넷 학술논문 원문 서비스 **뉴논문** www.newnonmun.com

이 도서의 국립중앙도서관 출판시도서목록(CIP)은 서지정보유통지
원시스템 홈페이지(http://seoji.nl.go.kr)와 국가자료공동목록시스템
(http://www.nl.go.kr/kolisnet)에서 이용하실 수 있습니다.
(CIP제어번호: CIP2015012467)